DEUX DIALOGUES
DU NOUVEAU
LANGAGE FRANÇOIS
ITALIANIZÉ

ET AUTREMENT DESGUIZÉ, PRINCIPALEMENT ENTRE LES COURTISANS DE CE TEMPS

PAR

HENRI ESTIENNE
Avec Introduction et Notes

PAR

P. RISTELHUBER

TOME II

PARIS
A̲l̲p̲h̲o̲n̲s̲e̲ LEMERRE, Éditeur
27-31, Passage Choiseul, 27-31

1885

Bibliothèque
DE
M. EUGÈNE TALBOT
Professeur de l'Université
Délégué Cantonal

OFFERT PAR SA FAMILLE
A LA
MAIRIE DU VIIe ARRONDISSEMENT

TIRÉ A QUATRE CENTS EXEMPLAIRES

N⁰ ....

DEUX DIALOGUES
DU NOUVEAU
LANGAGE FRANÇOIS
ITALIANIZÉ

ET AUTREMENT DESGUIZÉ, PRINCIPALEMENT ENTRE LES COURTISANS DE CE TEMPS

PAR

HENRI ESTIENNE

Avec Introduction et Notes

PAR

P. RISTELHUBER

TOME II

PARIS
ALPHONSE LEMERRE, ÉDITEUR
27-31, Passage Choiseul, 27-31

1885

DIALOGUE
SECOND

Je vous y pren, monsieur Philausone, je vous y pren. vous estiez en une tresprofonde cogitation. Il va bien que je n'y estois pas si avant que vous. car nous nous fussions entre-rencontrez sans en sçavoir rien. Or vous sçay je bon gré que vous estes homme de promesse : et prie Dieu de vous donner le bon jour. PHIL. A vous aussi soit-il donné. Je vous baise la main de la bonne diligence dont vous avez usé. car s'il m'eust falu vous attendre, vous m'eussiez faict beaucoup stenter. CEL. J'avois mis un bon ordre pour ne m'oublier pas, craignant vous faire attendre. PHIL. J'interprete une telle crainte à une grande amorevolesse[1]. Et quant à vous, pour mon regard, vous deviez bien faire estat de

---

[1] *Amorevolezza*, amitié.

me trouver ici, puisque je vous avez promis de venir à l'heure. Car je veux bien que votre seigneurie sçache que ce seret une chouse fort strane à tous ceux qui me cognoissent, de me voir manquer à ma parole. Et (pour ne vous point mentir), il m'increscé fort de voir un tel manquement d'un autre en mon endret. CELT. Tout va bien : nous ne pouvons aucunement nous plaindre l'un de l'autre. Car ceste promesse a esté tenue non seulement respectivement (s'il est licite de parler chicaniquement[1] en presence d'un si brave courtisan) mais aussi tres-egalement. Car je pense que si on contoit les pas qui sont depuis nos maisons jusques ici, on trouveroit pareille distance de puis l'une que depuis l'autre. Mais comment vous portez-vous depuis hier ? PHILAUSO. Veci la reste[2], Il semble que vous trouvez ceste responce estrange. CEL. Je vous confesse qu'elle m'est nouvelle : je ne sçay pas si l'ayant bien consideree, je la trouveray estrange. PHIL. Telle qu'elle est, aujourd'hui on l'oit de plusieurs. Car quand on leur demande, Comment vous portez vous, ou Comment vous estes vous porté, depuis que je ne vous ay veu,

---

[1] *Chicaniquement*. Adverbe forgé par Estienne d'après chicane. Littré et Brachet font venir chicane du byzantin τζυκανιον, jeu de mail. Scheler le rattache au lat. *ciccum*, bagatelle. Ménage se range à l'avis de Héraud qui, dans ses *Obs.* contre Saumaise, p. 456, croit qu'il vient de δικανικός qui sent la chicane.

[2] *Veci la reste*. « Voici ou vous voyez la reste. *In answer to how have you done a great while.* » Cotgrave.

ils disent, Voyci la reste : ou, Vous voyez la reste. CELT. Je pense et repense pourquoy ils parlent ainsi : mais je ne puis trouver la raison. Ains il me semble que telle response ne peut avoir lieu sinon quand on auroit usé de ce propos (ou autre semblable) Vostre maladie vous a osté beaucoup de vostre bonne couleur. Ou, vous a osté beaucoup de vostre embompoinct. Car ceste responce seroit aucunement convenable, Voyci la reste. PHIL. Ce n'est pas sans raison que vous rejettez ceste façon de parler, en cest usage que je luy ay donné, mais je vous ay adverti parcidevant qu'on uset de plusieurs mots et façons de parler pour le jourd'huy, où il ne falet cercher ni ryme ni raison. Et ce mot ryme vient bien à propos à ce dont il est question, estant dict (comme vous sçavez) au lieu de *rythme*[1], du Grec *rythmos* (encore qu'on appelle

---

[1] *Rythme.* Est féminin dans Montaigne, I, 25. « Quintilian au prem. livre de ses *Inst.* dit que la grammaire ne peut être qu'elle ne soit accompagnée de la musique, puisqu'elle doit traiter des vers et des rhythmes. Qui s'attacherait seulement à l'écorce de ces paroles, il penserait qu'il y eut dès lors quelques espèces de rhythmes, dont nous accommodons nos vers, vu que ce passage fait fraterniser les rhythmes avec les vers mesurés latins ; même qu'il dit que par leur douceur ils avaient grande communication avec la musique, qui est celle par laquelle on donne le lustre, ou bien (si ainsi voulez que je le die) l'âme à toutes sortes de vers : toutefois la vérité est que ce mot de rhythme n'était approprié aux vers, comme nous recueillons du même auteur, l. IX, et d'Aulu-Gelle, l. XV de ses *Veilles attiques.* Diomède le Grammairien voulut depuis passer plus outre : car il ne douta au 1er livre de sa grammaire, ch. I, de marier la rime et le vers ensemble sous ce titre *de Poetica, Rhythmis et*

ryme les homœoteleutes qui sont es vers Frances) car on pourret dire vrayement qu'en leurs nouvelles façons de parler, aussi bien qu'en leurs nouvelles façons de faire (quant à la plus grand' part) il n'y a rien de ce qui estet appelé par les Grecs *rythmos* : et que *omnia sunt arrythma*. Vela pourquoy il ne se faut pas amuser à cercher les raisons de telles nouvelles façons, Et avez un bel exemple en ceste responce dont vous m'avez repris. Car encore qu'aujourd'huy elle coure par les bouches de plusieurs, toutesfois la vouloir fonder sur quelque raison, ce seret vouloir (comme dit ce bon valet à son maistre en une des comedies de Terence) *cum ratione insanire*[1]. CELT. Vous me faites maintenant grand plaisir. PHIL. Je prens grand plaisir à vous faire plaisir. Mais en quoy dites vous que je vous fay grand plaisir ? CELT. En ce que maintenant vous confessez tout librement comme il va du langage nouveau d'aujourd'huy. A quoy j'apperçoy que ceste nuit vous avez pensé un peu à vostre conscience. Et ceste confession sera cause que je vous pardonneray quelques mots italianizez, dont vous avez farci vostre langage au commancement.

Metris, mettant par ce moyen l'un et l'autre sous un même prédicament de la poésie. » Pasquier, *Rech.*, VII, 1. Cotgrave dit : rithme ; Richelet : rythme ; Furetière : rythme ou rhythme ; l'Académie, 1762 : rhythme. En 1877, l'Académie a jugé à propos de supprimer la première *h*, parce que cette lettre ne se prononce pas. Ce principe pourrait mener loin.

[1] Térence, *Eunuch.*, I, 1, 63.

PHIL. Vous me les devez bien pardonner, puisque ça esté de premier abord. Et encore si par bouffee j'en lasche quelques uns, il vous plaira ne m'en faire point guerre : pource qu'il me prend des mots italianisez, ainsi que des juremens à quelques uns qui s'en veulent garder. car apres que je m'en suis gardé assez long temps, ils m'echappent tout soudain. Mais quand je vous regarderay au visage, alors *metus et magister prohibebunt.* CELT. Je suis content d'estre vostre magister en cela, puisqu'il vous plaist m'appeler ainsi : mais vous n'avez pas eu si bon marché de moy, quant à cest office de magister, comme je l'ay de vous : et encore moins l'aurez, s'il vous plaist me continuer la leçon que vous me commançastes hier : ce pendant que nous irons chez monsieur Philalethe : lequel nous rendra resolus de ce dont nous le fimes juger. PHIL. Il ne tiendra pas à moy que vous ne deveniez grand clerc en tout ce qui concerne le courtisanesme, non seulement quant au langage, ains quant à quelques façons de faire aussi Car (comme je vous ay dict tantost) je pren grand plaisir à vous faire plaisir. Mais je m'estonne de ce que vous estimez que vous n'eustes hier que le commancement de ceste leçon. Car quant à moy, je di que je l'avez desja fort avancee. CEL. Aussi j'ay entendu ce mot Commencement à la façon du proverbe, *Dimidium facti qui cœpit habet*[1]. Mais

---

[1] Hor. *Epist.* I, 2, 40. Cf. Auson., *Epigr.* 81. Plaut., *Pseud.*, I, 5, 37. Il y a un proverbe grec : πλέον ἥμισυ παντός.

que voulez-vous mieux? je me contenteray que vous repreniez le propos depuis là où vous le laissastes. PHI. Vous ne demandez que la raison.

CELT. Il vous plaira donc vous souvenir que vous demourastes sur les mots nouveaux appartenans à la guerre. Et ce qui m'en fait avoir bonne mémoire, c'est qu'alors mesme que le propos fut interrompu, à cause que la nuit approchoit, je vous voulois parler de la guerre qui se faict sur mer. PHIL. Que me vouliez-vous dire touchant ceste guerre? CELT. Je voulois vous demander si en ceste guerre aussi il y avoit pas bien du remuement de mesnage es termes desquels on use : et l'interrogation que je vous voulois faire alors, je vous la fay maintenant. PHILAUS. Et moy pareillement vous feray maintenant la response que je vous eusse faicte alors : c'est que je ne doute pas qu'on n'y ait remué bien du mesnage aussi bien en ceste-là qu'en l'autre, quant aux termes dont on use (car quant aux façons de faire nouvelles en toutes les deux, vous les sçaurez d'ailleurs) mais je pense qu'il n'y en ait pas tant : pource qu'elle a esté assez long temps discontinuee. Et comme ceste guerre n'est pas tant ordinaire que l'autre, aussi ce changement, soit petit, soit grand, ne peut pas estre si cogneu. Joint que je suis comme surpris. car je ne penses pas que vous deussiez vous enquerir si avant. CEL. Je vous prie monsieur Philausone, laissez toutes ces excuses, ce qui ne vous viendra maintenant en memoire, pourra venir une autrefois. PHIL. il me souvient bien de quelques mots qui pourroyent estre nouveaux à d'autres : mais je ne sçay pas s'ils le seront à vous aussi. CEL. Dites-les à toutes aventures. PHIL. A propos de Pavois, dont nous parlasmes hier, il me souvient du mot *Pavoisade* [1] : pour lequel on prononce aussi *Pavigeade*. Et ce mot est dict des deux rengs de pavois qui sont es deux costez de la galere, pour couvrir ceux qui rament. Et pour Ramer on dit aussi *Gascher* [2] : lequel mot je pense n'estre point nouveau. Mais il ne me souvient pas si desja de vostre temps on uset de *Surgir* [3], pour prendre terre et ancrer. *Il voit de loing surgir une nasselle*, dit Joachim Du bellay. Je ne sçay pas aussi quant à ce mot *Flotte* [4], pour signifier ce que les Latins ont

---

[1] *Pavoisade*. « La pavoisade d'une galere c'est le grand nombre de pavois qui sont ès deux costez de la galère pour couvrir et défendre ceux qui rament. Aucuns prononcent pavigeade. » Nicot. Pavesade dans d'Aubigné, *Hist.*, II, 72.

[2] *Gascher*, de gasche. Gasche « est fait de ce mot allemand Wasser que le François prononce Guasser qui signifie eauë, aqua. » Nicot. Dupiney de Vorepierre a reproduit cette étymologie ; Littré et Brachet sont pour waskan, laver.

[3] *Surgir*.
Je vy de loin surgir une nasselle.
(Du Bellay, *Antiq. de Rome*, 1;;S, éd. Marty-Laveaux, II, 286)
Ronsard, *Hymnes*, 1555, liv. I, h. 2 :
Après, vous surgirez dedans l'isle déserte.
Surgere naves videntur quodammodo ex alto mari ad terram accedentes, dit Guyet dans une note ms. sur Covarruvias. Il semble que chez Du Bellay le sens soit simplement : s'élever, d'autant plus qu'à la fin du sonnet le poëte voit la nef : se ressourdre sur l'onde, c'est-à-dire se relever.

[4] *Flotte*. Marot l'employe encore au sens de troupe

apppelé *Classis*, (quand ils le prenoyent pour une quantité de vaisseaux) s'il estet en usage desja de vostre temps. Aucuns adjoustent ces mots, De navires. car ils disent Une flotte de navires. mais ceste adjonction n'est point necessaire. Et ce que les Latins disoyent *Deducere classem*, c'est *Faire flotter*. Je doute aussi touchant ce mot *Copitanesse*[1], ou *Capitainesse*, s'il estet usité des lors, pour signifier la galere que les Grecs appeloyent semblablement (c'est à dire, d'un mot ayant signification correspondante) Στρατηγις, ou *Navarchis* : les Latins, *Prætoria navis*. Mais je pense maintenant en moy-mesme, si, lors que j'ay dict que *Flotte* estet ce que les Latins appeloyent *Classis* quand ils prenoyent ce mot pour une quantité de vaisseaux, vous avez bien entendu

(*Jugement de Minos*), et Amyot dit : flotte de vaisseaux (*Timol.*, 9). La signification de troupe s'est conservée dans l'esp. *flota*, l'it. *fiotta*. C'est la forme féminine de flot, bien qu'il soit difficile de méconnaître une influence des idiomes germaniques où l'on rencontre des mots similaires signifiant train de bois, radeau. On rendait la chose auparavant par navie (Joinville, Froissart), estoire (Villehardoin). Nicot renverse l'ordre des acceptions : « Flotte est une grande assemblée et compagnie de navires flottans sur mer. Par translation on dit une flotte de gents pour une grande et nombreuse compagnie de gents. »

[1] *Capitanesse*. Littré distingue capitanesse de capitane et dit que ce dernier était le nom donné à la principale galère d'un Etat en Europe, excepté en France. Voici comment s'exprime Furetière : « la galère Capitane est la galère principale que monte le Commandant. En France, depuis la suppression de la charge de capitaine général des galères arrivée en 1669, il n'y a plus de galère capitane. La première s'appelle Réale et la seconde Patronne. On l'appeloit autrefois Capitainesse. »

ce mot Vaisseaux, pour signifier les navires, ou galees. Toutesfois je m'avise maintenant que je n'en doy pas douter, et qu'il devet bien estre usité avant vostre peregrination. car j'ay opinion que cest usage soit ancien. Quoy qu'il en soit, on parle ainsi en la cour pour le jourd'huy, Le grand seigneur arme cent vaisseaux. CELT. Il me semble bien que desja avant mon départ on usoit de ce mot en ceste signification : mais je n'en puis asseurer. Je confesse bien que je trouve un tel usage de ce mot de fort bonne grace, soit ancien, ou non. Car c'est faire aux navires ou galeres l'honneur qui leur appartient, de les appeler Vaisseaux (sans adjouster quelque queue) pour demonstrer une excellence : comme estans les vaisseaux qui en grandeur surpassent sans comparaison tous autres : jusques à pouvoir estre appelez des maisons, voire (aucuns) des chasteaux : pour le moins, des petis chasteaux : Toutesfois ni les Grecs ni les Latins n'usent point ainsi de leurs mots qui ont la mesme signification. car ni les deux Grecs *Angeion*, et *Σκευος*, ni le Latin *Vas* ne signifient point cela : pour le moins je n'en ay aucune souvenance : ni quant au plurier aussi. PHIL. On dit aussi quelquesfois *Les voiles*, pour Les vaisseaux. comme quand on parle ainsi, Le grand seigneur a une armee de deux cents voiles. CELT. Je trouve aussi ceste façon de parler assez gentille : et mesmement me semble avoir je ne sçay quoy de poetique : voire que les poetes Latins ont commun avec les Grecs. car ils nomment souvent les choses par le nom d'une seule partie d'icelles (comme vous sçavez) et principalement quant aux navires. PHI. Mais on vous respondra que la voile n'est pas une partie du navire, mais plustost une partie de ce qui appartient à l'équippage du navire, et qui est comme l'attiral[1] (s'il est licite d'user de ce mot en telle chouse) que les Latins ont appellé *Armamenta navis*. Or les poetes ne signifient pas un navire par le nom de la voile, ou du mas, mais par le nom de la prouë, ou de la pouppe, ou de la carine. CEL. Vous estes un mauvais homme, de ne m'avoir pas voulu laisser passer ceste là : mesmement veu que vous pouviez bien penser que je vous voulois gratifier en louant ainsi l'usage d'un tel mot. Mais encores avois je dequoy me revenger. car si vous entendez un navire qui est du tout equipé, la voile peut estre dicte une partie d'icelle. PHIL. Me pourriez vous bien prouver cela par un bon syllogisme ? CEL. Pourquoi non ? en voila un sur le champ. La voile est de l'equippage du navire : l'equippage du navire, est une partie du navire : ergo la voile est une partie du navire. PHILAV. Comment vous y allez. vous auriez bien tost gagné vostre proces qui vous laisseret faire. Mais je vous nie vostre mineur que l'equippage du navire soit une partie d'icelle.

---

[1] *Attiral* n'a pas d'historique dans Littré et en mériterait un.

Et quand vous m'auriez prouvé ceste mineur,
encore vous pourres je nier vostre conclusion.
car il n'est pas necessaire que ce qui se dit de tout
l'equippage, soit dict aussi de chacune des pièces
d'iceluy. CELT. Je voy bien que c'est, vous estes
trop subtil pour moy : il vaut mieux que je vous
donne des maintenant cause gagnee. PHILAV.
Et toutesfois vous pensez qu'entre nous courtisans ne soyons que des ignorans. CELT. Pleust à
Dieu, monsieur Philausone, que la cour fust
bien fournie de personnages qui vous puissent
seconder : la demeure y seroit beaucoup plus
plaisante. Mais j'ay pris garde que vous avez
dict toujours Navire[1] en genre masculin. PHIL.
Je l'ay dict selon la mode qui trotte. Car à propos
de changemens qui sont venus depuis vostre
partement, cestuy-ci en est un qu'on a changé
les genres d'aucuns mots. Et quant à faire un
masculin d'un féminin, comme on dit Un navire
et Le navire, pour Une navire et La navire :
aussi Un comté, Un duché, pour Une comté,
Une duché[2]. CEL. Encore ce changement seroit
plus tolerable en ces mots, qu'en cestuy-là

---

[1] *Navire.* Est masculin au XVe siècle, Du Cange, *abolinare*, Froissart, Boucicaut; féminin dans Commines, Perceforest; au XVIe siècle, dans Montaigne, l. II, c. 12, masculin *ib.*; féminin dans Malherbe, éd. Lalanne, I, 7, 212; Bossuet-Gandar, p. 131. Il vient du b. lat. *navirium*, forme neutre qui explique la longue incertitude du genre.

[2] *Comté,* duché, évêché sont habituellement féminins au XVIe siècle, les deux premiers encore au XVIIe : Malherbe, éd. Lalanne, III, 107.

Navire. Car outre ce que le Latin *navis*, d'où il vient, est de genre feminin (comme aussi le Grec *naus*) on voit bien que la terminaison du mot Navire convient au genre feminin plustost qu'au masculin. PHIL. Je vous confesse tout cela : mais tant y-a qu'on parle ainsi. Peu s'en est falu que je n'aye dict ainsin, comme aussi parlent quelques courtisans, portans envie aux Parisiens d'un si beau mot. CELT. J'aimerois mieux ouir dix fois *Ainsin* (encore que ce mot semble tenir un peu de la badauderie) qu'ouir une fois *Un navire*. Car ce changement de genre est beaucoup plus insupportable à mes oreilles, comme estant faict en despit de toutes regles et observations, et en despit de tous ceux qui s'y veulent arrester. PHI. Si est-ce que quand vous serez à la cour, il vous faudra passer par là, ou par la fenestre. CEL. J'espere qu'y estant je ne passeray ni par là, ni par la fenestre. PHIL. Vous ne vous accommoderez donc pas. CEL. Vous verrez comme je feray alors que j'y seray. laissez moy le pensement. Mais il me souvient que vous avez tantost dict Galees, aussi bien que Galeres. PHI. Ouy : et toutesfois on dit aussi Galeres, mais Galees s'accorde mieux avec le langage Italien. Et à propos de ce mot, je croy que desja de vostre temps on parlet aussi de *Galion*, et de *Galiotte*[1].

---

[1] *Galion, galiotte*. Galion est dans Joinville et Commines; l'it. *galione* n'apparaît que dans une Chronique de Venise du XIIe siècle (Jal, *Glossaire nautique*); il faut donc faire venir galion de *galie* qui se rencontre dans J. Bodel, *Saxons*,

cel. Il ne m'en souvient pas bien : mais tous les deux ont forme de diminutifs. phil. Les significations toutesfois sont bien differentes, car Galion c'est un vaisseau rond, que les princes ont en leurs armees pour leur principale piece : et a cela entr'autres chouses, qu'il est mieux renforcé que le reste des vaisseaux. Quant à *Galiote*, je croy que c'est une espece de vaisseau de mer, long, qui est entre brigantin et galere : duquel on dit que les Turcs et Mores coursaires usent ordinairement. Celt. Je suis joyeux de ce que vous avez parlé des Turcs. Car ce mot me remettra en memoire une interrogation que je voulois vous faire touchant ces mots, *Le grand*

CXLI. Fr. Michel, *Conq. de Jérus.*, 513, Hippeau, Mén. de Reims, 8, De Wailly ; Saint-Graal, II, 341 ; Hucher, etc. *Galie* est le même que *galée* qui apparaît dans Christine de Pisan, tandis que l'it. *galea* se rencontre déjà dans Boccace. « Le mot de galère, dit Daniel, *Hist. de la milice françoise*, II, 634, devint en usage en France sous Louis XII. Car Martin Du Bellay qui commence ses Mémoires par la fin du règne de ce Prince, se sert toujours du mot de galère. » D'autre part, nous lisons dans l'épître de J. Du Bellay au seigneur de Morel, qui précède *Deux livres de l'Enéide*, 1555 : « J'ay usé de gallées pour galleres, endementiere pour en ce pandant : isnel pour leger, carrolant pour dansant et autres, dont l'antiquité (suivant l'exemple de mon aucteur Vergile) me semble donner quelque majesté au vers, principalement en un long poème, pourveu toustesfois que l'usage n'en soit immoderé. »

« Le Galion tenait de la galère par sa longueur ; le rapport de la largeur à la longueur dans le vaisseau rond étant de 1 à 3, dans le galion devenait celui de 1 à 4 ou 5. » Jal. La Galiote, du cat. *galiota*, était soit chrétienne, soit barbaresque ; la chrétienne était de 16 à 23 bancs, la barbaresque de 25 à 26 bancs.

seigneur, dont vous avez usé deux fois : si c'est la coustume de la cour d'appeler l'empereur des Turcs, Le grand seigneur. PHIL. Non seulement les courtisans, mais les autres aussi l'appellent ainsi : et c'est à l'exemple des Italiens, qui l'appellent, *Il gran signore*, comme vous pouvez sçavoir. CELT. C'est grand cas que nous donnions à cest empereur le titre que nous devrions reserver à Dieu. PHI. Aussi est-ce grand cas qu'il soit si puissant que nous sommes contraints de confesser par ce titre si magnifique, que Dieu lui a donné une puissance plus grande sans comparaison, qu'à aucun prince Crestien. Qu'y feriez vous? ne faut-il pas que nous confessions la verité? CEL. Mais je desirerois que les Chrestiens, en confessant la verité touchant ceci, quand et quand en fissent leur prouffit, et qu'ils pensassent mieux à leurs affaires[1]. PHIL. Il seret bien à desirer. CELT. Mais quand vous oyez les Chrestiens appeler cest empereur, ou ce roy des

---

[1] Estienne prélude ici au cri d'alarme qu'il jeta dans l'assemblée de Ratisbonne, en 1594, lorsqu'il présenta à Rodolphe II, aux électeurs et aux princes du S. Empire deux harangues fougueuses dont la première est une réponse au livre du Génois Uberto Foglietta, qui avait tenté d'expliquer à quelles causes l'empire ottoman devait sa prospérité, dont l'autre est une pressante exhortation aux princes chrétiens de former une ligue vigoureuse contre les Turcs. La Bib. Nat. possède de cet ouvrage un fort bel exemplaire : I. 491. Les morceaux qui le composent parurent la même année à Francfort trad. en allemand, in-4º. Un an après, Estienne donna encore le signal de la guerre dans un livre où l'on ne s'attend guère à le rencontrer, dans le *De latinitate Lipsii Palaestra prima*, Francf., 1595, in-8º.

Turcs, Le grand seigneur, cela vous fait-il point souvenir des Grecs, qui appeloyent le roy des Perses, Le grand roy, ou le roy, sans rien adjouster? PHIL. Peu souvent oy-je nommer cestui la, qu'il ne me souvienne de cestui-ci. Je trouve aussi qu'il y a conformité de la grandeur et magnificence de l'un avec celle de l'autre en quelques chouses. Et ce qui m'y a faict regarder de pres, ca esté ce que j'y trouvé remarqué par Henri Estienne, touchant quelque façon de parler, que le grand seigneur (puisque vous l'appelez ainsi) a retenue de celuy que les Grecs nommoyent Le grand roy : C'est qu'on dit, A la porte du grand seigneur, au lieu de dire, A la cour. CEL. La cour de celuy que les Grecs appeloyent Le grand roy, ou Le roy, sans aucune adjonction (c'est asçavoir le roy des Perses) estoit elle nommee d'un mot ayant ceste signification de porte ? PHIL. Ouy. Et qu'ainsi soit, il y a un passage en la Cyropedie[1], où Cyrus, fils

---

[1] *Cyropédie. Xenophontis opera*, exc. H. Stephanus, 1561, p. 5, l. 23. Voici ce qu'on lit dans les *Annotationes*, p. 13 : «Θύρας *proprie quidem fores sive januas significare scimus sed ita tamen ut non recte apud hunc authorem* Θύρας τοῦ βασιλέως *interpretes reddiderint januas sive fores regis. Quinetiam alicubi* Θύρας *simpliciter idem dicit, genitivum* βασιλέως *non addens quidem, sed subaudiendum relinquens ut pag. 5... Ubi* Θύραις *quum Philelphus interpretatus esset januis quidam eam interpretationem improbantes, alium longe pejorem substituerunt, ut pote* Θύραις *fenestris vertentes, quum fenestra non* Θύρα *sed* Θυρίς *à Graecis appelletur. Quid igitur Xenophon per* τὰς Θύρας τοῦ βασιλέως *significat? Nimirum* τὴν αὐλὴν τοῦ βασιλέως *id est aulam regis. Ex multis autem locis sunt aliquot ex quibus id manifeste probare possem nisi longior esse vererer. Unus certè*

du roy Cyrus, dit à sa mere, que son pere-grand est le plus bel homme entre tous les Medes qu'il ait veu ni par les chemins ni à la cour de son pere. Mais ceux qui avoyent interpreté Xenophon auparavant, n'avoyent pas pris garde que le mot Grec *Thyræ* s'entendet tant là qu'en quelques autres passages du mesme auteur, de la cour du roy. Et quant à cestui-ci duquel je parle, qui est au premier livre de la Cyropedie, celuy qui l'avet traduite en Frances[1], trouvant estrange que le fils de Cyrus parlast des portes, comme d'un lieu où il avet eu moyen de voir beaucoup de personnes, s'estet advisé d'un expedient, au moins d'une chouse qu'il penset estre un expedient, sçavoir est des portes, ou de la porte (car c'est un pluriel, qui se peut aussi interpreter par nostre singulier, comme le pluriel Latin *Fores*) en faire des fenestres. Tellement qu'il fait dire au

An. l. 2 est in quo Janus Lascaris pro me facit, qui pp. ubi τὰς θύρας *Gallicè interpretandum* la cour *censuit. Sed quid multa? Aulam Turcae hodieque portam nominari notissimum est. Nam quod ad nomem* αὐλὴν *attinet, vocabulum esse constat quod recentiores scriptores a pastoribus ad reges transtulerint. Ac certè sæpe hæc animum meum cogitatio atque admiratio subiit, qui factum fuerit ut quum reges appellationem Homericam (qua pastores vocabantur) dedignati essent, postea tandem palatia sua* αὐλὰς *id est caulas vocari passi fuerint. Quis enim Latinos ex Græco* αὐλὴ *caulam suam esse mutuatos ignorat? At* αὐλὴ *cortem etiam significat (objiciet aliquis) et hinc Galli aulam regis* la cour du roy *(perinde ac si cortem regis dixeris) appellant... Fateor sed nescio quomodo sacrosancti reges... adducunt me ut aulis cum caulis abditum quamdam esse sympathiam credam.* »

[1] Jacques de Vintemille, Rhodien, Paris, pour Jean Longis, 1549, in-4°; réimp. Lyon, J. de Tournes, 1555, in-4°.

jeune Cyrus, que son grand-pere est le plus bel homme entre tous les Medes qu'il ait peu voir jusques alors aux rues et fenestres. Mais (comme a remonstré depuis Henri Estienne) cestuy là entre autres chouses devet considerer que les Grecs n'appellent pas les fenestres *Thyras*, mais *Thyridas* : comme qui diret Des petites portes. Bref, il prouve tresbien ce que j'ay dict, que la cour du grand seigneur s'appelle d'un mot semblable (quant à la signification) à celuy duquel estet appelé celle du roy des Perses. CEL. Je ne voudrois pas pour grand' chose que nous ne fussions tombez sur le propos du grand seigneur : car je n'eusse pas appris ceci de vous. Mais je pense à celuy qui a interpreté ceste Cyropedie en François, comment des portes il en faisoit des fenestres. PHIL. Il luy semblet que personne ne pourret eschapper mieux à son honneur de ce passage. CEL. Je crois bien qu'il pensoit avoir trouvé la feve au gasteau [1] (comme on dit communément) s'estant avisé de ceste interpretation. PHIL. N'en doutez pas. Or me souvient il d'une hardiesse dont use ce mesme interprete en ce passage : laquelle fut cause un jour de faire bien moquer un certain courtisan en sa presence. On deviset de ceste coustume

---

[1] *La feve au gasteau.* Se dit par allusion au gâteau des Rois quand on croit avoir trouvé quelque chose de difficile ou quelque plaisir inespéré. Voyez Jean de Meung, *Trésor*, ms. p. 228; Bovilli, *Proverbia*; Eutrapel, XV; Bouchet, *Serées*, I, 4, 10. Regnier dit : la febve du gasteau, Sat. VII.

que nous avons en France, et principalement en la cour, de dire *Monsieur*, au lieu de dire Mon pere, et *Madame* ou *Madamoiselle*, en parlant à sa mere. Car (comme vous sçavez) depuis qu'il est question de quelque grandeur, ces mots de Pere et de Mere sont renvoyez bien loin, comme ayans je ne sçay quoy de trop vil et abject. Et notamment cela s'observe où il est question non seulement de grandeur, mais aussi de majesté. car le fils du roy lui dit, (comme vous sçavez) Monsieur, non pas Mon pere, ou Monsieur mon pere : et à la roine sa mere il dit, Madame, non pas Ma mere, ou Madame ma mere. Nous donques estans sur ce devis, un certain courtisan, voulant monstrer qu'il avet leu la Cyropedie de Xenophon, allega l'ancienneté : disant que desja Cyrus, fils de Cyrus, parlant à sa mere, ne luy diset pas Ma mere, ains uset d'un mot qui estet correspondant à Madame. Moy, qui me souvenes du passage et du mot Grec luy demanday si *Mηter* signifiet pas Ma mere. Incontinent il me respondit que quant au Grec, il n'y entendet note : mais qu'il diset cela *in fide parentum*, s'en fiant et rapportant à l'interprete, qui avet ainsi traduict. Alors luy fut donné un bon advertissement par un qui avet plus d'autorité que moy, pour se tenir mieux sur ses gardes, quand il allegueret quelque passage d'un auteur qui seret interpreté, d'adjouster, Si l'interprete traduit bien. CELT. L'advertissement estoit bon. Mais je m'esbahi de cest interprete, qu'il ait eu si peu de consideration que de vouloir, en traduisant ainsi, cacher au lecteur la simplicité et honnesteté ancienne, qui est vrayment naturelle, et mettre en sa place une façon de parler, qui ne peut estre si ancienne qu'elle ne soit nouvelle (à comparaison de l'autre) et en laquelle on use d'un déguisement, ou changement repugnant à nature. PHIL. De ma part, je n'ay point souvenance d'avoir leu en aucun auteur Grec ou Latin, que le pere (quelque grand seigneur qu'il fust) ne fust appelé pere par ses enfans : et la mere aussi, mere, quelque grande dame qu'elle fust. CELT. Ni moy aussi. Et diroy tousjours que le devoir naturel et l'honnesteté naturelle commandent de dire à son pere, Mon pere, et à sa mere. Ma mere : ou bien Monsieur mon pere, et Madame ma mere. PHIL. On vous respondra que ceci seret trop long. CEL. Je repliqueray, qu'il n'y a point de devoir naturel qui soit trop long, ni d'honnesteté naturelle qui soit trop longue. PHIL. Il-y-en-a bien (selon la qualité des maisons) où combien que le fils parlant de son pere dit Monsieur mon pere : toutesfois en parlant à luy, il dit Monsieur, sans adjouster Mon pere. car ce monsieur, sans ceste queue, est plus seigneurial, et sent mieux sa grandeur. CELT. Vous dites cela selon leur opinion. PHIL. Vous le pouvez bien penser, et que je n'ay garde d'approuver cela, veu ce que je vous ay desja dict. Et puis je considere autre chouse : c'est que nous voyons mesmement que comme ces noms de Pere et de Mere se donnent de nostre temps aux vieilles personnes par les jeunes, qui en cela leur veulent faire honneur, et monstrer la reverence qu'ils portent à vieillesse : ainsi du temps des anciens les mots correspondans à ceux-ci avoyent cest usage. Et quant à ceci Henri Estienne (duquel il a esté faict mention tantost) eu son Thresor de la langue Greque monstre qu'Homere a ainsi usé du vocatif Grec *Pater* [1] en quelques endrets. Et en Theocrite aussi, au poeme qui est appellé *Adoniazousai* [2], il est dict à une vielle femme par deux jeunes, ou pour le moins, qui ne sont pas si aagez, *Mater*. car vous sçavez que *Mater* est Grec Dorique, pour *Mηter*. En ce mesme Thresor est monstré l'honneur qui a esté faict au mot *Pater* encores en quelques autres sortes : dont l'une est en ce titre, *Pater patriæ* [3]. Mais quant aux jeunes appelans par honneur et reverence les vieux, leurs peres, le reciproque aussi estet en usage : c'est que les vieilles personnes appeloient les jeunes Leurs fils, et Leurs filles : où toutefois la reciprocation n'estet pas quant à l'honneur et reverence. car c'estet plustost une demonstration d'amitié et de bonne affection. En ce Thresor est prodùit *Tecos* [4],

---

[1] *Pater*. Voy. Homère, *Od.* H, 28 ; Θ, 408 ; P, 553.

[2] *Adoniazousai*. Id., XV, 60.

[3] Sur *Pater nomen honoris*, voy. Horace, Sat. II, 1, 13 ; Ep. I, 7, 37 ; sur *Pater patriae*, Cicéron, *pro Rabirio*, 27, et Spanheim, *Diss.*, 12.

[4] *Tecos*, voy. Hom., *Il.*, Γ, 162 ; E, 373 ; I, 437 ; Ξ, 190 ; Ψ, 626. Od., Δ, 611.

pour exemple de ceci. Et en ce poeme de Theocrite dont je vien de faire mention, il y a aussi *Tecna* dict pareillement. Car ces jeunes femmes ayant demandé à une vieille, qu'elles rencontrerent en leur chemin, *Ex aulas, ô mater?* elle leur respond, *Egon, ô tecna.* Et Jule Cesar, quand il vit que Brutus aussi estet de ceux qui luy tiroient des coups d'espee, luy dit, *Kai sy tecnon*[1]? c'est à dire, Et toy aussi mon fils? Comme s'il eust dict, Et toy mon fils, en es tu aussi? Ce qui monstre evidemment que c'estet un mot ordinaire pour monstrer une grande amitié qu'on portet à quelcun. Car parmi tant de coups d'espee venans si soudain et si inopinément, il n'eust pas eu le loisir de cercher bien loing quelque mot, pour exprimer cela. Et diray encore ceci comme en passant touchant ceste parole, qu'il faut considerer un merveilleux naturel en Cesar, en cas de douceur. car qui est celuy aujourd'huy, qui se voyant ainsi surpris et chargé à l'improviste de tant de coups d'espee, usast de tel langage à l'un de ceux qui le chargeret, lequel lors seulement se declareret son ennemi mortel, au lieu qu'il estet estimé son plus grand ami? Au

---

[1] *Kai sy tecnon.* Voy. Suétone, *Jul.*, 82; Dion Cassius, XLIV, 16. César crut que Brutus était son fils, témoin Plut., *Brutus.* 5, et Appien, II, 112. Après Pharsale, « il fut en grande peine quand on ne le trouva point soudainement : mais depuis il sceut qu'il estoit vif et s'estant venu de luymesme rendre à luy, il en fut fort joyeux. » Plut., *Cés.*, 60. Sur Servilia, mère de Brutus et sœur de Caton, voy. Suétone, *Jul.*, 50.

lieu de dire, Et toy aussi mon fils, que diret-il? Il est certain qu'il diret plustost, Et toy aussi meschant traistre : ou useret d'autres paroles semblables. Quelcun pourret penser qu'il auret ainsi parlé pour l'esmouvoir à pitié (comme vrayement telles paroles estoyent pour rompre un cueur d'acier) mais il faut considerer que quand Cesar usa de ces paroles, il voyet desja bien que cestet faict de soy : et que quand il eust dix vies, il n'en eust pas sauvé une. Or pour retourner, du nom de Fils, au nom de Pere, on voit par ce que j'ay allegué, combien d'honneur les anciens faisoyent à cestuy-ci (je di à ce nom de Pere) quand ils s'en servoyent pour honnorer non seulement la chouse à laquelle nature nous commande porter reverence, sçavoir est à vieillesse : mais aussi pour faire une protestation fort honorable, et toutefois fort brieve, du devoir qu'ils avoyent à celuy lequel ils recognoissoient leur bienfaicteur en toutes sortes de bienfaicts. Car on peut dire (ce me semble) que le titre de *Pater patriæ*, emporte tout cela duquel exemple je me contenteray pour le present, encore que je puisse adjouster quelques autres usages de ce mot, par lesquels les Rommains l'honnoroyent merveilleusement. Je n'allegueray point aussi qu'ils appeloyent chacun de leurs dieux (lesquels ils ne sçavoyent pas estre faux dieux) *Pater*[1], et specialement le plus grand

---

[1] Pour *pater nomen religionis*, voy. Hor., *Carm.*, I, 12,

d'entr'eux : (ce qui estet venu des Grecs) mais j'allegueray que le vray et seul dieu que nous adorons, veut estre appelé par nous Pere [1]. Laquelle allegation n'estant subjecte à aucun contredict, pour estre fondee sur authorité non humaine, mais divine, j'aures grand tort si je ne l'estimes assez valable sans estre accompagnee de quelque autre. Et tant plus ceste raison doit estre mise par nous en consideration, que nous voyons nos ancestres, ou plustost les ancestres des ancestres de nos ancestres, sans sçavoir cela, toutesfois d'un seul instinct naturel avoir faict si grand cas de ce nom, ou titre, qu'ils ont pensé qu'on n'en pouvet trouver un plus convenable à la divinité. Et toutesfois quant à l'honneur que l'ancienneté faiset à ce nom de Pere, il est certain que les plus anciens en portoyent encore d'avantage que les moins anciens : et que tel honneur a toujours retrogradé, (comme plusieurs autres bonnes chouses) et ce d'autant que ces plus anciens portoyent plus d'honneur à vieillesse : tesmoin ce que dit Juvenal [2], faisant compa-

---

49 ; Val. Flaccus, lib. V, 209 ; Virg., *Georg.*, II, 4, où Servius dit : *pater licet generale sit omnium deorum, tamen proprii Libero semper cohaeret.*

[1] « Le Dieu de Jésus n'est pas ce maître fatal qui nous tue quand il lui plaît, nous damne quand il lui plaît, nous sauve quand il lui plaît. Le Dieu de Jésus est Notre Père. On l'entend en écoutant un souffle léger qui crie en nous : Père ! Le Dieu de Jésus n'est pas le despote partial qui a choisi Israël pour son peuple et le protège envers et contre tous. C'est le Dieu de l'humanité. » Renan, *Vie de Jésus*.

[2] Juvénal, Sat. XIII, v. 54. Cf. *Apologie*, I, 73.

raison de son temps avec le temps passé, en sa trezieme satyre,

> *Credebant hoc grande nefas, et morte piandnm,*
> *Si juvenis vetulo non assurexerat, et si*
> *Barbato cuicunque puer : licet ipse videret*
> *Plura domi farra, et majores glandis acervos.*

Et neantmoins il est certain que du temps de Juvenal il y avet encore des reliques de ceste reverence antique qu'on portet à vieillesse, beaucoup plus grandes qu'elles n'ont esté depuis. Et tant plus ceste reverence s'est diminuee, tant moins le nom de Pere a esté honnoré. Toutesfois ce n'est que depuis peu de temps que les enfans ont quitté le nom de Pere et de Mere, en parlant à leurs peres et meres. Je ne veux point contreroler le mot duquel usent aujourd'huy les enfans des roys, usent aussi leurs femmes, usent ses freres, en parlant à luy (car on diret que ce seret vouloir corriger Magnificat[1]) mais ceci oseray je bien dire, que ce n'est pas seulement contre la coustume ancienne des autres pays, et mesmement des Grecs et des Latins, mais aussi (comme je croy) de la France. Et quand bien cela auret esté de tout temps, que les enfants du roy auroyent dict à leur pere, Monsieur, non pas Mon pere, et à leur mere, Madame, non pas Ma mere, s'ensuivret-il que tant de peres et meres, voire jusques à ceux et celles qui sont moins que simples gentils hommes et que simples genti-

---

[1] *Corriger Magnificat.* Voy. I, 309.

femmes, deussent faire monstre de quelque grandeur, en ce qu'ils font dire à leurs enfans Monsieur et Madame (ou Madamoiselle) au lieu de dire Mon pere, et de dire Ma mere? N'est-ce pas une grande pitié, que ce mot Pere, estant si honorable et venerable, et outre cela ayant telle energie qu'on est contraint, de son propre et naturel usage le transferer à autres, pource que on ne trouve aucun qu'on pust accommoder à chouses si grandes, toutesfois entre les grands, et ceux aussi qui veulent faire ou contrefaire les grands, tout au contraire il perde toute sa reputation et tout son credit? Car on peut bien dire vrayement que le mot Pere perd sa reputation entre les grands, quand ils estiment que si leurs enfans les appeloyent leurs peres, cela diminueret beaucoup de leur grandeur. Mais encore prenons le cas que les grands princes ayent quelque raison en cela : permettons leur de cercher les moyens d'estre differens des autres hommes en toutes chouses, voire jusques à se fascher (quant à aucuns) de ce qu'il leur faut (comme diset un comique Grec[1]) humer le mesme air que hument les autres hommes : faut-il que ceux qui ne sont rien moins que grands, prennent le titre de grandeur non d'ail-

---

[1] *Un comique grec.* Ménandre ou Philémon, voy. Mén., *Meineke, Fr. Com. Gr.*, IV, 227, fab. inc. fr. II. — Philémon, *ib.*, IV, 43, fr. XXVII a. Le passage de Ménandre est tiré de Plut., *Cons. Apoll.*, VI, et celui de Philémon de Stobée, *Flor.*, VI, 18. M. Guill. Guizot n'a pas traduit le fragment de Ménandre.

leurs que de l'imitation des grands en ceste chose, et autres telles ? Il faut user de ceste façon de faire, de ceste façon de parler : il faut tenir tel et tel langage. Pourquoy ? pource que cela est seigneurial, pource que cela sent sa grandeur. Il faut estre ainsi habillé : pourquoi ? pource que cela sent sa grandeur. CEL. Je pense bien que du temps que les meres allaitoyent leurs enfans elles-mesmes, elles prenoyent bien plus de plaisir à ouir le nom de Mere : et cela est vray semblable, Mais desja long temps avant mon depart ceste coustume commançoit fort à se perdre, que les meres fissent cest office de mere, non seulement quant aux dames et damoiselles, mais aussi quant aux femmes de marchands, voire toutes celles dont les maris estoyent gens aisez, ou pour le moins avoyent honnestement de quoy : encore que tant les unes que les autres n'eussent aucune excuse de ceste charge. Et toutesfois vous sçavez que Plutarque, encore qu'il soit payen, remonstre aux femmes que nature leur commande d'estre nourrices elles mesmes de leurs enfans, si faire se peut : et par une grande pourvoyance leur a baillé deux mamelles, pour en nourrir deux, quand ils naistroyent d'une ventree. Or sçay-je bien que le temps passé en France mesmement il y avoit des roines qui allaittoyent leurs enfans. Car on lit d'une [1] notamment, qui estoit sortie d'Hespagne, laquelle ayant desja allaitté

---

[1] Blanche de Castille.

son enfant long temps, et estant advenu un jour qu'une jeune dame luy avoit baillé la mamelle, pensant bien faire, pource qu'il crioit, et que la mere estoit empeschee à parler à quelque ambassadeur : ell' en fut si despitee, qu'elle ne cessa point jusques à ce qu'elle eust faict rendre à l'enfant le laict qu'il avoit eu de cette jeune dame, pource qu'elle desiroit que son enfant, s'il estoit possible, ne fust nourri d'autre laict que du sien. PHIL. Il y avet en ceci une estrange sorte de jalousie, laquelle ne pouvet estre sans une grande affection maternelle, et une vraye philostorgie [1], comme les Grecs l'appellent. Or maintenant on n'a garde de voir cela : voire ne sçay si on la verret en quelque petit nombre de simples damoiselles. Car on estime qu'allaitter son enfant, c'est une chouse entr'autres qui deroge bien à la grandeur : c'est à dire à la maniere de vivre qui sent sa grandeur. Or depuis que vous avez laissé la France, le desir de grandeur n'a cessé, je ne diray pas de chatouiller, mais de poindre et aiguillonner les esprits des Frances, tellement qu'aucuns pour devenir grands se sont offerts à faire ce que dit Theognide [2].
xai es megaxηtea ponton riptein, xai petrwn xat'

---

[1] *Philostorgie* = tendresse pour les siens.
[2] Theognide, *Eleg.*, v. 175. « Il faut la précipiter (la pauvreté) dans les flots profonds, du haut des rochers escarpés. » Voy. la traduction de Patin dans : *Poètes moralistes de la Grèce*, Garnier, 1882. M. Sitzler, *Theogn. Reliquiae*, 1880, met βαθυκήτεα, selon le ms. de Paris Suppl. n° 388. M. J. Girard, dans le vol. des *Poètes moralistes* cité, a suivi

η*libatwn*. Et la grande pitié est en ce, que combien que jamais les cœurs des Frances ne ayent esté si ambitieux et si enflambez du desir de grandeur, jamais la grandeur ne fut si malaisee à entretenir. CEL. Vous me contez merveilles. et si je n'eusse craint de faire tort à vos precedens discours en les interrompant, ce n'eust pas esté sans entrejetter quelques questions : au lieu desquelles je me contenteray d'une, sur ce que vous venez de dire, que jamais la grandeur ne fut si malaisee à entretenir. car je voudrois bien sçavoir la raison de cela. PHIL. Quand vous aurez esté un peu de temps d'avantage en France, et principalement à la cour, vous la sçaurez aussi bien que moy. J'enten qu'il est plus malaisé sans comparaison d'entretenir les charges convenables à la grandeur : pource qu'en une grandeur qui n'est que des moindres, il-y-a maintenant plus de somptuosité qu'il n'y avet de vostre temps en une des plus grandes, au dessous de celle du roy. Et (qui est bien pis) la somptuosité et les pompes, voire pompes desbordees, ne se voyent pas seulement entre les gentils-hommes, et ceux qui outre la gentillesse sont grands seigneurs, mais aussi entre ceux qui sont au dessous des gentils hommes : qu'on appelle les roturiers, et com-

---

le texte de Ziegler, 1868. Gesner, dans sa traduction de Stobée, donne à *riptein* un sens pronominal :

*Oportet fugiendo paupertatem vel in pontum ingentia cete nutrientem
Præcipitem se dare, ô Cyrne, aut ab excelsis rupibus cadere.*

munément sont aussi appelez *vilains*[1]. car aucuns d'eux en somptuosité de façons d'habits passent de beaucoup non seulement les gentils hommes, mais aucuns des princes qui estoyent il-y-a trente ans, ou environ : et leur semble qu'ils font beaucoup pour les princes qui sont à present, quand entre les riches estoffes pour le moins ils leur en laissent une, asçavoir le drap d'or. CELT. Et à quoy servent donc *leges sumptuariæ?* PHIL. A prouver le dire d'Ovide, *Nitimur in vetitum.* Toutesfois, pour vous dire la verité, ces loix ont long temps dormi (suivant ce qui a este dict jadis par Ciceron, *Silent leges inter arma*) mais depuis quelque temps elles se sont resveillees : je ne sçay qu'elles feront. CELT. Orça, quant à ces roturiers, ce qui les mene vous ne diriez pas que c'est le desir de devenir grands. car la grandeur est reservee à ceux qui pour le moins sont gentils-hommes. PHI. Je vous prie de me pardonner si je vous di que parler ainsi, ce n'est pas parler en courtisan, car il doit sçavoir par experience quotidiane qu'en la cour toutes sortes de gens sont avancez, et parviennent : c'est à dire, gens de toutes qualitez, voire de tous pays : pourveu seulement qu'ils soyent gens de service.

---

[1] *Vilains.* « L'œuvre fait tel réprouver vilain qui gentil se faint. » Al. Chartier. « Il prend vilain pour roturier et l'oppose à gentilhomme. Auquel sens aussi le seigneur de Joinville appelle maistre Robert de Sorbon filz de vilain et de vilaine. » *Annotations.* Cf. *Apol.*, I, 139 ; *Préc.*, 110 et 210. Jean Marot offre l'ancienne acception dans le *Voyage de Gênes* et la nouvelle dans le XIXe Rondeau.

CEL. Qu'est-ce à dire Gens de service? PHI. Je le vous exposeray ci-apres. CEL. Or ça, ce que vous appelez *grandeur*, ne l'appelleriez vous pas *dignitas* en Latin, et *axiωma* en Grec? PHI. A parler proprement, ce qu'on appelle maintenant Grandeur, ce n'est pas simplement *Dignitas*, mais *Altus dignitatis gradus*, ou *amplus* : selon mon jugement. CEL. Je m'esbahi si maintenant il n'advient pas à plusieurs de ce que dit Juvenal en sa dixième Satire [1], de ceux qui voulans monter à ces grandeurs, se rompent le col : et principalement quand ils veulent monter aux hautes. Car ayant dict de Sejanus (à propos de ceux qui font des foles prieres aux dieux, demandans choses qui leur estans donnees sont cause de leur ruine et perdition)

Ergo quid optandum foret, ignorasse fateris
Sejanum. nam qui nimios optabat honores,
Et nimias poscebat opes, numerosa parabat
Excelsæ turris tabulata : unde altior esset
Casus, et impulsæ præceps immane ruinæ.

il adjouste incontinent apres,

Quid Crassos, quid Pompeios evertit, et illum
Ad sua qui domitos deduxit flagra Quirites?
Summus nempe locus, nulla non arte petitus,
Magnáque numinibus vota exaudita malignis.

J'estime que qui voudroit exposer bien ces mots, *Summus locus nulla non arte petitus*, pourroit

[1] Juvénal, Sat. X, v. 103.

dire, Une treshaute grandeur poursuivie par tous moyens. PHIL. Je suis bien de vostre opinion. Mais quant à ce que vous demandez si ce que dit ici Juvenal, que plusieurs se rompoyent le col en voulant monter à une haute grandeur, ou de grandeurs en grandeurs tousjours plus haut, je vous respon qu'aujourd'huy cela advient moins que le temps passé : je di, il y a environ trente ans. Car on sçait aujourd'huy des tours merveilleux en cas de telle poursuyte, et se tient-on mieux sur ses gardes. CELT. Ne trouvez-vous pas en ce poète satyrique plusieurs autres remonstrances qui auroyent besoin d'estre faictes aux courtisans de ce temps ? PHIL. Ouy : et une notamment quant à la friandise, en la Satyre onzieme [1].

Nec mulum cupias, quum sit tibi gobio tantum
In loculis. quis enim te, deficiente crumena,
Et crescente gula, manet exitus ? ære paterno
Ac rebus mersis in ventrem, fœnoris atque
Argenti gravis et pecorum agrorumque capacem ?

CEL. Il entend (comme je croy) le poisson qu'on appeloit *mulus*. PHIL. Ouy : lequel on apportet

---

[1] Juvénal, Sat. XI, v. 37. Les éditions modernes portent : *ne mullum*. Cf. Sat. IV, 15 ; VI, 40 ; Martial, II, 43 ; VII, 77 ; XIII, 79 ; Varron, R. R. III, 17 ; Athen., IV, 15 et VII, 125. *Mullus* c'est le τρίγλα des Grecs, le triglia des Italiens modernes, le rouget des Provençaux, le *mullus barbatus* de Linné. Pline le caractérise par la double barbe qu'il porte sous le menton et par sa couleur rouge. Voy. Pline-Panckoucke.

de loing, comme on voit par ce passage [1], *Mulus erit domino, quem misit Corsica, vel quem Tauromitanæ rupes*. Et tant plus il estet rapporté de loing, et par consequent estet cher, tant plus les frians le trouvoyent bon : comme aussi il leur en prenet quant aux autres viandes : ainsi que nous cognoissons par ce qu'il dit, se moquant entr'autres chouses de ce qu'ils cerchoyent de l'appetit par tous les elemens,

Interea (dit-il) *gustus elementa per omnia quærunt,*
Nunquam animo prætiis obstantibus. interius si Attendas, magis illa juvant quæ pluris emuntur.

CEL. A propos de ceux qui cerchoyent appetit par tous les elemens, il me souvient qu'en quaresme en quelques hosteleries on demandoit à ceux qui arrivoyent, s'ils faisoyent quaresme par eau ou par terre. PHI. Je l'ay bien ouy demander aussi : et quelques uns demandoyent si on le faiset par mer ou par terre. Mais si les anciens Romains eussent eu aussi un quaresme à faire, et que cette liberté leur eust esté laissee, lequel des deux elemens pensez vous qu'ils eussent choisi ? CEL. L'eau. car je sçay que les anciens Rommains estoyent sans comparaison plus frians du poisson que de la chair. Et encore pour le jourd'huy tous ceux qui sont bien experts au mestier de friandise confesseront qu'un banquet de poisson, quand la mer y envoye de ses meil-

[1] Juv., Sat. XI, v. 14.

leurs nourrissons, est plus delicieux sans comparaison qu'un banquet de chair : comme aussi il couste le double, voir le triple, et quelquesfois le quadruple. Or que les anciens, et non seulement les Rommains, mais aussi les Grecs, estimassent qu'il y eust plus grande friandise au poisson qu'à la chair, il appert par ce que quand les frians ont esté appelez par eux *philopsoi* et *opsophagoi,* il n'ont pas entendu le mot *opson* (qui est enclos en ces composez) touchant la chair. mais touchant le poisson : comme tesmoignent Athenee et Plutarque [1]. PHI. Et toutesfois je croy que monsieur Quaresme se mettret en grand' cholere si on luy diset qu'il eust des supposts plus frians que ceux de monsieur Charnage. CEL. Mais encore s'en faut-il bien que la despense que font les plus grands frians en banquets de poisson approche de celle que faisoyent les Rommains. PHIL. Je le vous confesse. Car acheter une lamproye trente ou quarante escus, encore ne seret ce rien au pris de la despence qu'ont faict aucuns Rommains, et Apicius entre autres, en l'achet de quelques poissons. CELT. Ainsi les François cedent aux anciens Rommains en cette somptuo-

---

[1] Athénée, l. VII, ch. 2; Plutarque, *Symp.*, IV, 4. Le cuisinier du monastère lorrain de Sturzelbronn était si habile qu'il avait réussi à supprimer le maigre tout en respectant religieusement les prescriptions canoniques. Avec la chair de poisson affermie par un savant travail, concentrée par des procédés ingénieux, il créait des filets de bœuf, des longes de veau, des gigots de mouton, des rôtis de chevreuil, tout ce qu'on voulait. Voy. Gérard, *l'Ancienne Alsace à table.*

sité. PHIL. C'est par force, pource qu'ils ne pourroyent supporter une telle despense : mais toutesfois quant à ceux principalement qui veulent tenir table qui sente sa grandeur (car je suis tousjours sur le propos de la grandeur) vous seriez esbahi de voir de combien le traitement est plus delicat que de vostre temps. CELT. Ainsi *lautæ gloria mensæ* (comme parle Lucain)[1] demeurera aux François. PHIL. Non seulement demeurera, mais s'augmentera tousjours, comme je croy. CELT. Si seroit-il bien à desirer que quelque autre chose leur demeurast plustost. Et quant à moy je di que les Italiens ont meilleure raison que nous, quant à se nourrir frugalement plustost que délicatement (contre ceux qui leur reprochent le ventre de bureau)[2] et ne croy pas que selon leur naturel ils soyent polyphages, non plus que lichnophages : (encore que ceux qui leur en veulent dient qu'ils le sont quand ce n'est à leurs despens) et quant à nous, il est certain que nous ne sommes pas polyphages (lequel nom au contraire on pourroit donner à plusieurs Anglois) mais que quant à la plus grand' part ne soyons lichnophages, nous ne l'oserions nier : et avons aussi une façon (qui fait grand tort à nostre santé) c'est que nous sommes tachyphages plus qu'aucune autre nation. PHIL. Je me suis esbahi souvent de la frugalité des Italiens, veu que

---

[1] Lucain, IV, 376.
[2] *Ventre de bureau.* Voy. plus bas.

leurs ancestres, au contraire, usoyent d'une somptuosité si excessive en banquets. Car vous avez ouy comme Juvenal s'en plaind (qui dit aussi de la grande friandise de quelques-uns[1], *Et quibus in solo vivendi causa palato est :* comme s'il diset, *Qui vivunt ut edant, non edunt ut vivant*)[2] vous sçavez aussi que dit Horace de leurs banquets : mais outre cela vous avez ceste exclamation en Lucain[3] sur ces excez,

   ô prodigâ rerum
Luxuries, nunquam parvo contenta paratu,
Et quæsitorum terra pelagoque ciborum
Ambitiosa fames, et lautæ gloria mensæ,
Discite quam parvo liceat producere vitam.

Mais ce-pendant que je suis sur ce discours, je vous apprendray aussi quelque chouse de nouveau quant au langage. CELT. Quoy ? PHIL. Qu'aucuns disent d'un homme qui est delicat en son manger, et ne mange que de bonnes viandes, *Il mange bien :* pareillement d'un qui est delicat en son boire, et ne boit que du plus excellent, *Il boit bien.* CEL. Si je n'eusse esté adverti, j'eusse

---

[1] Juvénal, Sat. XI, v. 11.
[2] *Qui vivunt...* La première version de cette phrase proverbiale est dans la *Rhet. ad Herennium*, IV, 28 : *Esse oportet ut vivas, non vivere ut edas.* Elle est donnée à l'appui de la définition de la figure *commutatio* : *Commutatio est cum duae sententiae inter se discrepantes ex transjectione ita efferuntur ut a priore posterior contraria priori, proficiscatur...* Cf. Molière, l'*Avare*, a. III, sc. v ; Andrieux, *Contes en vers*, notre édition, p. 4.
[3] Lucain, IV, 373.

tousjours entendu ces mots en l'autre signification. Et sçay bien qu'on souloit dire, Il ne boit que du bon : et pareillement, Il ne mange que du bon. PHIL. Je ne vous ay pas dict que tous parloyent ainsi, mais vous ay dict quelques-uns seulement. CEL. Or-çà, à propos de ce qu'on dit des Italiens, Ventre de bureau, et dos de velours[1], puis que les François (principalement les gentils-hommes) au contraire font tous les deux de velours, il ne faut pas douter que plusieurs ne tombent en ces dangers que dit Juvenal. PHIL. Il y a desja longtemps qu'ils faisoyent tous les deux de velours : ce n'estet rien toutesfois à comparaison de ce qui est maintenant : et pourtant vous pouvez bien penser quant à ces dangers, comment il en va : suyvant ce que je vous dises hier, qu'aucuns portent sur eux leurs prez, leurs vignes, leurs terres, voire quelquesfois leurs maisons aussi. CELT. A ce que je puis penser par vos paroles, d'autant qu'ils cedent aux anciens Rommains en la somptuosité des banquets, d'autant les surmontent-ils en ceste autre sorte d'exces, qui est en habits pompeux. PHIL. Il y a ja long temps qu'ils ont commencé à les surmonter : mais maintenant ils se surmontent eux mesmes de beaucoup en tels exces. Et quant aux

---

[1] *Ventre de bureau et dos de velours.* Cotgrave dit : ventre de velours robbe de bureau. Oudin, *Cur.* : « ventre de veloux robbe de foin, i. bonne chere et mauvais habit. Le contraire est ventre de foin. » Nous disons : habit de velours, ventre de son.

Rommains, je ne trouve pas qu'ils ayent esté repris de cest exces, comme de l'autre, par les poetes satyriques. Au contraire Juvenal[1] dit que les Rommains avoyent quelque consideration, mais leurs femmes point. car voyci ses paroles,

> *Multis res angusta domi est : sed nulla pudorem*
> *Paupertatis habet, nec se metitur ad illum*
> *Quem dedit hæc posuitque modum. tamen utile quid sit*
> *Prospiciunt aliquando viri, friguque famemque*
> *Formica tandem quidam expavere magistra :*
> *Prodiga non sentit pereuntem, fœmina censum*
> *Ac, velut exhausta redivivus pullulet arca*
> *Nummus, et è pleno semper tollatur acervo,*
> *Non unquam reputant quanti sibi gaudia constent.*

CEL. Je croy que ça esté depuis que le monde est monde que les femmes ont esté plus addonees à telle somptuosité, et ont aimé la bragardise plus que les hommes. Et mesmement vous lisez qu'aucunes ont esté tant aveuglees du desir de se voir parees de quelques beaux joyaux, ou de quelque belle robbe, qu'elles ont trahi les unes leur mari, les autres leur frere, ou leur pere : et ont esté cause de leur mort, pour avoir tels presens. Et volontiers Eriphyle est mise des premieres en ce reng, de laquelle, ou plustost à laquelle dit Properce[2] (s'adressant à elle par la figure qui s'appelle *apostrophe*)

[1] Juvénal, Sat. VI, v. 357.
[2] Properce, *El.*, III, 13, 57.

Tu quoque ut auratos gereres Eriphyla lacertos,
Dilapsis nusquam est Amphiaraus equis.

Et en un autre endroit [1] parlant d'elle et de Creuse aussi, il dit,

Aspice quid donis Eryphile invenit amaris,
Arserit et quantis nupta Creusa malis.

Et Ovide [2] aussi dit d'Eriphyle,

Si scelere Oeclides Talaoniæ Eriphiles
Vivus et in vivis ad styga venit equis.

Et ceste Eriphyle fut cause par sa meschanceté d'un acte autant ou plus meschant, perpetré contre elle. car son fils voulut par la mort d'elle venger celle de son pere ; comme tesmoigne ce mesme poete [3] en un autre lieu : où il dit,

Ex quibus exierat trajecit viscera ferro
Filius : et pœnæ causa monile fuit.

A ce mesme propos, la meschanceté aussi de la Rommaine nommee Tarpeia, fille vestale, n'a pas esté oubliee es croniques des Rommains : comme aussi un acte si notable meritoit bien d'estre mis en perpetuelle memoire. Car c'est grand cas que le desir des brasselets d'or que les ennemis portoyent, fut la premiere chose qui l'incita à leur livrer le lieu qui depuis fut nommé le Capitole. Je di que ce fut la premiere chose. car je sçay bien que depuis elle s'amouracha de

---

[1] Prop., *El.*, II, 16, 29.
[2] Ovide, *A. A.*, III, 13.
[3] Ov., *Amor*, I, 10, 71.

leur coronel, Tatius. Mais combien qu'elle fist acheter ces brasselets (ou plustost le desir d'iceux) bien cherement à sa patrie, si est-ce qu'elle les acheta encore plus cher. car ils luy cousterent la vie : (chose bien contraire à ce qu'elle esperoit, mais chose toutesfois qu'elle meritoit) Car la premiere besongne que les ennemis firent apres que la place leur fut rendue, ce fut de l'assommer de leurs boucliers. Voyla pourquoy Ovide [1] dit,

Non fuit armillas tanti pepigisse Sabinas,
  Ut premerent sacræ virginis arma caput.
Et en sa Metamorphose [2].
  -arcisque via Tarpeia reclusa
Dignam animam pœna congestis exuit armis.

PHIL. Ce qui advint à ceste traistresse, monstra des lors que plusieurs ont esté de mesme opinion que fust depuis Cesar Auguste [3], d'aimer la trahison laquelle estet faicte à son proufit, mais toutesfois ne louet pas le traistre. Et ce qu'on racomte du roy Antigone avet bien aussi bonne grace, qu'il aimet bien les traitres ce pendant qu'ils faisoyent la trahison : depuis qu'ils l'avoyent faicte, qu'il les hayet. Mais ceci soit dict par parenthese, sans interrompre vostre propos. CELT.

[1] Ovide, *Amor.*, I, 10, 69.
[2] Ov., *Met.*, XIV, 776.
[3] Auguste, voy. Plut., *Apophth. Rom.*, XX.
  El tradiment pò piasè,
  Ma al traditor tücc i bestemia adrè.
  Tosc. *Tradimento piace assai,*
    Traditor non piacque mai.
    (Samarani, *Proverbi Lombardi*, Milano, 1860, p. 116.)

Je voulois vous amener quelques autres exemples. PHIL. Je ne doute point que vous n'en puissiez amener, voire de la Bible mesmement, pour prouver ce que vous avez dict, que ç'a esté depuis que le monde est monde que les femmes ont esté plus addonnees à tels excez, et ont plus aimé la bragardise que les hommes. Mais ce n'est pas à moy qu'il faut alleguer des exemples de telles chouses. car j'en ay remarqué en lisant divers autheurs. CELT. Je voulois aussi vous dire que j'ay opinion que les femmes qui ont esté devant ce siecle, mesuroyent beaucoup mieux leur somptuosité, leurs pompes et excez, à la mesure de leurs facultez, et notamment de leur estat. Car il me souvient que Froissard[1] descrivant comme un roy d'Angleterre, nommé Edouard, auret festoyé par plusieurs jours un grand nombre de seigneurs et dames de divers pays, qu'il avet mandez expressément, dit entre autres choses, que toutes les dames et damoiselles furent de si riche atour qu'estre pourroyent : mais il adjouste, Chacune selon son estat. PHIL. Vous avez bien eu raison de prendre garde à ces mots, Chacune selon son estat. car ils sont vrayement remarquables. Mais maintenant il faudret qu'un historien qui voudret escrire la verité, dist, Chacune plus que ne portet son estat. Et toutesfois, quand je pense, d'autre part, la grande confusion qui est en telles chouses

---

[1] Froissard, liv. I, § 182.

depuis environ trente ans, je ne sçay comment on pourroit recognoistre ce que chacune porteret selon son estat, ou autrement. CELT. Je ne doute pas qu'il n'y eust grande difficulté en cela. Mais vous plaist-il que j'adjouste une exception que met cest historien, apres qu'il dict, Chacune selon son estat? PHIL. Pourquoy ne me plairet-il? CELT. Ce n'est pas une exception telle que vous penseriez, touchant quelcune qui se seroit habillee plus richement que son estat ne portoit : mais au contraire d'une qui se seroit contentee de beaucoup moins en cest endroit, que ce qu'elle pouvoit faire. Et est expressément rendue la raison pourquoy elle le faisoit. en quoy il y a un grand los pour elle, lequel merite d'estre en memoire perpetuelle : et pareillement il y a une tresbonne leçon pour celles d'entre les dames de la cour, qui s'estudient à la conservation de leur honneur, et notamment de leur pudicité. PHIL. Mon Dieu, que j'ay grand envie d'ouir ceste histoire. CELT. Il dit, Exceptee Ælis[1], la comtesse de Saleberi, qui y vint le plus simplement atournee qu'elle peut. Et puis il rend ceste raison, Pourtant qu'elle ne vouloit mie que le roy s'abandonnast à trop la regarder. car elle n'avoit pensee ni voulonté d'obeir à luy en nul vilain cas, qui pust tourner au deshonneur d'elle et de

---

[1] *Ælis*. Froissard reproduisant une erreur de Jean Le Bel, *Chron*., II, 5, donne à la comtesse de Salisbury le nom d'Alice ; elle s'appelait Catherine et était fille de Guillaume de Grandisson.

son mari. Et ce qui est bien à noter, c'est que expressement pour avoir moyen de voir ceste dame il faisoit ceste grand' feste de jouste, ainsi que cest historien l'appelle. PHIL. Avet-il racomté auparavant l'amourachement du roi? CEL. Ouy : environ douze pages auparavant : où il faut noter tout le contraire de ce qu'il dit en l'autre passage. Car là nous lisons qu'elle se trouva avec les autres dames pour comparoir devant le roy, le plus simplement atournee qu'elle peut : et la premiere fois qu'elle se presenta à luy, sortant de son chasteau, pour le recevoir, il est dict qu'elle estoit tant richement vestue que chacun s'en esmerveilloit. PHIL. C'est bien tout le contraire, comme vous dites. CEL. Mais toutesfois vous trouverez qu'elle avoit raison lors de s'habiller le plus richement qu'il luy estoit possible, et encore plus de raison puis apres de faire le contraire : et qu'elle se gouvernoit en ceci par une grande prudence, de laquelle peuvent et doivent faire leur prouffit les dames de la cour, qui (comme j'ay dit parci devant) s'estudient à la conservation de leur pudicité. Car lors qu'elle se presenta au roy en un si riche atour, elle ne sçavoit pas ce qu'elle sceut depuis : tellement qu'ainsi comme alors on pouvoit dire qu'elle faisoit cela pour le mieux, aussi quand elle fit le contraire, c'estoit pour le mieux. PHIL. Mais qu'est-ce qu'elle ne sçavet pas, qu'elle sceut depuis? CELT. Elle ne sçavoit pas à quel roy elle avoit à faire. PHIL. Comment? avet elle à faire au roy ? CEL. Vous savez bien que je veux dire : n'y allez point à la malice pour ceste heure. Je di qu'elle ne sçavoit pas de quel naturel estoit le roy, lequel pour lors elle avoit à recevoir : et qu'ainsi soit, elle ne se contenta de le mener en autres lieux de son chasteau, luy la tenant tousjours par la main, mais le mena aussi en sa chambre. puis l'ayant laissé un bien peu de temps, (pour aller caresser les seigneurs qui estoyent venus avec luy, et pour commander à ses gens de haster le disner) elle vint le trouver avec une chere fort joyeuse : et voyant qu'au contraire il pensoit et musoit souvent, luy dit, Cher sire, pourquoy pensez-vous si fort? tant penser n'appartient pas bien à vous, vostre grace sauve : ainçois deussiez vous mener feste et joye, quand vous avez enchassé vos ennemis, qui ne vous ont osé attendre : et deussiez laisser aux autres penser du demourant. PHIL. Quelle response luy fit le roy ? CELT. Haa, chere dame, sçachez que depuisque j'entray ceans, il m'est un songe advenu, duquel je ne me prenois garde. si m'y convient penser, et si ne sçay qu'advenir il m'en pourra. mais je ne sçay comment j'en pourray mon cœur oster.

PHIL. Vela une merveilleuse fiction. car quelle apparence y-avoit-il de parler d'un songe qui luy estet advenu depuis que il estet entré en ce chasteau, veu que depuis il n'avet point dormi ? CEL. Il est bien certain que depuis il n'avet point dormi, comme aussi le temps n'en avoit pas esté. Et combien qu'il y ait en Froissard, Depuis que j'entray ceans, si est-ce qu'il faut entendre non du jour precedent (car il estoit entré ce jour mesme, et n'y pouvoit pas avoir plus de deux ou trois heures) mais comme s'il eust dict, Depuis que je suis entré ceans. Mais ici il faut considerer que c'est d'un homme surpris d'amour, et surpris aussi quant à faire response à une interrogation : d'autant que loisir ne luy estoit donné de penser à ce qu'il devoit respondre. Or qu'il fut surpris d'amour, Froissard l'avoit desja dict. Car apres avoir usé de ces mots, Chacun la regardoit à merveilles, et le roy mesme ne se pouvoit tenir de la regarder : et bien luy estoit advis qu'oncques n'avoit veu si noble, si frisque, ne si belle dame : il adjouste incontinent apres, Si le ferit tantost une estincelle de fine amour au cœur, qui luy dura par longtemps. Car il luy sembloit qu'au monde n'y avoit dame qui tant fust à aimer comme elle. PHI. Et que respondit-elle au roy quant à ce songe ? CELT. Voyci qu'elle respondit de mot à mot (au moins selon le recit de Froissard) Haa, cher sire, vous deussiez toujours faire bonne chere, pour vos gens mieux conforter : et laisser le penser et le muser. Dieu si vous a tant aidé jusques à ores en toutes vos besongnes, et donné si grand'grace que vous estes le plus douté et honoré prince des Chrestiens, et se le roy d'Escoce vous a faict despit et dommage, vous le pourrez bien amender, quand vous voudrez : ainsi qu'autresfois l'avez faict. Si laissez le muser, et venez en la sale (s'il vous plaist) delez vos chevaliers. car il sera tantost prest à disner. Mais le roy en la fin declara qu'il vouloit dire par ce qu'il avoit mis en avant touchant un songe. Car voyci qu'il repliqua, Haa chere dame, autre chose me touche et gist au cœur que vous ne pensez. Car certainement le doux maintien, le parfaict sens, la grace, la grand' noblesse, et la beauté que j'ay trouvee en vous, m'ont si fort surpris qu'il convient que je soye de vous aimé. car nul esconduit ne m'en pourroit oster. PHIL. Maintenant parlet il ouvertement, et non point par allegorie de songe. CELT. Mais la dame luy fit une contreresponce, en laquelle elle luy parla aussi bien ouvertement et roidement, et en grande hardiesse. Car voyci qu'elle luy dit, Haa, cher sire, ne me vueillez mie moquer, ne tenter. je ne pourroye cuider que ce fust à certes ce que vous dites, ne que si noble et gentil prince, comme vous estes, eust pensé à deshonnorer moy et mon mary, qui est si vaillant chevalier, et qui tant vous a servi : et encore gist pour vous en prison. Certes, sire, vous seriez de tel cas peu prisé, et n'en seriez de rien meilleur. Et certes onques telle pensee ne me vinst au cœur, ne ja (se Dieu plaist) ne sera, pour homme qui soit né : et (se je le faisoye) vous me devriez blasmer : mais mon corps punir, justicier, et demembrer. Vous avez ouy la response, ou plustost contre-response, (comme je l'appelois maintenant) qui fut faicte à ce roy par ceste dame. Il y a quelques mots qui tiennent un peu de l'antiquité : mais il n'y a rien toutesfois que vous n'entendiez, comme je pense. Quand elle dit, Que ce fust à certes ce que vous dites, *A certes*[1] c'est A bon escient. De laquelle façon de parler on use encore aujourd'huy en quelques lieux : et signifie aussi De grande affection, Bien affectueusement : ou Bien affectionnément, comme les autres aiment mieux dire. *Muser*[2] (un peu auparavant) c'est ce que nous disons maintenant Estre tout pensif : et conforter[3] n'est pas pour reconforter, mais pour Donner courage.

PHILAU. J'ay l'exposition de ces mots, comme de surcrest, dequoy je vous remercie. J'ay remarqué aussi ce mot *Frisque*[4], (lequel je ne penses

---

[1] *A certes*, sérieusement, tout de bon (Godefroy). La signification *affectueusement* n'est indiquée que par Lacurne. Godefroy assure que le patois lyonnais dit encore prendre une chose à certes pour signifier la prendre au sérieux, s'en formaliser, s'en fâcher. Nous trouvons dans le *Glossaire* de Bridel : *à certes*, pour sûr, sans y manquer.

[2] *Muser* n'a plus que le sens de s'amuser, qu'il a du reste déjà dans le *Roman de la Rose*, dans la *Marguerite des Marguerites*, etc. Furetière lui assigne comme signification première « avoir le visage fiché vers un endroit. » Cf. l'angl. *muse*, méditer, et le wallon *mûzer*, être morne. (Grandgagnage.)

[3] *Conforter* s'est dit au sens physique (d'Aubigné), de même que reconforter s'est dit au sens moral. (*Saint Alexis, Thomas Martyr.*) « Voilà encore un de ces simples dont nous sommes privés, du moins au figuré. » Noël.

[4] *Frisque*. Le ms. 6477 de la Bib. Nat., suivi par M. Luce, a friche ; le ms. d'Amiens : frisce. Frisque, dans sa première signification, n'est pas tout à fait tombé ; il a été employé par La Fontaine, *Contes*, II, 2. « Mot un peu vieux et qui ne s'emploie plus que dans le comique et le burlesque. » Furetière. De l'all. *frisch*, frais.

pas estre si ancien) où il dit, Et bien luy estoit advis qu'oncques n'avoit veu si noble, si frisque, ne si belle dame. CELT. Il use de ce mot en parlant d'elle mesme en l'autre endroit : où il dit, La beauté et le frisque arroy d'elle. Car faisant mention de ce mesme roy, et reduisant en memoire ce qu'il en a dict en ce passage sur lequel nous sommes demeurez, touchant son amourachement : Si avez bien entendu (dit-il) comment il avoit si ardamment aimé et par amours la belle et noble dame, madame Ælis, comtesse de Saleberi, qu'il ne s'en pouvoit abstenir. Car amour l'admonnestoit nuit et jour, et tellement luy representoit la beauté et le frisque arroy d'elle, qu'il ne s'en sçavoit conseiller : et n'y faisoit que penser tousjours : combien que le comte de Saleberi fust le plus privé de tout son conseil, et l'un de ceux d'Angleterre qui plus loyaument l'avoit servi. Et puis il adjouste comment pour l'amour de ceste dame et pour le grand desir qu'il avoit de la voir, il avoit faict crier ceste grande feste de jouste. PHIL. Ceste comtesse fit sentir à ce roy le mesme tourment que le roy Ænee (tesmoin Virgile) fit sentir à la royne Dido. Car quand cest historien dit de ce roy d'Angleterre, qu'Amour l'admonestoit nuit, et jour, et ce qui s'ensuit, il me semble que c'est comme s'il disoit,

Pulchra ejus facies animo, multusque recursat
Oris honos : pendent infixi pectore vultus,

Verbaque : nec placidam membris dat cura quietem [1].

CEL. Vous triomphez monsieur Philausone en matiere d'user de parodie. Qui vous en a tant appris ? PHIL. J'en ay appris tant et si peu d'un livre mis en lumiere depuis un an ou deux, qui est intitulé *Parodiæ morales* [2]. Mais je vous prie que j'entende l'issue de ce povre amoureux. Car tout roy qu'il estet, je l'appelle povre amoureux par une façon de parler que nous avons quand nous plaignons quelcun, et avons pitié de luy. CELT. Comment ? vous semble-il donc qu'il fust à plaindre ? mais plustost ceste dame estoit à plaindre, pour le danger où elle se voyoit. PHIL. Je le plain du martyre qu'il enduret : lequel devet estre grand, veu que seulement pour avoir occasion de voir ceste dame il prit tant de peine, et en fit prendre tant à un si grand nombre de seigneurs et d'autres dames, de divers pays. CEL. Quant au martyre, à son dam. car pourquoy s'addressoit-il où il ne faloit pas ? quant à ce que vous dites qu'il prenoit tant de peine, et qu'aussi il en faisoit prendre tant aux autres, je vous con-

---

[1] Voy. Virgile, *Æn.*, IV, 3.
[2] *Parodiae morales H. Stephani in poetarum vet. sententias celebriores totidem versibus Gr. ab eo redditas... Centonum veterum et parodiarum utriusque linguae exempla. Anno MDLXXV exc. H. Stephanus cum privil. Cæs. Majest. in decennium*, pet. in-8º. Henri écrit qu'il composa ces vers *ad fallendum itineris tædium*. Il était effectivement revenu depuis peu de Vienne en Autriche et on sait qu'il avait l'habitude de composer, surtout des vers, *inter equitandum*.

fesse le second, mais non pas le premier. Car quelle peine lui estoit-ce de mander tant de seigneurs et de dames? au contraire ce luy estoit un grand plaisir de se voir ainsi obey : et experimenter ce que dit le proverbe ancien, pris d'Herodote[1], *longas regibus esse manus*. PHIL. Vous y allez bien rudement : et j'ay pensé dire que vous estiez bien rude aux povres gens : suivant ce que j'ay tantost dict Ce povre roy. Vous parlez comme un homme qui ne sçait que c'est de la violence et du tourment d'amour, en plaignant si peu ce povre roy. Et toutesfois (à le prendre au pire) encore plaignons nous un homme que nous voyons endurer quelque supplice pour ses mesfaits. Au reste, il me semble que vous abusez de ce proverbe ancien, lequel vous alleguez. car on n'a pas dict que les roys eussent les mains longues pource qu'ils faisoyent venir de bien loing ceux qu'ils mandoyent pour les festoyer, mais pource qu'ils pouvoyent faire venir de bien loing ceux qu'il leur plaiset, encore que ce ne fust pour leur prouffit, mais plustost pour leur dommage : voir aucuns pour y laisser la vie : ou bien, sans les faire venir, avoir leur raison d'eux au lieu où ils estoyent, encore qu'il fust lointain. CELT. Je ne pensois pas que vous

---

[1] Hérodote, VIII, 140. Cf. Ovide, *Her.*, XVII, 166. Les Grecs disaient de même proverbialement : Μακραὶ τυράννων χεῖρες. Voy. Apostolius, *Cent.*, XI, 7a, dans le *Corpus parœmiographorum* de Leutsch ; cf. Arsenius, XXXV, 19. « Les princes ont les mains bien longues, i. leur pouvoir s'estend fort loing. » Oudin, *Cur.*

deussiez prendre garde de si pres à l'usage de ce proverbe. Mais je voy bien que c'est : vous faites tout ce que vous pouvez pour soustenir ce roy d'Angleterre. Et quant à moy, je di qu'il n'estoit pas sage de faire venir ceste dame, puis qu'elle luy devoit renouveller sa playe. Il devoit penser, suivant ce que disent les Perses, en Herodote[1] au commancement de sa Terpsichore, que ceste belle dame luy feroit mal aux yeux. PHIL. N'estoyent-ils pas de grands resveurs, de dire que la beauté faiset mal aux yeux ? CELT. Vous n'estes pas le premier qui les a repris de ceste parole : mais il me semble que je les defendrois bien, si je l'avois entrepris. PHIL. Je vous prierai un jour d'entendre ceste defense : maintenant je desire fort savoir l'issue de l'inamourement de ce roy d'Angleterre. Depuis n'usa il plus de tel langage à ceste dame ? CELT. Si fit, après avoir eu long temps un grand combat en soy-mesme. Car aucunesfois il se reduisoit (pour user des mots de l'historien) qu'honneur et loyauté luy defendoit de mettre son cœur en telle fausseté, pour deshonorer une si vaillante dame, et si vaillant et loyal chevalier, comme son mari estoit : qui tousjours l'avoit tant bien servi : d'autre part amour le contraignoit si fort, qu'elle surmontoit honneur et loyauté. Ainsi se debattit en soy-mesme tout le jour et toute la nuit. Or en la fin prenant congé de la dame le matin, il luy dit,

[1] Hérodote, V, 18.

Ma chere dame à Dieu vous commans, jusques au revenir. et vous prie que vous vueillez aviser, et autrement estre conseillee que vous ne m'avez dict. PHIL. Et la dame quel adieu luy donna elle? CELT. Ce ne fut pas sans luy chanter bien sa leçon en peu de paroles, mieux qu'auparavant : voire le rembarrer. Car elle luy dit, Cher sire, Dieu le pere glorieux vous vueille conduire, et oster de vilaine pensee. car je suis et seray tousjours appareillee de vous servir à vostre honneur, et au mien. Ne voyci pas une brave response en peu de mots, et qui sent sa tresvertueuse et tresvaillante dame? PHIL. Ouy. mais le roy aussi est à louer en ce qu'il refrene une si violente passion. Aujourdhuy peu de princes feroyent cela : car au lieu que le temps passé ils estimoyent grand' louange d'estre victorieux de telles mauvaises concupiscences, maintenant ils pensent leur estre louable de se laisser vaincre à elles.

CEL. Et moy, pour retourner au propos sur lequel nous estions demourez, avant que je misse en avant ceste histoire, touchant la bragardise plus aimee par les femmes, de tout temps, je di que ceste dame outre le bel exemple qu'elle baille à toutes de tenir bon contre un roy où il s'agit de la pudicité, leur en baille un aussi quant à ne se parer point tant lors qu'elle n'ont pas envie de faire entrer les hommes en tentation. car il est certain que la beauté gentement et richement paree, est double beauté. PHIL. On auret beau chanter ceste leçon aux dames et damoiselles : les plus belles mesmement sont les plus curieuses de se bien parer, voire quelquesfois jusques à venir au fard : et ce n'est pas sans que quelques unes se mettent volontairement au danger auquel tomba la comtesse susdicte, à son grand regret. CELT. Ceci pareillement s'est veu de tout temps, que les belles ont esté autant ou plus curieuses de se parer, que les autres. PHIL. Mais c'est bien pis maintenant qu'avant que vous partissiez de la cour, quant à se parer. car on vient jusques au fard : voire peut-on dire qu'il est tout commun. CELT. C'est bien la chose qui plus me desplaist que ceste la : comme aussi elle desplaisoit fort à Properce[1] : qui appelle cela, *Naturæ decus mercato perdere cultu* (pour le vers il faudret dire, *Naturæque decus*) adjoustant, *Nec sinere in propriis membra nitere bonis*. Et encore que je ne soye pas des plus vieux, j'ay veu le temps que quand une femme estoit convaincue de s'estre fardee, son proces estoit quasi faict, quant à estre bannie de la compagnie des femmes de bien. PHIL. Or maintenant on feret tort à plusieurs dames et damoiselles, si on voulet user d'une procedure si Draconique en matiere de proces. car telle se farde qui n'y pense point à mal. mais vous sçavez qu'il faut qu'elles s'accommodent aux autres. CELT. Quand vous parlez ainsi, vous monstrez bien que quant à ces autres vous

---

[1] Properce, I, 2, 5.

ne voudriez pas les cautionner toutes. PHIL. Une si grande folie meriteret bien qu'on me menast à S. Maturin[1]. CELT. La raison pourquoy celles qui se parent tant (et notamment, qui se fardent) ont grand' peine à se défendre, c'est qu'elles ne le font pas volontiers quand elles sçavent ne devoir estre regardees que de leurs maris. Laquelle considération a eue un mien ami en deux epigrammes que je vous reciteray. Voyci l'un,

Natura sis pulchra licet, vis arte juvare
    Formam : contentus qua tamen ipse vir est.
Sat pulchram faciem quum niteris arte juvare,
    Credo, adjutorem quæris habere viri.

PHIL. Il n'espargne pas celle dont il parle. CELT. Il ne l'espargne non plus en l'autre epigramme, duquel le sens est tout un : car il dit,

Pulchram dat faciem natura satisque superque,
    Haudque aliam cupiat vir tuus esse tibi :
Qua contentus is est, non es contenta : putabo
    Te contentam uno vivere velle viro ?

PHIL. Qui est l'auteur ? CELT. Je vous prie ne vous en informer d'avantage pour ceste heure. PHIL. Je ne laisseray de vous remercier du recit d'iceux. CELT. Et moy ne laisseray de vous dire une autre fois qui est l'auteur. PHIL. Je congnois

---

[1] *S. Maturin.* « A quelques saincts on a assigné les offices selon leurs noms, comme (pour exemple) quant aux saincts médecins, on a avisé que tel sainct et tel guariroit de la maladie qui avoit un nom approchant du sien. Tellement que suivant cela on a faict sainct Maturin le médecin des fols... » *Apol. pour Hér.*, II, 311.

une damoiselle, de laquelle ces epigrammes estans dicts, on ne lui feret point de tort : mais d'autre costé j'en congnois plusieurs auxquelles on feret le plus grand tort du monde. Et mesmement j'en sçay qui sans penser à mal, se laissent tant serrer et estreindre dedans le corps de leur robbe, qu'elles en sont tresmal à leur aise : pour monstrer qu'elles sont de belle taille. CEL. Vous entendez de menue taille : ce qu'on appeloit Le gent corps. PHI. Ouy, j'enten celles qui se veulent monstrer *junceas*, comme parle Terence, au lieu qui fut allégué hier : où il dit, *Reddunt curatura junceas*[1]. Car je croy qu'il entend Gresles ou plustost Fort gresles, par ce mot *junceas*. CELT. Je suis de votre opinion. PHIL. Mais croiriez-vous que les femmes grosses aussi s'en veulent mesler ? tellement qu'aucunes gastent leurs enfants qu'elles portent ? Et mesmement elles portent un busque (duquel je pense vous avoir parlé) qui souvent est cause en partie de ce mal. CEL. Je n'avois point encores oui parler d'homicides qui se fissent par tel moyen : et n'en puis ouir parler sans avoir grand' horreur. Mais que disent les maris ? PHIL. Que diroyent les maris où les femmes commandent ? Il y a bien telle à qui si son mari dit qu'elle ne se doit ainsi serrer et estreindre, et que cela ne luy plaist point, elle osera bien respondre qu'aussi ce n'est pas pour luy plaire. CELT. Il prend bien à telles

---

[1] *Junceas*, voy. I, 244.

femmes qu'elles rencontrent des hommes plus patiens que moy. Et de mon temps, qui eust enduré une telle response, eust esté jugé cousin germain d'un janin[1]. PHI. Je le croy bien. Mais notez encore que telle respondra ainsi que le mari aura prise pour son plaisir. CELT. Entendez vous pas, laquelle il aura prise pour sa beauté, non pas pour ses biens seulement ? PHIL. Ostez ce seulement. car le plus souvent, quand on dit que quelcun a pris une femme pour son plaisir, on entend que c'a esté pour sa seule beauté, sans qu'elle luy ait apporté aucuns biens. CELT. Ceste response doit encore bien plus fascher un mari quand elle est faicte par une telle femme : et si luy n'est du tout stupide, il faut qu'il devienne jaloux, et encore pis que jaloux, Car luy parler ainsi c'est comme le menacer de luy faire porter les cornes. Joinct qu'il juge de son cœur l'autrui : il pense bien que comme ceste femme ne luy a pleu que pour sa beauté, aussi pourra elle plaire à un autre pour la mesme raison : pourveu qu'il ait des

---

[1] *Janin*, cf. I, 11. Le duc de la Vallière avait dans sa bibliothèque un ms. du XVe siècle, contenant huit feuillets et décoré d'une miniature qui renfermait un conte assez plaisant de 318 vers, intitulé *le Chevalier Genin*. (Cat. II, 285.) Cf. F. Michel, *Etudes de philologie comparée sur l'argot*, p. 237. Fleury de Bellingen veut que le primitif soit *Jan* qui viendrait de *Janus*, « représenté avecque deux visages dont l'un estoit devant et l'autre derriere la teste, parce qu'ils sont deux qui président dans une mesme maison, font la besogne qu'un seul devroit faire et font comme deux testes dans un bonnet. »

yeux aussi bien que luy. PHIL. Ce que vous dites me reduit en memoire l'epigramme Grec, où il est dict qu'aimer une belle femme, ne doit pas estre appelé amour, à parler proprement : pource que quand quelcun porte affection à la beauté, on ne peut pas dire que ce soit une affection laquelle un autre ne luy puisse aussi bien porter que luy, quand il l'aura veue. Et pour vous rendre la pareille quant aux epigrammes Latins que vous m'avez tantost recitez, je vous feray ouir l'interpretation Francese dudict epigramme Grec :

Ce n'est amour, aimer la femme belle,
En se laissant conduire par ses yeux.
Car chacun peut aimer la femme telle
Qui a des yeux de beauté curieux.
Mais s'il advient qu'un à aimer s'addonne
Un laideron, et qu'il en soit espris,
Le nom d'amour il faut bien que l'on donne
A ce qui fait qu'un tel parti ait pris.

CELT. Je vous demanderois volontiers qui est l'auteur : mais je me doute bien que vous voudriez avoir vostre revenge de ce que je ne vous ay voulu dire l'auteur de ces epigrammes Latins. PHIL. J'estime l'avoir eue. car je sçay bien que vous avez grand' envie de le sçavoir. Et peut estre que nous trouverons que celui duquel est ceste interpretation, est aussi l'auteur de ces epigrammes. Mais je suis content que nous laissions cela pour une autre fois. Dite-moy seulement que vous semble cette traduction. CELT. Il ne me souvient que du sens des vers Grecs : et pourtant je ne sçay pas si ce traducteur s'est beaucoup assubjetti aux paroles Greques : mais au reste, le sens me semble estre assez bien exprimé, et la ryme couler assez doucement. PHIL. Mais examinons cest epigramme, pour voir s'il contient verité. CELT. Il me semble que vous faites tort à l'auteur de douter s'il a dict vray. L'experience quotidienne que nous avons en plusieurs de ceux dont nous avons parlé, à sçavoir qui espousent les femmes pour leur plaisir, c'est à dire pour leur seule beauté, ne nous peut elle pas monstrer que cest epigrammatiste dit vray? Ne peut-on pas dire de la plus grand' part comme dit Juvenal[1]? *facies, non uxor amatur.* Comme aussi de celles qu'on prend pour les biens, il advient souvent qu'on pourroit dire, *dos ipsa, haud uxor, amatur.* Et voyla pourquoy une Rommaine, nommee Martia, la fille puisnee de l'un des Catons, fit une response bien pertinente à celuy qui luy demandoit pourquoy elle ne se remarioit point. Pource (dit-elle) que je ne trouve point d'homme qui me vueille plustost que mon bien. Mais en Grec ou Latin cela a encore meilleure grace : en Grec, eme, η ta ema : en Latin, *me quàm mea.* Et sur ceste response je trouve qu'Erasme a eu bonne raison d'annoter ceci, *Non probavit conju-*

---

[1] Juvénal, VI, 143.

gium quod non conciliaret amor mutuus. Quæ ducitur dotis causa, conductum habet concubinum verius quàm conjugem. Mais pour ne parler maintenant que de ceux qui se laissent surprendre à la beauté, sçavez vous comment Olympias[1], mere d'Alexandre le Grand, appeloit cela ? PHIL. Non. CELT. Elle appeloit cela se marier *tois ophthalmois*, et non pas *tω nω*. PHIL. On peut dire cela de plusieurs aujourdhuy. CELT. Et aussi on peut bien dire (comme je croy) qu'on en voit advenir beaucoup de mauvais mesnages. PHIL. Il est certain. Et plusieurs de ceux qui se sont mariez *tois ophthalmois*, si tost que *tres rugæ subeunt et se cutis arida laxat*, comme parle Juvenal[2], desireroyent bien avoir ceste prerogative de pouvoir faire ce commandement, *Collige sarcinulas, et exi.* CELT. Il me souvient d'une chose que dit Aulus Gellius[3], qui vient fort bien à propos de ce que nous disons, de ne se point laisser surprendre à la beauté, quand il est question de choisir une femme. c'est que Phavorin appeloit *formam uxoriam* celle qui n'estoit ni des plus belles, ni des plus laides : laquelle Ennius[4] avoit appelee *statam formam* : disant, *eas ferè fœminas incolumi*

---

[1] *Olympias*, voy. Plut. *Préc. de mariage*, XXII.
[2] Juvenal, VI, 144.
[3] A. Gellius, V, 11.
[4] Ennius, *in Melanippa*, voy. Ribbeck, *Frag. trag.*, p. 52. Cf. Cic., *De off.*, I, 31, 114 ; Lucrèce, III, 293 ; Platon, *De leg.*, V. *Circumfertur*, dit encore Hessel dans son éd. d'Ennius, *vulgatum distichon ab hac re non alienum :*

Cum media semper gaudebam ludere forma,
Major enim mediis gratia semper inest.

pudicitia esse quæ stata forma sint. PHIL. *Incolumi pudicitia*, vela un grand mot. Si ceste regle se trouvet vraye, *stata forma* seret bien de requeste. Mais pour le jour d'huy celles-ci portent envie aux belles, quant à leur desbordement, et taschent de recompenser de quelque bonne grace (j'enten de quelques façons de faire qui ayent bonne grace, d'un entregent gracieux) ce que leur visage a de moins : pour n'estre moins requises qu'elles. Vela comme il en va, pour vous confesser toute la verité. CELT. Vous souvient-il point de ce qui est racomté par Herodote[1] touchant le moyen dont usoyent les Babyloniens pour marier toutes les filles, aussi bien les plus laides que les plus belles ? car ceste parenthese ne sera pas mal seante ici. PHIL. Non. CELT. Il dit que premierement on crioit au plus offrant et dernier encherisseur les belles : tellement que chacune demeuroit à qui en donnoit plus. Quand on avoit vendu les belles, de l'argent provenant de ceste vendition on marioit les laides. car on presentoit avec chacune des laides une somme d'argent, pour recompenser ceste laideur : et tant plus grande estoit la laideur, et conjoincte avec quelque grande imperfection de corps, tant plus on présentoit pour recompense. Mais si on eust presenté (pour exemple) la valeur de cent escus pour espouser une de ces laides, et ayant quelque imperfection, et quelcun eust dict qu'il

---

[1] Hérodote, I, 196.

estoit content de l'espouser telle qu'elle estoit, ayant seulement quatre vints escus de recompense, on la luy bailloit : sinon qu'il vinst un autre qui se contentast encore de moindre recompense, à sçavoir de soixante ou cinquante escus. Mais voyci qui est bien à noter, touchant les laides aussi bien que les belles, c'est qu'on ne les bailloit pas sans que ceux qui les emmenoyent donnassent pleges[1] qu'ils n'en abuseroyent point, mais les prendroyent à femmes. PHIL. Je feray rire à la cour plusieurs dames de ceste parenthese, car vous avez vous mesmes ainsi appelé ce recit. CELT. Les belles seront fieres d'ouir dire que la beauté avoit là tant de credit. PHIL. Si sont elles ja assez fieres : il n'est pas besoin de leur rien dire qui les puisse enfierir[2] d'avantage. CEL. Mais il vous leur faut faire croire que la coustume estoit que les belles laissassent toute la bragardise aux laides, en recompense.

PHIL. Encore qu'elles le creussent, elles n'auroyent garde de suyvre leur exemple. Car (comme je vous ay dict parcidevant) les plus belles mesmement sont les plus curieuses de se bien parer,

[1] *Pleges* ou *pleiges*, caution, est encore employé par Diderot. « Nous n'avons plus, dit Walckenaer, sur La Fontaine, VI, 67, ce mot de *pleiger*, qui était commode et expressif, ou si on l'emploie encore, c'est en terme de pratique. Les Anglais l'ont conservé et leur verbe *to pledge* est d'un usage fréquent. »

[2] *Enfierir*. Rob. Estienne et Nicot ne donnent que le réfléchi; Godefroy fait comme eux. Cholieres a : s'enfierer (*Matinées*, p. 210, P. Lacroix).

pour adjouster beauté sur beauté : et puis s'exposer aux hazards tels qu'il a esté dict. et ce n'est jamais sans que quelcune passe les piques. Mais on appelle cela S'accommoder : et principalement alors qu'on fait plaisir à un grand. Et celles qui s'accommodent ainsi, disent de quelque autre qui n'aura voulu faire de mesme, qu'elle a faict de la sotte. Notez que je vous descouvre maintenant le pot aux roses. CELT. Vous me dites une chose dont je m'estonne fort. car on souloit dire d'une qui s'estoit sagement et honnestement gouvernee, Elle ne fit jamais folie de son corps : et vous dites qu'au contraire celles qui font profession de s'accommoder (car à la fin je m'accommoderay au mot Accommoder, aussi bien que les autres) se moquent d'une qui ne fait pas comme elles, disans qu'elle fait de la sotte. PHIL. Notez aussi qu'il y a grande difference entre folie et sottise[1] : et (pour parler à bon escient) encore plus grande difference entre la façon qui estet de vostre temps, et celle qui est maintenant. Car au lieu qu'alors les personnes qui faisoyent de vice vertu estoyent remarquees, maintenant on remarque celles qui ne se veulent pas accommoder jusques la : comme si c'estet la moindre chouse qu'ils pourroyent et devroyent faire, en matiere d'accommodation. Notez que je

---

[1] *Folie, sottise.* « La sottise est un travers qui se montre surtout dans le commerce de la société, le défaut du fou se rapporte à la raison uniquement. » Lafaye. Cf. *Conf.* p. 212; *Apol.*, I, 64 ; *Préc.*, p. 299.

di personnes, vous parlant de tous les deux sexes, vous laissant distinguer leurs diverses accommodations. Et quant au sexe feminin, je vous confesseray qu'il est bien peu de comtesses de Saleberi.

Toutesfois, afin qu'il ne semble, à cause de ce que j'ay dict parcidevant, de la bragardise des femmes, qui souloit tousjours estre plus excessive de beaucoup que celles des hommes (car si faut-il en la fin retourner à ce propos) que je vueille supporter mon sexe : je vous prie de noter bien ce que je vous diray maintenant. Je vous confesse que suivant ce qu'avez allegué de Juvenal, les femmes en leur endret ont esté de tout temps addonnees aux pompes et grandes superfluitez d'habits, et toutes sortes de desbordemens qui y peuvent estre, plus que les hommes (pour ne parler maintenant des autres somptuositez et excez dont ce mesme poete fait reproche aux femmes) et je ne veux pas nier que pareillement en nostre France les femmes n'eussent accoustumé de surpasser les hommes en bragardise *quanto* (pour user d'une comparaison de ce poete Juvenal[1]) *delphinis balæna Britannica major :* mais maintenant quand on aura bien regardé plusieurs gentils-hommes et plusieurs dames, tout reluit si fort, tout est tant brodé, tant racamé, tant perlé, tant diapré, aussi bien d'une part que d'autre, qu'on ne sçait qui emporte le

---

[1] Juvénal, X, 14.

pris. CELT. Je crain aussi qu'il n'en faille venir là, qu'on die de la France ce que disoit de Romme un poete Rommain[1]. PHIL. Que diset-il ? CELT.

Proloquor, (atque utinam patriæ sim vanus
    aruspex)
  Frangitur ipsa suis Roma superba bonis.
Certa loquor, sed nulla fides.

Car je crain qu'il ne faille dire, en imitant le vers de ce poete,

Frangitur ipsa suis Gallia deliciis.

Et puis adjouster ce qu'il adjouste,
  Certa loquor, sed nulla fides.

Quant à luy nous trouverons qu'il n'a pas esté *vanus aruspex* touchant Romme : si nous considerons que bien tost apres son temps elle commencea à aller en décadence. Il est vray qu'auparavant il s'estoit plaint aussi de l'avarice qui estoit lors,

  Aurum omnes victa jam pietate colunt
Auro pulsa fides, auro venalia jura,
  Aurum lex sequitur, mox sine lege pudor.

Or je ne doute pas que le mesme ne se puisse dire de la France autant ou plus que de Romme, quant à l'avarice. car desja il y en avoit beaucoup d'exemples avant que je partisse. PHIL. Aussi n'en devez-vous douter. Mais il y a ceste autre

---

[1] *Un poète Rommain*, Properce, III, 13, 59.

sorte d'avarice dont je vous parles tantost, qui est encore plus dangereuse. CELT. Il ne me souvient pas que vous m'ayez parlé d'avarice. PHIL. Je vous ay parlé de l'ambition, quand je vous dises que chacun desiret de devenir grand per fas et nefas. Or j'appelle l'ambition une sorte ou espece d'avarice. car l'ambitieux est avaricieux d'honneur, et de tout ce qui sert à acquerir quelque grandeur. Et comme de petis biens on desire de venir aux grands, et des grands à plus grands (car il en prend comme dit Ovide[1] de l'eau que boit l'ydropique, *Quo plus sont potæ plus sitiuntur aquæ*) ainsi d'une grandeur et dignité on désire tousjours de venir à une autre : et se voit ce desir en ceux mesmement qui sont montez aux treshautes Car le gentil-homme veut faire le prince, le prince veut faire le roy, le roy veut faire le monarque[2]. Et vela pourquoy je dises tantost que la grandeur estet malaisee à entretenir maintenant plus que jamais, entendant d'entretenir les charges convenables à la grandeur : car comme toute grandeur veut passer ses bornes et limites, aussi est-il impossible que les charges soyent limitees. CELT. Quelcun toutesfois trouveroit estrange ce nom que vous donnez à l'ambition : mais il me suffit que je vous enten. Pour le moins une telle sorte d'avarice est plus

---

[1] Ovide, *Fast.*, I, 216.

[2] Tout bourgeois veut bâtir comme les grands seigneurs,
Tout petit prince a des ambassadeurs,
Tout marquis veut avoir des pages.
La Fontaine, *Fables*, I, 3.

honneste que l'autre. car au lieu que les autres avaricieux desirent de gripper l'argent par tous moyens, ceux-ci se contentent de humer les honneurs : lesquels ils hument bien alors que *ingentem foribus domus alta superbis Mane salutantum totis vomit ædibus undam*[1]. PHIL. Il seret à desirer qu'ils se contentassent de cela : quant à moy je parle bien autrement. car je di que ceste sorte d'avarice est plus dangereuse que l'autre. pource que quiconque est ambitieux, et tasche à devenir grand (comme on appelle aujourd'huy) il est subject aussi à ce qu'on appelle communément avarice : mais on ne peut pas dire reciproquement que ce soit l'ordinaire des avaricieux d'estre subjects à l'ambition aussi. CELT. Je croy que vous regardez à ce que ceux qui s'efforcent de parvenir aux honneurs et devenir grands, pour parvenir là il faut qu'ils usent de libéralité et magnificence : et quand ils y sont parvenus, encore plus : et ainsi sont contrains de desirer tousjours des biens de plus en plus. PHIL. Ouy. et outre ce que vous sçavez advenir naturellement des richesses, qu'elles sont comme l'eau que boit l'ydropique, qui tant plus lui laisse d'alteration que plus il boit, (suivant les mots d'Ovide que j'ay tantost alleguez) il faut noter que la grandeur augmente souvent une telle alteration. pource que quelle qu'elle soit (voire encore qu'elle soit en une personne fort illustre, et qui

[1] Virgile, *Georg.*, II, 461.

ait toutes les bonnes parties, voire toutes les vertus qu'on sçauret desirer), n'est pas reputee vrayment grandeur, si elle n'est accompagnee de grandes facultez : afin qu'on puisse tenir maison ouverte, voire maison de prince en un besoin. Car notez qu'aujourd'huy il y a maint grand qui désire fort pouvoir faire du tiercelet de prince[1], (comme diset un gentil-homme à son fils, qui voulet non pas simplement *majores nido pennas extendere*[2], mais jusques à user de quelques petites façons qui tenoient du prince) encore que pour ce faire il luy faille monter cinquante degrez plus haut qu'il ne doit. Ce qu'il n'est possible de faire sans grande despence : laquelle, pour mieux sentir sa grandeur, ne doit point estre reglee. mais en la fin on trouve qu'on n'a pas mesuré la grandeur de la bourse à la grandeur qu'on voulet monstrer : et alors c'est à qui en aura : *juxta illud Ciceronianum*[3], *Atque etiam sequuntur largitionem rapinæ,* au mesme lieu où il dit *largitionem fundum non habere.* CEL. Vous voulez dire, pour parler encore plus generalement, ce que disoit Ovide[4] (qui est consonant à ce que vous avez tantost allegué d'un autre

---

[1] *Faire du tiercelet de prince.* Rabelais a dit : tiercelet de Job (III, 9); tiercelets de diables (V, 15); tiercelet de menterie (V, 30). « Ils tranchent des tiercelets de princes. » Tabourot, *Bigarr.,* IV, 2. « Tiercelets et quartelets de roys. » Montaigne, I, 43.
[2] Horace, *Ep.* I, xx, 21.
[3] Cicéron, *De off.,* II, 15.
[4] Ovide, *Fast.,* I, 217.

poete) *In pretio pretium nunc est*. PHIL. Cela est vray, pour parler généralement, comme vous avez dict. Et sçavez vous comme j'interpreteres ces mots d'Ovide, *In pretio pretium nunc est*, usant de la façon de parler qui est en usage depuis peu de temps ? CELT. Je ne puis le sçavoir si vous ne le dites. PHIL. Je l'interpreteres, Celuy est homme de bien qui est homme de biens. Vela pourquoy quand on dit pour le jourd'huy Homme de bien, plusieurs prestent l'oreille. Bien est vray que si vous veniez à demander l'exposition d'Homme de bien, pour parler à la soldate, on diret que c'est celuy qui a le cueur assis en bon lieu (car on parle ainsi) que c'est celuy qui n'endure point d'estre bravé : (comme on parle coustumierement) qui a du sang aux ongles. Tellement que selon ceste signification, Homme de bien et Poultron sont comme contraires. CELT. Ceci sera bien mis en memoire avec le reste qui appartient à ma leçon : laquelle ce grand seigneur vous a empesché de continuer. Car c'est luy qui nous a tant faict extravaguer. au moins il nous a mis en chemin, en nous mettant sur le propos de grandeur. Mais il me souvient que sur cela vous avez dict entr'autres choses, que le gentihomme vouloit faire le prince, le prince vouloit faire le roy : le roy, le monarque. PHIL. Ouy, je le vous ai dict : et si j'eusse voulu, je l'eusse bien pris de plus loing. car je vous eusse dict que le mercerot veut faire le gros marchand, le gros marchand veut faire le gentilhomme, et ainsi consecutivement. Mais pourquoy me ramentevez-vous ceci ? CEL. Pour ce que je veux sçavoir qui vous entendez estre aujourd'huy monarque. Entendez vous celuy duquel nous venons de parler ? celuy que nous avons dict estre appelé Le grand seigneur ? PHIL. Vous sçavez bien que veut dire ce mot monarque, et comme on en use : je n'ay point pensé au grand seigneur alors que j'ay dict cela. CELT. J'enten bien ce mot Monarque : et voyla pourquoy je vous fay cette interrogation : pource qu'il semble que vous en abusiez, comme on en abuse ordinairement. Car si vous avez voulu dire qu'un roy se veut faire Dieu, vous avez bien usé du mot : mais si vous avez entendu autrement, vous en avez abusé. PHIL. Je vous confesse pourtant que je ne l'ay pas entendu ainsi, ains comme on l'entend ordinairement. Mais maintenant je considere bien que selon la signification que ce mot a en Grec, il n'y a que Dieu qui puisse estre appelé Monarque. CELT. Cela est certain, qu'il n'y a que Dieu qui puisse avoir ce titre de Monarque, quand on en use sans y adjouster une queuë. Car on peut appeler un roy de France, Le monarque de France : un roy d'Hespagne, Le monarque d'Hespagne : et quand on dit aussi Monarchie (de la mesme façon que Oligarchie et Demarchie) il faut que cela soit limité. c'est à dire qu'on entende, Monarchie de telle ville, ou telles villes : Monarchie d'un ou plusieurs pays. Car pour estre monarque, il faut estre seigneur de tout le monde, voire du ciel aussi bien que de la terre. Ainsi n'y a point de monarque autre que Dieu, ni aussi de monarchie que la sienne : si on veut (comme j'ay dict) user de ces mots sans adjouster quelque queuë. PHIL. Diriez vous donc que ce docteur qui se nomme *Juris utriusque monarcha*, avet oublié son *De verborum significatione?*[1] CELT. Vous ne considerez pas bien ce que je di : ne nous desplaise. car il y a ici une queuë : d'autant qu'il ne se nomme pas absoluement *monarcha*, mais adjouste *juris utriusque*. PHIL. Vous avez raison. CEL. Mais voyci où est le mal : c'est qu'il y a eu plusieurs docteurs, dont chacun s'est nommé *Juris utriusque monarcha* : qui est comme si la France estet soubs la domination de quatre ou cinq (ce qu'à Dieu ne plaise) et que chacun prist le titre de Monarque de France, ou d'un autre pays. car comment pourroit chacun estre Monarque, c'est à dire seul dominateur, quand la domination seret à plusieurs? PHIL. Je ne sçay pas s'il y a eu plusieurs docteurs dont chacun ait esté appelé *Monarcha juris* : quant à un j'en asseure bien. car il me souvient qu'on a imprimé long temps y a un livre de Guido Papa ou Guido Papæ[2]

---

[1] *De verborum et rerum significatione*, *libri quatuor*, in : *Alciati op.* Basileæ, 1558, in-fol.
[2] *Guido Papæ.* Guy Pape ou de la Pape naquit au commencement du XVᵉ siècle. à Saint-Symphorien-d'Ozon (Isère), et mourut vers 1475. Il étudia le droit en Italie, à Pavie, sous Pierre de Bezuccio et Jean de Gambarano, à

(car on l'appelle en toutes ces deux sortes) le titre duquel est, *Decisiones parlamenti Delphinatis Gratianopolitani, per excellentissimum juris utriusque monarcham D. Guidonem Papam, in curia ejusdem civitatis senatorem, æditæ.* CEL. Je vous asseure de cela, qu'il n'est pas seul qui a eu ce titre : mais lequel d'entr'eux a esté plus sot ou moins sot de le se donner, de cela je ne vous puis asseurer. PHIL. Peut estre qu'on leur a donné sans qu'ils le demandassent : et que ceux qui leur ont donné, n'ont pas bien entendu que c'estet. CELT. Je m'en rapporte à ce qui en est. mais quant à n'avoir entendu la vraye signification de ce mot, je ne m'en esbahirois pas autrement : veu le privilege qu'avoyent les jurisconsultes d'alors, d'estre du tout ignorans du Grec : jusques à dire, *Græcum est non legitur*[1]. PHIL. Il

Turin, sous Jean de Grassis, puis exerça la profession d'avocat à Lyon et à Grenoble. Dans cette dernière ville, il épousa Louise Guillon, fille d'un conseiller du conseil delphinal. « Il rendit par son peu de complaisance, dit Niceron, sa femme moins raisonnable, son jugement s'affaiblit et se troubla. » Il fut chargé par le dauphin Louis de plusieurs affaires importantes. Son principal ouvrage est les *Decisiones,* Grenoble, 1490, in-fol.; Lyon, 1554, in-8°; 1593, in-4°; Francf., 1609, et Genève, 1624, in-fol., tr. en fr. par Chorier, Lyon, 1694, in-4°.

[1] *Græcum est non legitur.* Cf. *Apol.*, II, 146. « On a accusé, dit De Méry, avec quelque fondement, le jurisconsulte Accursi, non seulement d'avoir mis en usage cette espèce de maxime pour esquiver les difficultés, mais d'en avoir assez largement profité. » Il faut remonter aux textes. Sichard, *in Dedic. ad Codicem Theodosianum,* Basileæ, 1528, in-fol., dit : « *Cujusmodi sunt, cedo, voces a Decumanis illis, si diis placet, doctoribus prolatæ : hæ sunt literæ quæ legi non possunt, cum videlicet in Græca incidunt. Aut, dic ego nescio.*

valet mieux qu'ils confessassent ne leur estre permis de manier le langage Grec, que non pas qu'ils l'accoustrassent de la façon qu'aucuns de leur robbe l'ont accoustré depuis. Car avant Budee et Alciat[1], Dieu sçait comment on l'accoustret. Et de ceux mesmement qui aujourd'huy

Ut reliqua taceam quæ sunt sane plurima, an non inscitiæ plenissima ? Attamen ne nihil dicant, in hunc se modum ridendos ultro propinant. » Gentilis, *De juris interpretibus dialogi sex*, Lond., 1582, in-4º, réimprimé dans Panziroli, *De claris legum interpretibus*, Lipsiæ, 1721, dit, p. 588 : « *Quinctilius. At quid etiam hanc linguam Accursio notam ? an suo probabis testimonio, qui dicere solitus est.* Hæ sunt litteræ, quæ legi non possunt, *quum videlicet in Græca incidit ;* Græcum est, non potest legi. *Stultas interpretationes pene infinitas quid recenseam, quas aiunt Alciatum et alios detexisse. Omnino perridiculum est quum Græca quæ sunt, exponit ille tuus tanquam Latina... In proverbium abiit illud* : Græcum est, non potest legi ; *illud personant Bartholorum et Baldorum scholæ.* » Bayle dit que la maxime en question a été reprochée à Accurse par Sichard et Alciat. Nous venons de voir que Sichard ne désigne personne ; quant à Alciat, on trouve simplement au ch. x (non xvi) du liv. II des *Dispunctiones*, 1517, qu'Accurse interprétait πρὸς ἔπος, *ad verbum*, par le latin *pro se pos (cit)*.

[1] *Budee et Alciat.* Budée (1467-1540) débuta dans la carrière des lettres par des traductions latines de quelques traités de Plutarque. Il publia, en 1502, *Des opinions des philosophes* ; en 1503, *De la fortune des Romains* ; en 1505, *De la tranquillité de l'âme.* « Ces traductions furent si estimées, dit Le Roy, qu'on aurait eu peine à croire que B. en fût l'auteur, s'il n'eût donné dans la suite d'autres preuves plus considérables de son génie. » Elles ont trouvé des juges plus sévères en Borremans, Nannius, Huet. « Alciat commença ses essais par un petit livre qu'il fit pour rétablir et expliquer tous les termes grecs qui se trouvent dans le *Digeste*. Ce livre, qui parut d'abord en Italie et quelques années après à Strasbourg en 1515, fut trouvé fort utile pour les temps et les lieux où l'on n'avoit rien de meilleur et si le célèbre Budé n'eût point été au monde, il auroit eu plus d'éclat. » Baillet, *Enfans celebres.*

font profession d'interpreter les livres Grecs en Latin, ne voit on pas plusieurs par leur ignorance mettre les lecteurs en toutes les peines du monde? CELT. J'en sçay bien un qui a mis un grand nombre de personnes en une grand' peine: en laquelle il y a danger qu'elles ne demeurent tout le temps de leur vie. PHIL. Mon Dieu, vela pas grand' pitié! Mais dite moy un peu quelle est cette peine en laquelle il les a mis. CELT. C'est de cercher le pays de Myrmece. PHIL. Le pays de Myrmece! CELT. Ouy, le pays de Myrmece, ou Myrmecie. PHIL. Je m'asseure qu'il n'y a point de mappemonde où soit ce pays. CELT. C'est ce qui les met encores en plus grand' peine, qu'ils ne sont conduits ni par aucune mappemonde, ni par aucun cosmographe, ou historiographe, pour trouver ce pays de Myrmece. PHIL. Mais de la part de qui cest interprete leur fait il commandement de cercher le pays de Myrmece? CEL. De la part de Plutarque[1]. PHIL. C'est de la

---

[1] *Plutarque.* On lit dans Plut., *Op. moralia*, Basil. ap. Mich. Isingrinium, 1541, in-fol., avec dédicace de Hier. Gemusæus à l'évêque Phil. de Gundelsheim: *De industria animantium, Grynæo interprete*, p. 245: « *Cum cæpit nausea, myrmeciam adiens assidensque linguam humore dulci fluentem exertam leviter tendiu tenet dum scatere formicis videat, eas deglutit postea vehementerque juvatur.* » Cruserius, en revanche, *Opera quæ extant omnia Plut. ethica*, Francof., 1550, in-fol., *De animantium comparatione*, p. 407, traduit: « *Fastidiosus pergat ad formicarum cuniculos ibique assidens succo dulci madentem exerat linguam dum formicis scatent: quæ devorata ei prosunt.* » Et Amyot: « Quand il se treuve languissant et degousté pour estre trop gras, il s'en va chercher des formillieres et s'assiet auprès, tirant une langue molle et grasse

part d'un grand personnage. Et en la fin, si vous ne me parlez plus ouvertement, vous me mettrez en aussi grand' peine que cest interprete a mis ses lecteurs. CELT. J'aurai pitié de vous, et vous conteray toute la farce. Je fi dernierement cest honneur à quelcun de lire un livre de Plutarque par luy traduict, au lieu que je le pouvois lire en sa langue : et en recompense de l'honneur que je lui faisois, il me fit faire bonne provision de ris. PHIL. Dites vous du ris que vendent les espiciers ? car c'est bonne provision, principalement où on craind avoir faute de bled. CELT. Vous avez bien envie de mordre sur mon langage : mais laissez moy parler à ma façon, pourveu que je n'escorche rien. PHIL. J'enten bien que vous me voulez taxer : mais vous voyez comment je m'accommode maintenant, et n'use plus de ces escorchemens que vous trouviez si goffes et si spurques[1]. CELT. Ce pendant que vous dites n'user plus de mots escorchez du langage Italien, vous usez de deux tout en un coup. Mais je ne m'y veux pas maintenant arrester. car j'ay haste de vous faire rire. PHIL. Je vous en sçay bon gré. CEL. J'avois deliberé de vous faire le récit bien au long : mais pour la mesme raison que je vien d'alleguer, je l'abbre-

d'une liqueur doulce et gluante, jusques à ce qu'elle soit toute pleine de fourmis et de leurs œufs, puis la retirant il les avalle et s'en guarit. »

[1] *Spurques*, cf. I, 58. « *Sporco, sozzo, lordo, immundus, spurcus, etc.* » Venuti.

geray le plus qu'il me sera possible, Vous sçavez que les Grecs appellent *Myrmηx*, ce que nous disons Fourmi : et *Myrmηxia*, ce que nous appelons Fourmilliere. PHIL. J'aures bien oublié tout mon Grec, si je ne me souvenes de cela. CELT. Ce gentil interprete (car notez que je ne parle pas de celuy qui a dernierement traduict tout le Plutarque, mais d'un autre, qui n'estoit pas en danger d'oublier beaucoup de Grec) rencontrant ce Myrmecia, se fit tres bien à croire que c'estoit un pays qui s'appeloit ainsi : tellement qu'au lieu de dire De la fourmilliere, il dit, *Du pays de Myrmece*, ou *Myrmecie*. PHI. Encore que vous disiez avoir grand' haste, je vous prieray m'enseigner le passage. CELT. C'est au livre où Plutarque dispute lesquels animaux participent plus de prudence, les terrestres, ou les aquatiques. Car il dit que l'ours, quand il se trouve desgousté, s'en va aux fourmillieres : et s'asseant aupres, tire sa langue, qui est molle et a quelque humidité douce et gluante : et ne la retire point jusques à ce qu'elle soit toute pleine de fourmis : lesquelles estant par luy avalees, luy servent de remede. Mais au lieu de dire que l'ours s'en va aux fourmillieres, ou à quelque fourmilliere, ce docte personnage, metamorphosant ce mot Myrmecia, dit que l'ours s'en va au pays de Myrmece, ou Myrmecie. je sçay bien qu'il y a l'un ou l'autre. PHIL. Ouy vrayement, c'est bien une metamorphose : voire plus estrange que toutes celles d'Ovide. car c'est grand cas, de convertir des fourmis, qui sont si petites, en un pays. Mais quant à ce que vous dites Myrmece, ou Myrmecie, il est plus vray semblable que le pays soit Myrmecie, et la ville capitale soit Myrmece. Or puisque nous sommes tombez sur ce mot Myrmηxia, et que vous m'avez appris quelque chouse de nouveau touchant iceluy, je vous veux apprendre aussi quelque cas de nouveau de luy mais non si sottement nouveau que cela que vous m'avez dict. Dite moy donc si vous avez jamais pensé à ce mot Frances *Marmaille*[1], d'où il venet. CEL. Jamais. PHIL. Je croy qu'il vient de *Myrmaxes*, dont usoyent les Doriens, au lieu que les autres Grecs disoyent *Myrmηxes*, ou bien de leur *Myrmaxia* (qui a son origine de *Myrmaxes*) au lieu de ce que les autres Grecs disoyent *Myrmηxia*. Et ce qui m'y a plus faict penser, ç'a esté que le poete Theocrite introduit deux femmes qui vont voir la solennité qui se faisoit en l'honneur d'Adonis, et s'appeloit *Adonia* : où estant arrivees, et voyans une grande troupe de gens de toutes sortes, hommes, femmes, petis enfans, sont en peine comment elles pourront passer : et puis usent de ces mots, *Myrmaxes*

---

[1] *Marmaille*. Estienne avait dit, *Conf.*, p. 214 : « Marmaille, peult-estre de μύρμακες dict doriquement ou de μυρμακιά. » L'origine en est inconnue à Brachet. Scheler propose pour primitif le vfr. *merme*, petit, qui dérive du l. *minimus*, comme vfr. arme, âme, du l. *anima*. Scheler a été précédé par Roquefort qui renvoie à Ragueau. Ragueau-Laurière, 1704, dit que merme signifie mineur ou moindre. Cf. le nom propre Mermet, Larchey, *Dict. des noms*.

anηrithmoi xai ametroi[1]. Comme qui diret, Vela des gens sans nombre et sans mesure. Mais je pense totalement que celuy qui interpreteret ici, Vela de la marmaille infinie, rencontreret fort bien, et exprimeret le mot Grec : qui proprement signifie Fourmis : comme aussi quand nous voulons parler d'une grande troupe de personnes, et principalement de personnes de basse qualité, qui sont comme entassees les unes sur les autres, nous disons, Il y en a une fourmilliere. Mais quant à ces femmes, si elles parloyent asses proprement, veu qu'il y avet grand nombre de gens à cheval, je m'en rapporte à ce qui en est : tant y a que Theocrite les introduit ainsi parlans : lequel aussi les fait tenir de petis propos semblables à ceux que tiendroyent deux bonnes commeres de Paris, en allant voire l'entree du roy, ou de quelque grand prince, quand elles passeroyent par petit pont[2], ou à l'entour du Palais, ou par quelque autre lieu où ordinairement on a accoustumé d'être le plus pressé.

CELT. Je sçay bon gré au pays de Myrmece, et le remercie, encore que je ne le congnoisse point. car sans luy vous ne m'eussiez pas faict partici-

---

[1] *Myrmaxes*, Theocr. XV, 45.
[2] *Petit Pont*. « Au commencement de l'an 1552 les maisons qui estoient situees sur le petit Pont, du costé de l'hostel Dieu furent desmolies et reedifiees de neuf d'une mesme hauteur et largeur et au milieu d'icelles l'escrit suivant fut gravé. *Anno Domini MDLII Henrici II. VI. Claud. Guiotus Mercatorum præfectus, iterum continenter factus, Iohan. Iayus, Cosm. Lhuillierius, Gui-Lormerius et Rob. Prætensis Ædiles posuere.* » Du Breul.

pant de ceste belle observation. PHIL. Je croy bien que non.

Mais vous, qui aviez tantost si grand haste d'ouir le reste de votre leçon (comme vous l'appelez) c'est grand cas que vous faciez tant de digression, et aussi m'en faciez faire. Je vous adverti que ce n'est pas vostre proufit. CELT. Je ne sçay que veut dire que nous y entrons tousjours plus avant que nous ne pensons. mais pour le moins elles ne sont pas tant eslongnees de nostre droit chemin, qu'elles le nous facent oublier. PHIL. Si vous confesseray je que maintenant je l'ay oublié. CEL. Je vous y auray remis bien tost. Nous estions sur les mots François changez, non pas en mots estrangers, mais autres qui sont du mesme pays : dont vous aviez desja amené quelques exemples, et aviez parlé de ceux de la guerre, et puis de quelques uns appartenans à la mer. PHIL. Je n'ay pas souvenance d'autres mots nouveaux qui concernent la guerre, ni la mer, mais d'aucuns qui appartiennent à autre chouse. CELT. Ce m'est tout un : je ne laisseray de les apprendre aussi volontiers. PHIL. Je commanceray donc par celuy qui me vient le premier en mémoire : qui est *Devotion*[1].

---

[1] *Devotion*. « En nostre feauté et en nostre devotion », lit-on déjà dans les *Ord. des rois de France*, XIVe siècle. Montaigne, La Noue et Amyot l'emploient dans le sens indiqué par Estienne. Godefroy ne donne que devoult = dévoué, J. de Meung, *Test.*, et dévotement = avec dévouement, *Clef d'amour*, p. p. Michelant. Devotionnette a été inventé par Caraccioli, *Lett. de Ganganelli*.

Car on soulet user de ce mot quand on parlet de Dieu (asçavoir de l'affection qu'on avet au service de Dieu) et maintenant on en use aussi quand on parle des hommes. Car on dit, Cestuy-ci est à la devotion d'un tel seigneur. CELT. Qu'est-ce qu'on entend ?

PHIL. Que quand il plaira à ce seigneur l'honnorer de ses commandemens (car on parle ainsi maintenant) il s'estimera bien heureux de luy pouvoir faire humble service. Et volontiers celuy qui est ainsi à la devotion d'un seigneur, est sa creature[1]. CELT. Qu'est ce à dire Sa creature ? PHIL. Je le vous diray tantost. car c'est aussi un mot nouveau, quant à la signification. mais maintenant je vous veux parler d'un autre mot nouveau (c'est à dire aussi qui a un usage nouveau) pource que je crain de l'oublier, et toutesfois il est fort commun. CELT. Quel mot ? PHIL. *Saluer*[2], au lieu de dire Baiser. Car quand un

---

[1] *Créature.* Voy. Marguerite, nouv. XII. « Il semble que l'usage de cette acception soit nouveau du temps de Montluc, car parlant des courtisans et de ceux qui s'attachent à leur fortune, il dit : leur honneur est d'avoir des serviteurs qu'ils appellent créatures.» (*Mém.*, II, 448.) Cependant on voit dans les lettres d'Yves de Chartres ces mots : *Hubertus Sylvanectensis Episcopus creatio vestra,* » où le mot *creatio* est pris dans le même sens. (Ep. 244.) Voy. Ducange au mot *Criacio.* De là cette expression créature de Dieu pour désigner une personne servant bien Dieu. On lit dans l'*Hist. de la puc.*, p. 513, que « c'estoit une créature de Dieu. » Lacurne.

[2] *Saluer.* Cf. *Apol.*, I, 109. L'usage de ces embrassades, de ces baisers, ne s'était pas encore perdu du temps de Molière; voy. *Préc. rid.*, sc. XI; *Misanthrope*, a. I, sc. I, 2; a. II, sc. IV; a. IV, sc. I; *Femmes sav.*, a. III, sc. III. Cf.

gentilhomme, parlant d'une dame ou damoiselle, dit Je la veux saluer, on entend, Je la veux baiser. Pareillement s'il dit, Je l'ay saluée : c'est autant que s'il diset Je l'ay baisee. Et toutesfois le mot Baiser n'est pas du tout hors d'usage. Mais qu'on se sert bien souvent de Saluer, cela vient (comme je croy) de ce que la salutation Francese d'un gentilhomme à une dame ou damoiselle, ne seret pas légitimement faicte sans un baiser, ains y auret de l'incongruité. CELT. Je ne trouve pas le changement de ceste parole mauvais. Toutesfois je desirerois sçavoir qui en a esté la cause. PHIL. Je croy que

---

Quinault, *la Mère coquette* (1664), I, 3. « C'est une desplaisante coustume, dit Montaigne, et injurieuse aux dames, d'avoir à prester leurs lèvres à quiconque a trois valets à sa suite, pour mal plaisant qu'il soit ; et nous mesmes n'y gaignons gueres, car comme le monde se voit party, pour trois belles il nous en fait baiser cinquante laides. » III, 5. « Il alla à lui, il l'embrassa comme s'il avoit été le meilleur de ses amis, il lui fit cent caresses. Mais on ne doit pas s'étonner de cela, c'est la manière des grands seigneurs de la Galatie et surtout des courtisans. Ils étouffent les gens à force de les embrasser, ils leur serrent la main et puis ils les reprennent encore entre leurs bras... Et puis quand vous leur demandez qui sont ces personnes, ils vous répondent froidement qu'ils ne les connoissent pas. » Barclay, *Av. d'Euphormion*, trad. 1709, p. 5, 6. « Moins encore faut-il saluer dans l'Eglise quelqu'un que l'on n'auroit jamais vu depuis longtemps, ni se faire des embrassades et des compliments : la sainteté du lieu ne le permet point et ceux qui les voyent s'en scandalisent. » Courtin, *Nouveau traité de civilité*, 1675. Cf. Jac. Herrenschmidt, *Osculologia*, Wittebergae, 1630, in-12 ; Mart. Kemp, *Opus polyhistoricum de osculis*, Francof., 1680, in-4º ; Fred. Heckel, *De osculis discursus philologicus*, Chemnitz, 1675 ; Dresde, 1682 ; Leipzig, 1689, in-12, tr. en allemand par Stassel, 1727, in-8º.

les femmes en soyent cause plustost que les hommes. CELT. Pourquoi ? PHIL. Pource qu'elles parlent plus hardiment de saluer que de baiser. CEL. Je pense neantmoins qu'il y a peu de pays où le baiser soit si commun qu'il est en France[1] : mesmement quant au baiser qui se fait avant que congnoistre. PHIL. Comment entendez-vous, Avant que congnoistre ? CEL. J'enten de celuy qui rencontrant une grande assemblee de dames ou damoiselles, ou entrant en un lieu où elles sont, ne baise pas seulement celle ou celles qu'il congnoist, mais par compagnie toutes les autres aussi, lesquelles peut estre que jamais il n'aura veues, ni n'aura sceu si elles sont nees. Et si d'avanture en un grand nombre il en a oublié quelcune, il est en tresgrand danger d'estre declaré sot par arrest de toutes les autres. Encore n'est ce pas tout. car souvent elles sont baisees encores autrement par compagnie, comme vous sçavez (au moins si ceste coustume aussi demeure tousjours) c'est, que les gentils-hommes qui font compagnie à celuy qui en congnoist quelcune, font puis apres leur tour par ordre quant

---

[1] « Nos dames ont été un peu déconcertées par l'excès d'amabilité que vous leur prodiguiez. Quand votre illustre et vénérable chef embrassait les belles jeunes femmes qui étaient heureuses de lui offrir des fleurs, la chose paraissait naturelle et touchante, mais ceux qui voulaient suivre consciencieusement son exemple surprirent beaucoup, par cette familiarité inattendue, les jeunes dames qui, dans leur trouble, ne savaient comment se défendre. » Dr Sonnenfeld, *Lettre de Hongrie* (*Revue politique et littéraire* du 12 sept. 1885).

à ces baisements. PHIL. Ces façons demeurent tousjours : et je sçay bien que plusieurs autres nations trouvent estrange cela particulierement, de baiser celles aussi qu'on ne cognoist point. Dequoy ils ne s'esbahissent sans cause : et mesme je pense que nostre baiser ne vint pas si avant du premier coup : mais au reste je ne doute pas qu'il ne soit ancien. Et comme les autres nations trouvent estrange que nous baisons les femmes, ainsi trouvons-nous estrange la façon de quelques pays, où les hommes s'entre-baisent : et mesmement à Venise[1] les gentils-hommes qui sont appelez les magnifiques messers[2]. CEL. La coustume estoit telle entre les Perses aussi (comme nous congnoissons par quelques auteurs Grecs, et nommément par Xenophon[3]) entre ceux d'une mesme parenté. Car au premier livre de la Cyropedie, Cyrus dit luy mesme, que la façon des Perses est de baiser

---

[1] *A Venise.* « Marin Sanudo (1330) raconte, avec une briéveté terrible, que Ser André Morosini était avogador et que son fils, pour avoir embrassé une femme et lui avoir pris un joyau, avait été conduit en Pregadi et le père disait publiquement : pendez-le, coupez-lui la tête, et ainsi il fut condamné. » Molmenti.

[2] *Magnifiques messers.* « Tout homme qui n'en usera ainsi, quoyqu'il contreface de l'ingenieus ou du magnifique Messer de Venise, si ne sera il jamais entre personnes de bon esprit. » Tahureau, *Dial.*, I. « Messer de Venise, dit Lacurne, est une périphrase pour doge. » Lors de l'élection du doge Ziani, 1173, il fut décidé que le nouveau doge serait présenté à la multitude par ces paroles : *questo xe missier lo doxe, se vi piaxe* (celui-ci est messire le doge, s'il vous plaît).

[3] Xénophon, *Cyrop.*, I, 4.

l'un l'autre, ou quand ils s'entrevoyent apres quelque espace de temps, ou quand ils se separent. Et là est le mot Grec *Philein*, qui signifie generalement Baiser : mais un peu au paravant parlant des parens de Cyrus qui le baisoyent en prenant congé de luy alors qu'il alloit faire quelque voyage, il adjouste *tω stomati* : c'est à dire A la bouche. Or qu'entre les Grecs aussi le baiser ait esté en usage de toute ancienneté, nous en avons certains tesmoignages d'Homere[1]. Toutesfois je n'ay souvenance qu'il parle de baiser la bouche, mais bien de baiser la teste et les espaules, ou la teste et les yeux. Mais on a remarqué sur ses livres, que baiser la teste et

---

[1] *Homère.* « *Frequens*, dit le *Thesaurus*, *est apud Homerum istud verbum in hac signif. Animadvertendum est autem interdum ab eo corripi priorem syllabam in* κύσαι, *interdum produci sed tum geminari* σ, *non in omnibus tamen exemplaribus. Ex locis in quibus corripitur sunt hi :* Il., Ω, 477, Od., Ψ, 87... *Producitur in his,* Od., Ω, 235; Il., Θ, 371. *Interim observandus est nobis mos osculandi manus, item genua, nec non caput et peculiariter etiam oculos, Manûs certè osculationem habemus et in* Apoll. Rh., I, 313. » « Φιλέω, dit encore le *Thes., osculor, apud scriptores post Homerum, nam hic* κύσαι *dicere solet, vid.* Æsch., *Ag.*, 1560; Soph., *Œd. C.*, 1131; Aristoph.; *Aves*, 671; Plut., *De garrulitate*, 33; Theocr., XX, 1. *Apud* Herod., I, 134, *legimus* φιλέουσι τοῖσι στόμασι *et* τὰς παρειὰς φιλέονται, *ubi disces quod inter hæc oscula discrimen fuerit.* Cf. Aristot., *Probl.*, 102. » Quant aux serfs, on lit dans J. Lipse, *Elect.*, lib. II, cap. 6 : « *...Manuum osculum propriè servorum Arrianus me docet lib. II, cap. 20 : Tribunatum adeptus est? Ecce obvii omnes gratulantur. Alius oculos osculatur, alius collum, servi manus. Quinetiam Homerus jam olim Eumæum osculantem facit Telemachi heri sui manus* Od. XVI. *Hoc posterioris ævi scriptores, sua et peculiari phrasi, dixerunt Ad manum accedere. Doceo id ex Vopisci Aureliano... ex Capitolini Maximino.* »

les espaules, c'estoit la façon des serfs. et faut noter qu'il use du mot *Kynein*, pour signifier Baiser : duquel mot *Kynein* fut faict depuis *Prosxynein*, qui signifie Adorer. Et toutesfois *Kynein* (non plus que *Kyein*) n'est pas dict seulement des serfs. Quant aux Romains, nous lisons en Plutarque[1] et en celuy qui s'appeloit Aulus Gellius, et maintenant par quelques uns est nommé Agellius, la coustume avoir esté mise, que les femmes estoyent baisees par leurs parens, expressément pour sentir si elles avoyent point beu de vin. Il est vrai que Plutarque dispute si ceste façon de faire seroit point procedee d'ailleurs. PHIL. Si ainsi estet que ce baiser se fist pour congnoistre si elles avoyent beu du vin, il falet bien qu'il se fist en la bouche. CELT. Il le faut ainsi inferer. veu mesmement que Plutarque avec *Philein* adjouste ces mots que j'ay tantost alleguez de Xenophon, *tω stomati*. Quant à l'autre, il se contente de dire *osculari*. PHIL. Celles toutesfois qui avoyent envie de boire du vin, encores le pouvoyent-elles faire certains jours que ce baiser n'estet pas à craindre. CELT. Je croy qu'il n'y avoit point de distinction des

---

[1] Plutarque, *Quest. rom.*, VI; A. Gelle, X, 23. « *Non recte*, dit Schaber, *hunc morem intellexerunt aliquot veteres et recentiores, putantes uxores a propinquis basiatas esse tentandi causa num vinum bibissent necne vinum enim bibere antiquis temporibus feminis non licuit.* Cf. Plin., *Hist. Nat.*, 14, 13 ; Polyb., 6, 2 ; Dorrow, *Opferstätte und Grabhügel der Germanen und Rœmer am Rhein*, 1819, t. I, p. 23. » *De ritibus, vocibus et symbolis salutandi ap. populos antiquorum temporum partem tertiam*, etc. Rastadii, 1858.

jours, quant à cela. Et mesmes Athenee[1] en son dixieme livre dit que cela se faisoit tous les jours. PHIL. Vous souvient il d'une Rommaine qui avet un mari punais, et penset que tous hommes sentissent aussi mal que luy ? Il faut bien dire que ceste là n'estet pas ainsi baisee par ses parens. CELT. Il me souvient de qui vous entendez. c'est de la femme de Duellius[2] : or je vous respon, qu'il n'y a regle si generale qui n'ait quelque exception. Joinct qu'aucuns racontent cela d'une autre que d'une Rommaine, asçavoir de la femme de Hieron[3] roy de Syracuse : ce qui est plus vray semblable, et aussi (si j'ay bonne mémoire) tesmoigné par plus d'auteurs. PHIL. Quant à moy je n'ay point leu cela que de ceste-ci. Mais je m'advise que sans y penser vous estes sorti des limites de votre propos. car vous avez commancé à parler de l'entrebaisement des hommes. CELT. Je sçay bien le chemin pour y retourner. Mais avant que de laisser celuy sur lequel nous sommes, dite moy s'il vous souvient

---

[1] Athénée, X, 11.

[2] *Duellius*, ou mieux *Duilius*, selon les *Fastes capitolins*. Voy. Garatoni,, *Exc.*, VII, ad Cic. or. pro C. Planc., c. 25, éd. Orelli. L'erreur provient du rapport établi par le copiste avec le mot *duellum* qui précédait. Cf. Cic., *Orat.*, 45. « *Jam senex et trementi corpore in quodam jurgio audivit exprobrari sibi os fœtidum tristisque se domum contulit : quumque apud uxorem questus esset quare nunquam se monuisset ut huic vitio mederetur : fecissem, inquit illa, nisi putassem omnibus viris sic os olere.* » Hieronym. *adv. Jov.*, I. Op. ed. Francf., t. II, p. 36 B.

[3] *Hieron*. Voy. Plut., *De cap. ex host. util.*, c. XI ; *Apophthegmata regum*, c. XXI.

de ce que fit Caton[1] à un senateur qui avoit baisé sa femme, en presence de sa fille. PHIL. Nenni. comment donc? luy en fit il quelque punition ? CELT. Ouy, et bien grande, car il le deposa de son office. PHIL. Mon Dieu, que seret-ce si nous avions beaucoup de tels Catons, et s'ils voyoyent les entrebaisements qui se font aussi bien en public et en pleine rue qu'ailleurs, je ne diray pas des maris et femmes, ou des parens et parentes : mais entre personnes qui ne peuvent alleguer aucun parentage, ou alliance, ni mesmes (bien souvent) aucune cognoissance : comme aussi vousmesmes tantost avez bien sceu dire. car tant s'en faut que ceste coustume de baiser les uns apres les autres une grande troupe de dames ou damoiselles (cogneues ou incogneues) commance à s'abolir, qu'au contraire elle est en vogue plus jamais. CELT. Vrayement ces damoiselles ne peuvent pas dire à leurs maris qu'elles ne sçavent que sentent les autres hommes, comme disoit ceste femme du roy Hieron, ou bien de Duellius Rommain. Mais dite moy, si une damoiselle se void en danger d'estre baisee par un gentilhomme qui a la grosse vérole, ne peut-elle pas trouver quelque moyen d'eschapper ? Car pour vous dire la vérité, le long temps qu'il y a que je suis parti de France, m'a faict oublier cela, entre autres choses. PHIL. Il n'y a point de remede. car il

---

[1] *Caton.* Voy. Plut., *Marcus Cato*, XXXV.

faut obéir à la coustume. Une fois seulement je vi une damoiselle qui trouva une invention pour eschapper : mais ce fut en priant le premier qui vint pour la baiser, de l'avoir pour excusee, pource qu'elle avet encore de la fievre. De laquelle excuse elle n'uset pas pour l'egard de cestuy là, ni de plusieurs autres qui estoyent venus de compagnie, mais d'un seulement qui estoit souspeçonné d'avoir esté au pays de Suerie : lequel toutesfois il eust falu baiser aussi bien que les autres.

CELT. Ainsi, tout bien comté et rabatu, ceste coustume se trouvera n'estre ni belle ni honneste : et ne m'esbahi pas si plusieurs autres nations s'en moquent. PHIL. Encore ne sçavez vous pas tout. car il-y-a aussi une espece de danse [1] en laquelle

[1] *Une espèce de danse.* « Il y avait la danse au chapelet, où celui qui menoit la danse portoit un chapelet ou guirlande. Chacun menoit la danse à son tour et embrassoit la dame qu'il tenoit par la main : « En saisine et possession qu'il ne doit point dancer aux nopces n'y autre part, avec sa dicte dame, ne la prendre au chapelet. » *Arr. Am.*, p. 69, Lacurne. En note : « De là l'expression suivante dans Yver : puis estant lassés de chanter en chapelet. Remarquons encore l'expression suivante du XVe siècle (J. J., 164, p. 54, an. 1409) : lesquels compaignons avoient disnez et fait bonne chiere ensemble par maniere de chapelet l'un aprez l'autre, ainsi que autrefoiz les bonnes gens du païs l'ont accoustumé de faire. » Jean Taboureau, dans son *Orchesographie* publiée à Langres en 1588, sous le pseudonyme de Toinot Arbeau, dit : « Les danses sont practiquees pour cognoistre si les amoureux sont sains et dispos : à la fin desquelles il leur est permis d'embrasser leurs maîtresses, affin que respectivement ils puissent sentir et odorer l'un et l'autre s'ils ont l'haleine souefve, de façon que de cet endroit, oultre plusieurs commoditez qui reussissent de la

on s'accommode d'une façon de baiser, laquelle me fait souvenir de ce qui se dit par proverbe, *Cursu lampada tibi trado*[1]. Mais qu'avez vous à rire ? CELT. Je me ri de vostre Accommoder. car vous avez dict, On s'accommode d'une façon de

dance, elle se treuve necessaire pour bien ordonner une société. » « Les anciennes gavottes étoient un recueil et amas de plusieurs branles doubles... en ces danses on baisoit et on donnoit le bouquet. » Furetière, *Dict.*, v° *Gavotte.* Cf. *Sermones Alberti Magni,* Tolosæ, 1883, p. 11.

[1] *Cursu lampada tibi trado.* Voy. Varron, *De re rust.*, III, 16, 9. Le scholiaste d'Aristophane, *Gren.*, v. 131, dit qu'il y avait à Athènes trois courses aux flambeaux, l'une en l'honneur de Prométhée, l'autre en l'honneur de Vulcain, l'autre en l'honneur de Minerve, et que ces courses avaient lieu dans le Céramique. Pausanias, I, 30, 2, décrit avec précision l'une d'elles, celle en l'honneur de Prométhée. Elle consistait à courir depuis l'autel de Prométhée, qui était dans l'Académie, jusqu'à la ville en tenant des flambeaux allumés, et il s'agissait de conserver son flambeau allumé en courant. Si le premier coureur le laissait éteindre, il perdait ses prétentions à la victoire et elles passaient au second. Si le second ne conservait pas son flambeau allumé, c'est le troisième qui était vainqueur, et si tous les flambeaux s'éteignaient, le prix n'était à personne. Platon ajoute une circonstance particulière (*De rep.*, I) : il fallait que les concurrents se transmissent l'un à l'autre les flambeaux qu'ils portaient à la main. Dans la *Rep.* il est question de courses à cheval; dans les *Lois*, liv. VI, il n'est question que de courses aux flambeaux en général. Pour les courses à pied, voy. Bartoli, *Sepolcri*, I, 59; pour les courses à cheval : Choiseul, *Voy. pitt.*, II, 4; R. Rochette, *Lettre à M. le duc de Luynes*, III, 28. Pour la course au flambeau allumé, voy. Muller, *Arch.*, 423, 3; Tischbein, II, 25; Gerhard, *Ant. Bildw*, 63, 1. Pour les courses où l'on se passait le flambeau, voy. Lanzi, *De' vasi ant. dep.*, 138 ; Panofka, *Cabinet Pourtalès*, 5. L'image fournie par la lampadédromis a été employée par Aristote, *Phys.*, V, 4, 10; Themistius, *Or.* Petau, V, p. 145. Elle a servi à marquer le lien de la vie et de la mort dans Lucrèce, II, 78; Perse, VI, 61; Philon, I, p. 478, 23 ; Clem. Alex., *Strom.*, II, p. 181 Sylburg.

baiser. PHIL. Ne vous ay je pas dict parcidevant que ce mot Accommoder servet maintenant à tout? Quant vous aurez sejourné quelque temps en la cour, vous ne trouverez pas ceste façon de parler estrange, ni aussi plusieurs autres que maintenant vous trouvez telles. CELT. Poursuyvez donc, s'il vous plaist, afin que je sache en quelle façon on s'accommode du baiser. PHIL. C'est qu'un nombre de gentils-hommes et de dames, dansans à une danse qui s'appelle Le branle du bouquet[1], un de ces gentils-hommes et une de ces dames, estans les premiers en la danse, laissent les autres, (qui ce pendant continuent la danse) et se mettans dedans ladicte

---

[1] *Le branle du bouquet.* Marg. de Navarre parle de branles de Gascogne, Nouv. XXVIII; Carloix, des branles du Haut-Barrois, VI, 37; Yver, des branles de Poitou, p. 573. Brantôme montre le comte de Brissac dansant des branles, des gaillardes, des canaries, VI, 141. Il oppose aux danses graves « les branles, voltes et courantes ». « Je luy ay veu (à Marguerite de Navarre) aussi aymer, dit-il, quelquefois le bransle de la torche ou du flambeau... Une fois estant à Lion, au retour du roy de Poullougne, aux nopces de Besne, l'une de ses filles, elle dansa ce bransle devant force estrangiers de Savoie, de Piedmont, d'Italie et autres, qui dirent n'avoir rieu veu de si beau que ceste reyne, si belle et grave, danser si belle et grave danse comme certes elle est : dont il y en heust quelqu'un qui alla raconter là dessus, disant que ceste reyne n'avoit point de besoing, comme les autres dames, du flambeau qu'elle tenoit en la main; car celluy qui sortoit de ses beaux yeux, qui ne mouroit point comme l'autre, pouvoit suffire, ayant autre vertu que de mener danser les hommes, puisqu'il pouvoit embrazer tous ceux de la salle, sans se pouvoir jamais estaindre comme l'autre qu'elle avoit en la main, et qu'il estoit pour esclairer de nuict parmy les ténèbres et de jour parmi le souleil mesme. » VIII, 74.

compagnie, vont baisans par ordre toutes les personnes qui y sont : à sçavoir le gentil-homme les dames, et la dame les gentils-hommes. Puis ayans achevé leurs baisemens, au lieu qu'ils estoyent les premiers en la danse, se mettent les derniers. Et ceste façon de faire se continue par le gentil-homme et la dame qui sont les plus prochains, jusques à ce qu'on vienne aux derniers. CELT. Il me souvenoit de ce que vous aviez dict que cette façon de faire vous reduisoit en memoire ce qui se dit par proverbe, *Cursu lampada tibi trado* : et attendois en quoy il y auroit quelque correspondance : je voy bien maintenant que c'est en ce que vous venez de dire à la fin. PHIL. C'est en cela voirement. Mais que dites vous de ceste façon ? CELT. Je di que c'est une invention pour faire belle collection de baisers, à ceux et celles qui la veulent faire. PHIL. Or je veux maintenant pratiquer en vostre endret ceste façon de parler proverbiale, *Cursu lampada tibi trado*. Car je vous prie de faire maintenant vostre tour, quant à parler des baisers. CELT. Je ne vous ay pas promis parler que de l'ancien entrebaisement des hommes. PHIL. Je ne demande autre chouse de vous. et desja je vous ay dict que je sçaves bien que les magnifiques messers de Venise s'entrebaisoyent. CELT. Par où voulez vous que je commance ? Je vous ay desja parlé de la façon des Perses, tesmoignee par Cyrus, en Xenophon. Quant à la Bible (par où ce seroit raison de commencer) il y a assez d'exemples au vieil Testament[1] : et quant au nouveau, le baiser de Judas (lequel baiser est venu comme en proverbe) monstre bien quelle estoit la facon d'alors. On dit aussi qu'en l'eglise primitive le baiser estoit tesmoignage d'une fraternité et concorde : ou (si vous aimez mieux) d'une concorde fraternelle : et quelques moines usans du baiser en certaines solennitez, se vantent de l'avoir pris de là. Mesmement quand en la messe on fait baiser la paix[2], on estime qu'en faisant baiser une mesme chose à tous, c'est comme si on s'entrebaisoit l'un l'autre. Mais quant aux payens, le baiser ayant esté coustumier aux Perses, il est vray semblable que les Grecs ne l'avoyent pris d'ailleurs. Et si les Perses baisoyent leurs roys aussi, je croy bien que ce n'estoit sans quelque cerimonie particuliere : veu mesmement que nous lisons en Plutarque[3] de ceux qui baiserent Alexandre en un festin, que ce fut apres avoir usé d'adoration. car il dit *Proskynησai* (encore qu'on ait mieux aimé traduire en ce lieu là, Faire une grande reverence) et toutesfois beaucoup s'en faloit qu'Alexandre quant au reste demandast des honneurs si grands que les Perses les faisoyent à leurs roys. Or comme

---

[1] *Au vieil Testament*, voy. *Gen.*, XXXIII, 4; *I Reg.*, XX, 41; *Tob.*, VII, 6. Cf. Drusius in *Miscell. Cent.* I, c. 60.

[2] « Et avient aucunesfois que par l'ourgueil et bobant de la femme le mari prend riote à aussi puissant et plus puissant que lui, pour le banc de leurs femmes et pour la paix. » *Les quinze joies de mariage*, XIII.

[3] Plutarque, *Alex.*, XCIII.

j'ay dict qu'il estoit vray semblable que les Grecs avoyent pris le baiser des Perses, aussi pourroit-il estre que les Rommains l'auroyent eu des Grecs. Quoy qu'il en soit, il est certain qu'à Romme ils estoyent grands baiseurs : voire jusques à donner occasion de faire un edict qui prohiboit certains baisers quotidiens. car ils sont ainsi appelez, *oscula quotidiana*[1]. Mais baiser quand on s'en alloit et aussi quand on retournoit, cela demeuroit bien : et ceste façon se congnoist par Martial[2], entr'autres. Quant aux empereurs, ils baisoyent les senateurs, et principalement quand ils retournoyent de quelque voyage : comme aussi ils estoyent baisez par les senateurs quand ils partoyent. Ce qu'on voit tant par quelques autres passages que par un qui est au

---

[1] *Oscula quotidiana, Tiberius prohibuit edicto*, Suet., *Tib.*, 34. Voici le commentaire de Casaubon : *Arbitror Tiberium minime comem Imperatorem, ut eum Plinius vocat, cum oscula quotidiana gravaretur, ne superbiæ hoc ipsi tribueretur, si solus consuetudinem aspernaretur, edictum hoc promulgasse. Puto etiam Valer. Max. qui assentatione ejus principis parum Velleio concedit, in Tiberii gratiam hæc scripsisse libro II, 6, 17 : ne Numidiæ quidem reges vituperandi, qui more gentis suæ nulli mortalium osculum ferebant. Quicquid enim in excelso fastigio positum est, humili et trita consuetudine, quo fit venerabilius, vacuum esse convenit.* Baumgarten-Crusius veut que les baisers aient été prohibés « *ne turpi marium libidini occasio daretur, quam optime noverat flagitiosissimus princeps* ».

[2] Martial, voy. VIII, 44. « *Descendentem ad comitia osculari, peculiare materni affectus fuit : at redeuntem è comitiis, honore auctum, osculo excipere, commune matri cum aliis propinquis, amicis, clientibus. Elegans locus apud Arrianum in Diss. Epicteti libr. primo c. XIX. Notatu dignum est etiam in Curia talibus blanditiis fuisse locum : narrat enim Plutarchus Bruto, conjuratos sellam Cæsaris Curiam ingressi circumstetisse,*

Panegyrique de Pline[1] à l'empereur Trajan, *Gratum erat cunctis quod senatum osculo exciperes, ut dimissus osculo fueras.* Mais quelquesfois ils ne presentoyent que la main en recompense du baiser qu'ils avoyent receu. Car il dit un peu apres (comme faisant comparaison de ceste façon de faire dont usoit Trajan avec celle de quelques autres empereurs Rommains ses predecesseurs) *Non tu civium amplexus ad pedes tuos deprimis, nec osculum manu reddis.* Car j'enten que Ne rendre pas de la main le baiser, ce soit, Ne se contenter pas de presenter la main à quelcun, au lieu du baiser qu'on a receu de luy auparavant : comme Trajan avoit receu des baisers des senateurs à son depart : ainsi qu'il appert par les premiers mots du mesme auteur que j'ay alleguez naguere. PHIL. Mais pensez-vous pas que ceux ausquels un empereur ou autre grand seigneur presentet la main, en signe de caresse,

---

quasi aliquid rogaturos, osculabundos, manus alios, pectus alios, quosdam caput. Sic qui in Senatu honore aliquo afficiebantur, eos amici qui intererant, osculo inibi excipiebant : quo ex more illud est quod de optimo principum Trajano narrat Plin. in Paneg. : jam inquit, quo assensu, quo gaudio exceptum est, quum candidatis, ut quemque nominaveras, osculo occurreres, devexus in planum, et quasi unus ex gratulantibus. » Casaub. in Suet., I, 13.

[1] Pline, c. XXIII. Cf. Martial, lib. XI, epigr. 98 ; Horat., l. I, *Od.*, 36 ; Ovid., *Her.*, XVII, 100. Auguste accueillit Agricola *brevi osculo*, Tac., *Vita Agr.*, c. 40. Néron ne donna de baiser ni en partant ni en arrivant. Suet., c. 37 ; voy. Lipsius. — Dimissus : *Cic. ad Att., l. XVI, ep. 5 : eum complexus osculatusque dimisit. Suet. in Othone, c. X : ab amplexu et osculo suo dimisit omnes.*

la baisoyent ? CELT. Il me semble qu'ils ne pouvoyent faire moins. Et croy aussi que quelquesfois encore qu'ils ne presentassent la main, on ne laissoit pas de monstrer qu'on la vouloit baiser : et eux voyans cela ou l'avançoyent, ou, s'ils vouloyent favoriser d'un grand honneur quelcun, au lieu d'endurer qu'il baisast leur main, se presentoyent pour estre baisez au visage. Laquelle faveur j'ay veu des dames faire à quelques-uns qui leur vouloyent baiser la main. Or quant au baisement des mains, nous en avons le tesmoignage de Plutarque en quelques endroits : dont l'un est en la vie de Caton d'Utique[1]. car il dit là que Caton ayant esté capitaine de mille hommes de pied en Macedonie, apres que le temps de sa charge fut expiré, receut de grands honneurs au partir du camp. Car il fut convoyé non pas avec louanges et prieres aux dieux pour luy (ce qui est coustumier) mais avec larmes et une infinité d'accolades : aucuns mesmement estendans leurs vestements par terre là où il devoit passer, et luy baisans les mains. Et faut noter que Plutarque, quant à ce baisement de mains, adjouste expressément, que c'estoit toutesfois une chose laquelle les Rommains de ce temps là ne faisoyent pas volontiers sinon à bien peu de capitaines generaux. Comme voulant monstrer une grande prerogative d'honneur, puis qu'à luy, qui n'estoit capitaine que

---

[1] Plut., *Cat. d'Ut.*, XVIII.

de mille hommes, on faisoit un honneur lequel tous les capitaines generaux ne recevoyent pas des Rommains, mais s'en faloit beaucoup. Or ne dit-il point de quelles personnes il recevoit cest honneur : mais il est vraysemblable que c'estoit des soldats principalement. Nous lisons aussi en la vie de Brutus [1], que Popilius Læna, ayant parlé assez longuement de quelque affaire à Cesar (lequel il avoit abordé aussi tost qu'il estoit descendu de sa litiere, pour entrer au lieu où se devoit tenir le senat) en se departant de luy, luy baisa la main dextre. Ce qui donna bien à congnoistre (dit Plutarque) que Popilius luy avoit parlé de quelque affaire sien. Et Plutarque advertit expressément de ceci, pour monstrer que la crainte qu'avoyent Brutus et Cassius, et les autres conjurez, qui estoyent là pour faire leur coup (comme ils firent) estoit vaine en ce qu'ils pensoyent que Popilius decouvrist à Cesar leur entreprise. Or quant au baiser, en ce qui suit incontinent apres il dit qu'on baisa à Cesar la poitrine et la teste [2]. Cesar entrant (dit-il) tous les senateurs se leverent par honneur devant luy : et plustost ne fut assis que les conjurez l'environnerent, luy presentans un d'entr'eux, nommé Tullius Cimber, qui prioit pour la restitution de son frere, qui estoit banni : et eux tous avec luy prioyent Cesar, en luy touchant les mains et luy baisant la poitrine et la teste. PHIL.

[1] Plut., *Brut.*, XIX.
[2] *La poitrine et la teste.* Amyot dit : l'estomac et la teste.

Je croy qu'incontinent apres cela Cesar fut chargé de tant de coups. CELT. Ouy. PHIL. Vrayement je considere une façon de faire assez estrange, baiser la poitrine et la teste. CELT. Je croy qu'elle n'estoit guere accoustumee. PHIL. Je le pense aussi : et là dessus je m'avise du proverbe Italien, *Chi mi fa carezze che non sole, ó ingannato m'a, ó ingannar me vole*[1]. CELT. Ce proverbe ne vient pas mal à propos. mais quand bien Cesar eust tenu ces caresses (si ces baisemens doivent estre ainsi appelez) pour suspectes, voire jusques à se douter de quelque entreprise telle, je n'estime pas qu'il eust pu se sauver. PHIL. Pour bien juger de cela il faudret sçavoir plusieurs particularitez que nous ne pouvons pas sçavoir. Pour demeurer donc sur nos baisers, il ne dit pas ici qu'ils luy baisoyent les mains, mais seulement qu'ils les luy touchoyent. CELT. Il me souvient bien qu'il y a au Grec *haptomenoi chirωn* : soit qu'on vueille l'interpreter, Touchans les mains, ou Touchans aux mains. mais je ne croy pas que cela se puisse entendre aussi du baisement d'icelles : veu mesmement que Plutarque en ses autres passages que je vous ay alleguez naguere, parlant de Baiser les mains, ou la main (ce qui s'entend de la dextre) dit *Cataphilein*. Je croy plustost que ce touchement des

---

[1] *Chi mi fa...* Pescetti, dont la première édition doit être de 1598, donne la version suivante : *Chi mi fa festa più di quel che suole, O è m'ha tradito, ó tradir mi vuole*. Elle se retrouve dans le *Florilegium ethico-politicum* de Gruter, 1610.

mains, estoit une façon de laquelle on usoit quand on prioit quelcun. Et que ainsi soit, nous lisons en ce mesme auteur, en la vie de Tiberius et Gaius[1], qu'en un tumulte Tiberius voulant mettre la main aux armes, deux personnages qui avoyent eu autrefois la dignité de Consul, le vindrent prier qu'il se voulust deporter : et dit qu'en le priant ils luy touchoyent les mains, et pleuroyent. car il y a là aussi *Chirωn hapto-menoi*. PHIL. Je pense encore à ce baisement de la poitrine et de la teste, duquel on usa à Cesar pour faire bonne mine, alors qu'on s'apprestet à luy user d'une façon de faire bien autre : de laquelle aussi on luy usa aussi tost. Et ce baisement me fait souvenir de ce que vous avez tantost dict avoir esté observé en Homere, que baiser la teste et les epaules, c'estet la coustume des serfs : au lieu que les autres baisoyent la teste et les yeux. Il me semble aussi que vous avez dict qu'il n'estet point de mention en ce poete de baiser à la bouche. CELT. Pour le moins je vous ay dict n'en avoir souvenance. Et toutes-fois les Perses s'entrebaisoyent en la bouche : sinon qu'on vousist dire que le Cyrus de Xenophon fist autrement que les autres. Ce que ne diront pas ceux qui auront leu et retenu ce qu'escrit Herodote touchant les baisers Persiens. car il en fait deux sortes, l'un à la bouche, l'autre à la joue. Et (si j'ay bonne memoire) il

---

[1] Plut., *Tib.*, XVI.

dit que quand ils s'entrerencontrent par le chemin, on congnoist à la sorte du baiser s'ils sont egaux quant à la qualité. car s'ils sont égaux, ils s'entrebaisent a la bouche : que si l'un est de qualité un peu plus basse, ils s'entrebaisent à la joue. mais si l'un est beaucoup inférieur, il fait la reverence à l'autre en s'enclinant devant luy. PHIL. En ceci pour le moins il y a difference entre ce que dit le roy Cyrus et ce que racomte Herodote, que l'un fait les baisers beaucoup plus frequens que l'autre. Quant à la façon d'iceux, je ne sçay pas s'ils se pourroyent trouver d'accord. CELT. Pourquoy dites vous que l'un faict les baisers plus rares que l'autre ? PHIL. J'ay dict que l'un les faiset plus frequens. Toutefois ce que vous dites revient à ce que je dises. Car si l'un les fait plus frequens, par consequent l'autre les fait plus rares. Or ce qui m'a faict dire cela, ç'a esté le passage de Xenophon, que vous avez allegué vous mesme : auquel il escrit la façon des Perses estre que ceux d'une mesme parenté s'entrebaisent, quand l'un se separe de l'autre, pour faire quelque voyage, ou qu'ils se revoyent apres quelque temps. CELT. Vous me reduisez en mémoire ce passage : et pense bien desja quelle difference vous me voulez mettre au devant. PHIL. Je n'ay parlé que d'une, mais je considere maintenant qu'il y en a deux. CELT. En ce que dit Xenophon (ou plustost Cyrus en Xenophon) il n'y a point de difference (à parler proprement) mais de la restriction. Car il tesmoigne la coustume estre telle, de s'entrebaiser : mais vous confesse qu'il ne fait pas ceste coustume si generale, en ce qu'il dit que cela se faisoit entre parens, et adjouste aussi quand il se faisoit. PHIL. Il ne tiendra pas à moy que vous ne les mettiez d'accord. CELT. Au pis aller, je vous diray comme l'autre, *Distingue tempora, et concordabis scripturas*. Car depuis le temps de Cyrus jusques à ce temps duquel parle Herodote, estoient passees beaucoup d'annees. Par laquelle response j'obvieray aussi à la question que vous pourriez faire touchant l'autre sorte de baiser, à sçavoir à la joue : duquel Herodote fait mention, et non pas Xenophon. Mais quant aux differences que vous trouviez, on pourroit respondre à Xenophon que Cyrus donc (si ce que luy en escrit ailleurs est vray) ne gardoit pas la coustume des Perses, quant à ne baiser sinon ses parens, et seulement alors qu'il dit. PHIL. Quant à moy, je ne suis pas celui qui vueille esplucher telles chouses de si pres. Mais dite moy ceci (s'il vous plaist) avant que bailler congé à Xenophon : si c'est pas luy qui racomte[1] que le roy Cyrus, disant que le petit homme se doit marier à une petite femme, allegue ceste incommodité, si au contraire la femme est grande, le mari estant petit, qu'il sera contraint, quand il la voudra baiser, de faire un saut comme les petis chiens. CELT. Ouy, c'est

---

[1] Xénophon, *Cyrop.*, VIII, 4.

bien Xenophon qui a raconté cela. Et il faut entendre de faire un saut comme les petis chiens, quand on leur tend quelque chose, à laquelle ils ne peuvent avenir sans sauter. PHIL. Je l'ay bien toujours entendu ainsi. CELT. Si j'eusse esté là j'eusse dict à Cyrus qu'il-y-avoit un autre expédient. PHIL. Quel ? CELT. De faire comme celle qui estant fort petite, avoit une grande chambriere. PHIL. Quelle invention avet elle excogitee ? CELT. De monter sur une selle. PHIL. Vrayement si la chambriere avet bien la patience d'attendre que la petite maistresse fust montee pour la caresser de quelques bastonnades, à plus forte raison une grande femme devret avoir patience d'attendre que son petit mari fust monté, quand ce seret pour la caresser d'un baiser. CELT. Vous ne dites pas tout, que les grandes femmes souventesfois desdaignent les petis maris. Qui est une autre incommodité que Cyrus n'alleguoit pas. PHIL. Pensez-vous que cela ne fust pas venu en memoire à Cyrus, si les femmes Persiennes de grande stature eussent esté si desdaigneuses à l'endret des petis maris, que sont celles, je ne diray pas de notre nation, mais (pour parler bien plus generalement) de nostre temps ? CELT. Je ne sçay si les Persiennes se prisoyent tant pour la grande stature que nos dames et damoiselles se prisent, (et encore plus quelques Italiennes, et principalement les Venitiennes, qui ont apporté l'invention de se monter sur des eschasses, c'est à dire sur des patins de la hauteur d'un pied, et quelquesfois d'avantage) mais je croy que jamais Persienne grande ayant un petit mari ne se moqua si plaisamment et de si bonne grace de sa petitesse, qu'une Françoise se moqua un jour de la petitesse du sien. Car elle ayant eu quelque temps les yeux sur luy, il luy dit, Que regardez-vous tant, m'amie ? Je regarde (dit elle) que vous faites là bas. PHIL. Elle avet bonne grace, voirement, et raison aussi. car d'autant qu'elle estet bien grande, luy fort petit (car je le presume ainsi) c'estet comme si luy eust esté en un estage plus bas. Et de faict, comme on appelle un grand homme, haut, il-y-a aussi quelques uns qui appellent reciproquement un homme bas, qui est petit. CELT. Orça, pensez vous, si Cyrus se fust trouvé où une grande femme se fust ainsi moquee d'un petit mari, qu'il n'eust pas encore deconseillé d'avantage à un petit homme de prendre une grande femme ? PHIL. Peut estre qu'il eust dict que le petit mari pouvet respondre à la grande femme, en usant de reciprocation, Dite moy que vous faites là haut, et je vous diray que je fay ici bas. CELT. Quoi qu'il en soit, Xenophon racomte quelques faceties, ausquelles Cyrus prenoit grand plaisir, et n'estoyent toutesfois de si bonne grace que ceste prompte responce de la grande femme au petit mari. PHIL. Cela se pourret bien trouver vray. Mais nous voulions naguere bailler congé à Xénophon, je vous prie baillons le et à luy et à Cyrus, afin qu'ils ne nous empeschent de retourner à nos baisers. CELT. Quel homme estes vous ? n'en serez vous jamais soul ? Je vous en ay apporté de tous les pays, et de toutes les sortes : faites vostre proufit de toutes, si vous pouvez. PHIL. Un certain personnage, qui de son naturel estet fort facetieux (et mourut conseiller de la cour du parlement) ayant ouy parler d'un livre où il estet traicté de diverses langues, la Chaldaique, l'Hebraique, la Greque, la Latine, l'Arabesque, et autres : dit qu'il s'esbahisset qu'on avet oublié la principale langue, et la meilleure de toutes : veu qu'elle estet fort commune. Et apres avoir donné à penser à plusieurs, dont aucun ne pouvet deviner quelle langue il voulet dire : C'est (dit il) la langue de beuf, principalement quant elle est salee, et accoustree comme il faut. Ainsi vous veux-je dire, monsieur Celtophile, que vous avez faict un long discours, touchant diverses sortes de baisers, et de divers pays, mais vous en avez oublié un qui est le meilleur (au moins au goust de quelques-uns) et qui est plus commun que plusieurs de ceux dont vous avez parlé. CELT. Je ne sçay que vous voulez dire : mais pour le moins vous me faites penser qu'il y aura de quoy rire, aussi bien que de la langue de beuf. Mais dite moy, sont-ils d'estrange pays ? sont-ils d'autre sorte que tous les autres ? PHIL. Ils ont esté estrangers, mais ils ne le sont plus : et sont en partie semblables aux autres, en partie dissemblables. CELT. Comment les appelle lon ? PHIL. Je les appelle Cataglottismes[1], quand je les veux nommer en un mot : et ne leur sçay point d'autre nom que ce Grec, qui soit en un mot. CELT. Est-ce tout ce que vous vouliez dire ? Cela n'estoit de l'argument que j'avois entrepris de traiter (car je ne devois parler que des entrebaisements des hommes) et quand bien il en eust esté, que eust il servi de vous parler d'une chose que vous sçavez desja, et de laquelle il est difficile de parler honnestement ? PHIL. Mais voulez vous que je vous en dise quelque chouse que vous ne sçavez pas ? CELT. Je serois bien content de n'en ouir point parler, toutesfois je vous orray. PHIL. Je vous veux parler du payement d'un cataglottisme qu'eut un jour quelcun venant du pays où telle

---

[1] *Cataglottismes.* Voy. Aristoph., *Nub.*, 51. On disait aussi γίγγλυμος, littéralement : gond, charnière. « *Comici* χαταγλωττίζειν *pro suaviari in amore et amatorium linguæ suavium dixerunt.* » Pollux, II, 4, 109. « Καταγλωττίζειν *suavium dare blandientis appulsu linguæ mellitum, ut lib. VI. Met. exprimit Madaurensis Græcorum* χαταγλώττισμα. » Note de Kühn. Laberius (Non., lib. II), appelle cela *collabellare* : *collabella osculum.*

Basia me capiunt blandas imitata columbas.
Martial, XI, 104.

« Il est à remarquer, dit Voltaire, que l'espèce humaine, les tourterelles et les pigeons sont les seuls qui connaissent les baisers. De là est venu chez les Latins le mot *columbatim* que notre langue n'a pu rendre. Si le lecteur veut des baisers, qu'il en aille chercher dans le *Pastor fido.* Il y a un chœur entier où il n'est parlé que de baisers, et la pièce n'est fondée que sur un baiser que Myrtille donna un jour à la belle Amaryllis au jeu de colin-maillard, un *bacio molto saporito.* — Nous ajouterons qu'il ouvre aussi un Jean Second et il y verra à chaque page la paraphrase de *blandas imitata columbas.* » Beau.

façon est commune : duquel pays aussi il estet. Sçachez donc (pour le vous faire court) qu'approchant de Lyon à une journee, il s'addressa à une servante d'hostelerie, laquelle, tant pour estre plus honneste qu'il ne le penset, qu'aussi pource qu'elle croyet ceste façon de cataglottiser (dont elle n'avet jamais ouy parler) interesser aucunement sa pudicité, fut esprise subitement d'horreur : ce qui fit qu'elle s'estant effarouchee le rendit sage pour une autre fois. CELT. Que luy fit elle ? PHIL. Elle joua si bien des dents qu'il ne retira pas sa langue si longue qu'il l'avet tiree. CELT. Quel jeu ! il se pouvoit bien vanter qu'on le faisoit sage à ses dépens. PHIL. Je ne sçay pas toutesfois s'il s'en vanta es lieux où il alla depuis : mais sur le champ il fit une tresgrande exclamation, non pas *admirantis*, mais *dolentis*. Et notez que celuy dont j'ay sceu ceci, arriva deux jours apres au logis où avet esté faict cest acte, duquel les petis enfans alloyent à la moustarde[1] : non seulement ceux du lieu, mais des environs. et fit tant qu'il parla à la fille, laquelle encore pour lors monstret en estre toute esmeue. CELT. Je ne voudrois pas pour grand cas n'avoir ouy un si vaillant tour d'une fille. PHIL. Et (ce qu'il faut noter) d'une fille de si basse condition. Car vous sçavez que volontiers en celles qu'on met en tels lieux pour servir, ne se trouve pas la generosité[2], laquelle il falet qu'eust celle fille,

---

[1] *A la moustarde*, voy. I, 88.
[2] *Generosité* n'est pas encore dans Rob. Estienne, il est dans

outre l'honnesteté. j'enten celle de laquelle il est impossible (à mon jugement) que la generosité soit separee. CELT. Je tien aussi pour chose toute asseuree que la generosité ne peut estre sans l'honnesteté : mais que l'honnesteté (telle que communément on loue es filles) peut estre sans generosité. PHIL. Si vous vous mettez une fois à aristotelizer, je seray en danger de perdre le reste de vostre discours touchant les baisers. CELT. Quel reste entendez-vous ? PHIL. Touchant les entrebaisements des Frances, entr' eux, non pas entre les deux sexes. CELT. Je n'ay memoire (pour le present) que d'un passage de Froissard[1], où il soit faict mention de baiser : qui est de frere à frere, et au depart. Car il dit qu'un comte de Haynaut ayant dict à son frere, messire Jan de Haynaut, qu'il luy donnoit congé au nom de Dieu, le baisa. adjoustant (ce qui est à noter) Et luy estreignit la main, en signe de tresgrand' amour. Et au commencement de ce mesme chapitre il parle d'un autre baiser, venant d'une roine d'Angleterre nommee Isabel, ne disant pas qu'il luy fut donné au departir, mais

---

Nicot. Hierosme Victor dit : Generosité, *generosità, animosità, generosidad*. Monet : Generosité, magnanimité, courage. D'Arsy : Generosité..., Manljckheyt. « La générosité est un désir de briller par des actions extraordinaires ; c'est un habile et industrieux emploi du désintéressement, de la fermeté en amitié, et de la magnanimité, pour aller plus tôt à un plus grand intérêt. » La Rochefoucauld, *Maximes*, éd. Gilbert-Gourdault, I, 131, var. L'historique de Littré est tout à fait insuffisant.

[1] Froissard, liv. I, p. 1, c. XVII.

qu'elle le donna. Car ayant dict que ceste roine prit congé du noble comte de Haynaut et de la comtesse : et les mercia moult grandement et doucement de l'honneur, de la feste, et de la bonne chere et beau recueil qu'ils luy avoyent faict : il adjouste, Et les baisa au departir. Or je vous prie monsieur Philausone, d'honorer tant ce mien discours, qu'avec ceste roine prenant congé il puisse aussi prendre le sien. PHIL. Je me doute que vous voulez qu'il accompagne ceste roine : comme à la verité un Discours des baisers ne semble pas compagnie mal sortable pour une telle roine. CELT. Je voy bien que vous avez envie de gosser un peu : mais moy je vous prie de cela si à certes que je puis. PHIL. Pour la reverence que je porte à cette priere faicte de l'antique, j'ottroye le congé à celuy pour qui vous l'avez faicte. CELT. Je ne vous diray donc pas grand merci de cest ottroy, ains à l'antiquité. Mais quand vous m'aurez autant appris de ce qui se fait maintenant en France quant au baisement, que je vous ay appris de ce qu'on faisoit le temps passé en Perse (où j'ay oublié un baisement des mains et des pieds de Cyrus tout ensemble, tesmoigné par Xenophon) en Grece, en Italie : alors vous aurez un remerciement de moy des plus grands qu'on face. PHIL. Vous faites sonner bien haut vostre doctrine : et voy bien que vous me la vendriez bien cher, si vous pouviez. Quant à la mienne (si peu qu'il y en a) je veux bien que vous sçachiez qu'elle est beaucoup plus à priser que la vostre, touchant ceste mesme maniere : pource qu'elle est plus necessaire. Car que me sert-il de sçavoir comment les Perses, les Grecs, les Italiens, s'entrebaisoyent le temps passé ? veu mesmement qu'en France les hommes ne s'entrebaisent pas, mais bien un homme baise une femme : et quant aux femmes elles s'entrebaisent aussi. CELT. Ceste coustume que les hommes s'entrebaisent n'est elle point encore venue ? PHIL. Il semble qu'elle vueille venir : mais on n'en est pas encore bien certain. Et seray bien joyeux qu'elle ne vienne point. CELT. Pourquoy ? PHIL. Pource que qand elle sera venue, on verra force baisers de Judas. CELT. Vous avez bonne raison de la desirer plustost loing que pres. Mais où est ceste doctrine que vous prisez tant, et dites estre tant necessaire ? PHIL. Ne vous ay-je pas enseigné desja plusieurs chouses necessaires ? Quant à ce que maintenant je vous veux dire, ce n'est qu'un advertissement : mais qui est d'importance. car c'est touchant une chouse qu'il faut sçavoir, si vous voulez vous accommoder à la civilité qui est maintenant en vogue. CELT. Il y a tousjours de l'Accommoder en vos propos : mais dite que c'est, et puis laissez moy prendre terme d'avis quant à l'accommodation. PHIL. Sçachez donc que j'ay tantost oublié de vous advertir d'une particularité (s'il faut ainsi dire) quant au baiser qui est aujourd'huy en usage en plusieurs lieux de France. CELT. Quelle particularité ? PHIL. C'est qu'on use d'une petite galanterie avant que baiser, en mettant le bout du second doigt de la main droitte au devant de la bouche, en la touchant. CELT. Le tient-on tout droit ? PHIL. Ouy : et c'est une façon de faire presque semblable à celle dont on use quand on met le doigt au devant de la bouche, pour signifier qu'il ne faut dire mot. Car on fait ainsi. CELT. Je voy bien. Ainsi souloit-on peindre anciennement Harpocrates, et la deesse Angerone[1], ou Angeronie, ayant un doigt au devant de la bouche, pour monstrer qu'il se faloit taire. PHIL. On use par honnesteté de ceste façon de faire alors aussi qu'on veut recevoir quelque chouse qu'on presente : et nommément quant à table on présente de quelque viande.

---

[1] *Harpocrates.* « Observant l'image égyptienne d'Horus enfant (en égyptien Har pe Krati) qui le représentait le doigt sur la bouche, signe caractéristique de l'enfance en Egypte, les Grecs y virent un dieu du silence, auquel ils imposèrent le nom d'Harpocrates. » Maury, *Hist. des religions de la Grèce antique*, III, 294. Cf. Diod. Sic., I, 25 ; Varron, *De l. lat.*, V, 57 ; Ov., *Mét.*, IX, 691 ; Plut., *Isis*, LXVIII ; Auson., *Epist.*, XXV, 27. — *Angerone*, déesse des Romains, sur laquelle on n'a que des indications rares et obscures. « Le 12 des calendes de janvier, dit Macrobe, *Sat.*, I, 10, c'est la fête de la déesse Angeronia à laquelle les pontifes sacrifient dans le Temple de Volupia. V. Flaccus fait venir son nom Angeronia de ce qu'elle délivre des angoisses (*angores*) et des inquiétudes de l'âme ceux qui se la rendent propice. Masurius ajoute que la statue de cette déesse est placée sur l'autel de Volupia, la bouche liée et scellée, parce que ceux qui dissimulent leurs douleurs physiques et morales parviennent, par le bénéfice de la patience, à une grande félicité. J. Modestus dit qu'on sacrifie à cette divinité, parce que le peuple romain fut délivré, par un vœu qu'il lui adressa, de la maladie appelée angine. »

CELT. Je ne trouveray pas ceste façon de faire si estrange, puis que j'en suis adverti : mais j'auray grand' peine à m'y accommoder. PHIL. Je sçaves bien que j'aves encore quelque chouse à vous dire à propos du baiser : mais je n'ay peu m'en souvenir jusques à maintenant. C'est que le Baise-main est fort commun en France, non pas de faict, mais de parole. Car, quand on prend congé de quelcun, c'est l'ordinaire de dire *Je vous baise la main :* ou, *Je baise la main de vostre seigneurie*, pour sentir doublement son italianisme. Et ceci a commencé des long temps. car je voy que mesmement Joachim Du bellay en la fin de l'epistre dedicatoire qu'il met devant son traité intitulé La defense et illustration de la langue Françoise, dit au cardinal Du bellay, *Reçoy donc avec ceste accoustumee bonté les premiers fruicts, ou, pour mieux dire, les premieres fleurs du primtemps de celuy qui en toute reverence et humilité baise les mains de ta R. S.* CELT. Il use ici du pluriel, et non pas du singulier : n'est-ce point pource qu'il parle à un cardinal ? PHILAU. Je croy que non. mais depuis on a trouvé le singulier plus plaisant. Et au commencement on n'uset pas de ceste façon de parler qu'à l'endret des bien grans. CELTO. Si donc aujourd'huy je me veux accommoder, il me faudra dire, Je vous baise la main, plustost que, Je vous baise les mains. PHIL. Cela est certain. CELT. Je ne mespriseray pas un de vos advertissemens : (desquels je vous remercie) mais me souviendray de ce que dit

Ovide[1], *Sed quæ non prosunt singula, multa juvant.* PHIL. J'oublies à vous dire qu'on a appliqué ces termes de *Baiser la main*, encores à autre usage. de sorte qu'on dit communément, Je vous baise la main, pour dire, Je vous remercie. comme aussi hier je vous alleguay un exemple d'une dame, si j'ay bonne memoire. CELT. Il me faloit donc dire naguere que je vous baisois la main de vos advertissemens : au lieu de dire que je vous remerciois. PHIL. Ouy, il falet, et faudret ainsi parler pour user du bon langage courtisan, le plus sublin. CELT. Je vous baise donc la main, monsieur Philausone, de tant de bons enseignemens que vous me donnez. PHIL. Mais vous ne pouvez parler ainsi sans rire. CELT. Il me seroit impossible pour le commancement de me garder de rire : non plus que si je voulois jouer une farce. mais j'espererois bien me pouvoir façonner. PHI. Il falet dire, Me pouvoir accommoder. Ne vous souvient-il desja plus de ce mot, qui a esté tant de fois repeté ? CELT. Vrayement j'ay tort d'avoir failli ici, car c'est un des premiers et principaux points de ma leçon : et tantost je vous ay monstré par experience la bonne souvenance que j'en avois. PHIL. Je vous respondray comme on me diset au college, *Prima gratis, secunda solvet.* CELT. Au mien on n'estoit pas si rigoureux. car on disoit, *Prima gratis, secunda debet, tertia solvet.* PHIL. Si est ce que vous en passerez par là : et

---

[1] Ovide, *Rem. Amor.*, v. 420.

notez que pour punition je vous feray dire trois fois tout de suite, non pas, Je vous baise la main, monsieur Philausone : mais *Je vous baise l'escarpe.* Car plusieurs disent ainsi aujourdhuy, parlans aussi incorrectement que sottement et flateusement. CELT. Tant plus grande me sera ceste punition. mais pour le moins vous me permettrez de dire *la scarpe*, au lieu de *l'escarpe.* PHIL. Non feray. estudiez bien vostre leçon si vous voulez : c'est le seul moyen de vous oster de ce danger. CELT. Je ne sçay quand je verray la fin de ceste leçon : je crain qu'il n'y ait tousjours quelque interruption, ou par vous, ou par moy. Car encore maintenant, avant que vous retourniez au poinct sur lequel vous estiez demeuré, j'ay deux questions à vous faire, touchant les choses où vous m'avez donné occasion de penser. Car quand vous avez parlé de ce geste, que j'ay dit estre semblable à celuy de Harpocrates et de la deesse Angerone, je me suis advisé de vous demander si les François n'italianisoyent point quant aux gestes aussi. comme (pour exemple) s'il faut faire signe de la main à quelcun qu'il vienne à nous, vous sçavez que les Italiens ne font pas ainsi de la main : mais la tiennent ainsi. Est ce pas ainsi qu'ils font ? PHIL. Il me souvient leur avoir veu faire ainsi : toutesfois je ne sçay pas s'ils usent point aussi de l'autre façon qui est semblable à la nostre. CELT. Et les François italianizent-ils en ce geste, ou en quelque autre ? car je vous ay parlé du premier qui m'est venu en memoire, pour exemple seulement. PHIL. Je vous confesseray n'avoir autrement pris garde aux gestes : seulement ay-je souvenance de ce que je vous vay dire : c'est que plusieurs s'accommodent à la mine Italienne, de laquelle on use en ce pays là quand on veut signifier qu'on ne sçait rien de ce qu'on demande, et qu'on n'y peut faire response : et, pour dire briefvement, la mine qui signifie, Je n'en sçay rien. CELT. Estant à Padoue : j'avois une hostesse aussi vieille (ou à peu pres) que la croix des Carmes[1], à Paris : laquelle me faisoit enrager de ceste mine, toutes les fois que je luy demandois quelle heure il estoit. Car au lieu de me respondre, *Non so*, ou *Non vi so dir*, elle me faisoit ceste mine. Et toutesfois en la faisant, elle estoit doublement hideuse. car elle l'estoit desja sans cela, pource qu'elle s'estoit beaucoup fardee en sa jeunesse : (et je croy que vous avez pris garde là qu'il s'en faut bien qu'on voye des vieilles avoir encore les faces telles que les ont nos Françoises : ce que j'impute au fard) tellement

---

[1] *Aussi vieille que la croix des Carmes.* Cette croix est appelée *crux Haymonis* dans les lettres-patentes octroyées par Philippe V, à Montargis, en déc. 1317, aux Carmes qui « avoient remonstré au roi de France deux incommoditez qu'ils soutenoient au lieu de leur demeure : l'une le desbordement de la rivière de Seine qui s'estendoit en hyver jusques à leur porte, tellement qu'ils ne pouvoient entrer ou sortir de leur maison sans basteau. Et l'autre qu'ils estoient trop esloignez de l'Université et par conséquent privez des leçons, disputes et compagnie des gens doctes ». Du Breul, *le Théâtre des antiq. de Paris*, p. 428. Le marché des Carmes, rue des Noyers, occupe l'emplacement du couvent.

que je ne luy osois plus demander cela, de peur qu'elle me fist peur. PHIL. Ils ne font pas ceste mine si despiteusement laide que la faiset ceste hostesse, mais entre deux. CELT. Et quant à gesticuler en faisant des exclamations et admirations, ne s'y accommodent-ils point? PHIL. Non pas beaucoup. car les Frances ne sont pas gesticulateurs de nature, et n'aiment les gesticulations. CELT. Voyla quant à l'une de mes questions. L'autre est quant à une autre chose, à laquelle vous m'avez faict penser quand vous avez dict qu'on s'accommodoit d'une certaine façon de baiser en une espece de danse. Car alors j'ay pensé qu'il y auroit bien du remuement de mesnage quant aux danses aussi, et quant à tout ce qui les concerne : mais notamment quant aux noms. PHIL. Je vous di bien autre chouse, que maintenant on ne parle plus en France de danser. CELT. Vous me faites bien esbahir. car je pensois qu'on en parlast plus que jamais. PHIL. On n'en parle plus, vous di-je. CELT. Si on n'y parle plus aucunement de danse, aussi le proverbe ancien n'y est plus, *Apres la panse, vient la danse*, qui est toutesfois confermé par Ciceron, *Nemo ferè saltat sobrius, nisi fortè insanit*. PHIL. La consequence n'est pas bonne. CELT. Je me doute bien à ceste heure que vous voulez dire : c'est que ce qu'on appeloit Danser, on l'appelle maintenant. *Baler*[1]. PHIL. Vous y estes. CELT. Si est

---

[1] *Baler*, voy. I, 269.

ce que vousmesmes avez tantost usé de ce mot quand vous avez dict ce que je vien de vous ramentevoir. et mesmement avez depuis adjousté que ceste danse où il y avoit une certaine façon de baiser (que vous deviez plustost nommer une certaine accommodation de baiser) estoit appelee Le branle du bouquet. PHIL. J'ay usé du nom qui estet de votre temps, pour me faire entendre de vous. Au reste, si vous avez envie que j'acheve vostre leçon, ne me mettez pas maintenant sur ce propos. car il me faudret pres d'une heure à vous dire les noms seulement. CELT. Au moins dite m'en quelques-uns en passant. Ne parle lon plus du branle de Poitou? du branle de Champagne? du branle de Bourgogne? PHIL. Ce seret parler des neges d'antan. CELT. N'ont ils retenu non plus les noms des autres danses? PHIL. Ils en ont retenu bieu peu. et, pour vous dire la verité, je n'y ay jamais pris garde de pres. Mais il me semble avoir ouy parler d'une Phissane[1] et d'une Courante : et d'une qu'on nommet La Tinton[2] : aussi d'une qui a un certain nom par laquelle on peut presumer qu'elle soit venue de Canarie. CELT. Mon Dieu, depuis que je suis parti seroit-il bien

[1] *Phissane.* Tour de bateleur, espèce de danse licencieuse, voy. Cotgrave.
[2] *Tinton.* Masculin dans Cotgrave, refrain, tintement, genre de danse. « Bruit : « ils commencerent à faire une feste tres merveilleuse, mais grand tinton y avoit, sans noyse, d'oreille en oreille. *Perceforest*, v. IV, f. 65. » Lacurne.

possible qu'ils fussent allez jusques aux terres neufves cercher des danses ? PHIL. Vous oyez ce que je vous en di : et je vous en di ce que j'en sçay : ne vous contentez vous pas ? CELT. Ouy : et afin que ne pensiez (suivant ce que vous avez dict tantost) que je vueille faire l'eschole buissonniere, je suis pres d'ouir le reste de ma leçon, s'il vous plaist la poursuyvre.

PHIL. Je ne demande pas mieux qu'estre au bout de ceste leçon. jamais curé ayant bien faim n'eust si grand desir d'achever son prone, que j'ay d'achever ceste leçon. mais il n'est possible d'en voir la fin si nous faisons tant d'interruptions. CELT. Il n'en faut plus faire. PHIL. Or-ça, vous voulez que je vous die de quels mots encore j'ay souvenance qu'on ait changé l'usage. Dite moy donc, si, avant que vous partissiez de France, on usoit de ce mot *Creature*, comme on en use aujourd'huy. car notez qu'on dit, *Un tel est creature d'un tel seigneur*, quand on veut donner à entendre qu'il a esté avancé en biens et honneurs par un tel seigneur : pour le moins, qu'il est parvenu par le moyen de luy et par la faveur. CELT. J'attendois tousjours quand vous viendriez à ceste nouvelle signification que vous m'aviez promis m'apprendre. Or je vous respon que je n'ay aucune souvenance de l'avoir ouy dire pour signifier cela. PHIL. Je croires aisément qu'alors il n'y avet que certains Romipetes qui en usassent ainsi : mais maintenant c'est un mot que tous les courtisans ont à la bouche. CELT.

Pourquoy dites vous que vous croiriez facilement qu'alors il n'y avoit que certains Romipetes qui en usassent? PHIL. Pource que ce mot a esté premierement dict à Romme des Cardinaux : l'un estre creature d'un tel Pape, l'autre d'un tel. CELT. Quels autres mots m'apprendrez vous encore? PHIL. Je vous apprendray ce mot *Faveur*[1]. CELT. Comment? me voulez vous donner Faveur pour un mot nouveau? PHIL. Ouy bien, en l'usage auquel il est maintenant appliqué : qui est, qu'une bague, un cordon, une écharpe, un ruban, voire jusques à une aiguillette, estant donnee par une dame ou damoiselle à un gentilhomme en signe d'amitié et pour souvenance, est appelee Une faveur : et la coustume quasi de tous est de porter ceste faveur sur soy, et en monstre : ou au doigt, ou

---

[1] *Faveur.*
Desquels chacune a voulu recevoir
Une faveur qu'elle fait apparoistre
Afin que mieux on la puisse congnoistre.
St-Gelais, éd. de 1719, p. 16.

Lacurne donne encore des exemples de Desportes et de Bassompierre. « On appelait autrefois faveurs, dit Voltaire, des rubans, des gants, des boucles, des nœuds d'épée donnés par une dame. » *Dict. ph.*, Faveur. Le roman de *Perceforest*, vol. I, fol. 155, se sert du mot *joyau*; Henri IV, de celui d'*enseigne* ; le duc d'Orléans, 1632, de *marques de chevalerie*. On lit dans le Moine de St-Denys, trad. par Le Laboureur, qu'au tournoi du roi de Sicile, en 1388, les dames tirèrent de leur sein diverses livrées de rubans et de galends de soye pour récompenser la valeur des champions. « Le seigneur de Ternant, dit Olivier de la Marche, *Mém.*, l. I, ch. 14, chargea pour *emprise* une manchette de dame faicte d'un délié volet moult gentement brodé. » 1445. Le comte d'Essex, selon Noël, *Dict. ét.*, portait à son chapeau un gant de la reine Elisabeth, qu'il appelait *faveur de la reine*.

au chappeau, ou pendue au col, ou attachee à la manche : selon ce que c'est. CELT. Vrayement je n'eusse eu garde d'entendre quelle faveur c'estoit qui se portoit ainsi en monstre et en parade. PHIL. Il-y-a aussi le mot *Discretion*[1], duquel on use encores autrement que de vostre temps. CELT. Comment ? PHIL. C'est qu'on dit Voulez vous jouer une discretion ? ou Voulez vous gager une discretion ? pource qu'on ne spécifie rien, mais on remet à la discretion de celuy qui perdra ce qu'il devra donner. CELT. Vous me faites souvenir de ce qu'on disoit autrefois *Vivre à discretion*, en parlant des gendarmes qui vivoyent sur le bonhomme sans payer. Car je croy qu'au commencement on disoit Vivre à discretion, pource qu'ils ne vivoyent pas du tout aux despens du bon homme, mais payoyent : toutesfois non pas ce qu'on eust bien voulu, ains seulement selon leur discretion. Mais encore que la façon de faire fust changee, on ne laissoit de retenir la mesme façon de parler. Or adjoustez (s'il vous plaist) les autres mots dont vous avez memoire. PHIL. Il ne m'en reste que deux que je vous puisse fournir : qui sont correlatifs, *Serviteur et Maistresse*. CELT. Use lon de ces mots en quelque autre façon qu'on ne souloit avant que je partisse de France ? PHIL. Je ne sçay pas si des

---

[1] *Discretion*. Littré ne cite qu'un exemple des *Mémoires de Mlle de Montpensier*. Il pouvait ajouter A. de Musset, *Un Caprice*, sc. VIII. « C'est un moyen de faire un present déguisé à une femme, dit Furetière, de jouer contre elle une discretion. »

lors on en uset en la mesme sorte qu'aujourdhuy : mais pour le moins on peut bien dire qu'ils n'estoyent pas ordinaires comme ils sont. Car aujourdhuy *Maistresse*[1] est celle à qui on fait l'amour pour mariage, soit de faict, soit d'apparence : et *Serviteur*[2] est celuy qui le luy fait. Il-y-a aussi *Service* qui a grand vogue. car on dit *Presenter son service à une fille,* quand on la veut avoir pour maistresse : et si on luy peut faire dire qu'elle accepte ce service, on a un grand

---

[1] *Maistresse.* « Le mot de maistresse, ainsi qu'il se prend par ceux qui font l'amour, ha convenance avec le latin et non avec le grec. Car les poetes latins (et principalement elegiaques) sont pleins de ce mot *domina* en ceste signification ; mais les Grecs ont esté en cest endroist mieux conseillez que nous et que les Latins, de ne se vouloir dire valets des femmes, pour plusieurs bons respects et mesmement de peur d'enfler le cueur à celles qui l'auroyent desja assez gros de nature. Ils ont dict donc aux femmes ἐρωμένη et φίλη, tant qu'elles ont voulu, mais de leur dire δέσποινα ou δεσπότις, ils s'en sont bien gardez. » *Conf.* p. 92. « Ce mot, dit Lacurne, dans les listes des acteurs des pièces de P. Corneille, est affecté particulièrement à celle qui étant aimée, aime aussi celui qui l'aime ; les autres qui sont aimées sans retour étant dites seulement *aimées.* Le mot de maîtresse, du temps de Saintré, n'était point en usage sous cette acception. Brantôme, *Dames.* » Dans Saintré on dit : dame par amours. On voit le mieux ce qui en est pour Corneille dans la liste de la *Suivante :* Clarimond est amoureux de Daphnis ; Florame est son amant ; Daphnis est maîtresse de Florame, aimée de Clarimond et de Théante. En somme, la maîtresse est la fiancée. Voy. Molière, *l'Avare,* III, 1.

[2] *Serviteur.* « Je compren leurs amoureux qu'on appelle maintenant serviteurs. » *Apol.*, I, 122. « Le seigneur d'Estrée, guidon de monseigneur de Vendome, avoit esté serviteur de la sœur du seigneur de Fonquesoles. » *Mém.* de Du Bellay, liv. II, f. 64. Cf. Montaigne, liv. I, ch. 33.

avantage sur elle. mais celles qui sont bien apprises, et ont leur honneur en recommandation, se gardent bien d'ainsi respondre. CELT. Comment respondent elles ? PHIL. Je ne suis pas leur secretaire. CELT. Non pas ordinairement : mais bien quelquesfois. PHIL. Vous voulez dire que je le suis par faute d'autre. CELT. Ains qu'elles s'estiment bien heureuses quand elles en peuvent avoir un si suffisant. Mais vous voulez estre prié par moy maintenant, comme vous avez accoustumé d'estre prié par elles. PHIL. Je vous diray bien que j'ay ouy respondre à quelques-unes : m'asseurant toutesfois qu'il y en a qui font des responses encores plus gentiles. CELT. Il me suffira d'ouir celles que vous me direz. PHIL. Il me souvient qu'une diset, Je vous remercie de l'honneur que vous me faites, sans accepter le service. Et avoir ouy dire à une autre, plus briefvement, J'accepte l'honneur que vous me faites, non autre chouse. A une autre, Je vous remercie de vostre bonne volonté, vous priant de garder l'effect pour une autre. Il me souvient aussi d'une qui diset, Je vous remercie de l'honneur que vous me faites, vous priant de garder le service pour une autre. J'ay memoire aussi d'une qui diset, Je vous remercie de l'honneur que vous me presentez, n'acceptant celuy que vous me voulez faire. Et quant à celles qui craignent estre estimees accepter l'honneur mesmement, j'en ouy une fois une qui uset de ceste response, Je vous remercie bien-fort de l'honneur que vous m'offrez, estant marrie de ne le pouvoir accepter. Une y ala plus rudement, sans user de remerciement. car elle dit, L'honneur qu'il vous plaist me presenter, vous le pourrez employer mieux ailleurs. ce que je vous prie de faire. CELT. Vous niez avoir esté leur secretaire : mais l'effect semble monstrer le contraire. Vous avez oublié seulement à me dire comment disent ceux qui veulent italianizer, au lieu de dire Maistresse. PHIL. Ils disent *La signore.* CELT. Or dite-moy, monsieur Philausone, avez vous trouvé que les Latins, ainsi qu'ils disoyent *domina* d'une à laquelle ils faisoyent l'amour : aussi usassent du mot de *servus*, parlans de soy, ou bien de *famulus?* PHIL. Il ne me souvient d'aucuns exemples de ceste réciprocation : et ce qui m'en fait plus esbahir, c'est que je sçay qu'ils usent de *Servitium* reciproquement. CELT. Et toutesfois puisque les Latins ont usé ainsi de *domina* et de *servitium*, nous pouvons dire pour le moins que nous ne sommes pas les premiers qui avons protesté d'accepter ceste servitude. Et me semble qu'encore que les Latins n'usent pas du mot correlatif qui respond au nostre Serviteur, pour cela ils ne peuvent dire qu'ils se soyent abbaissez moins que nous. PHIL. Vous ne parlez que des Latins : et les Grecs quoy ? ont ils tenu bon ? CELT. Je ne pense point avoir trouvé leur *Despotis* ou leur *Despoina* appliqué à tel usage : principalement quant aux anciens. Je ne sçay pas si on le trouveroit point en quelque epigramme de ceux qui doyvent estre appelez plustost modernes qu'anciens. PHIL. Peut estre que vous l'avez trouvé es anciens mesmement, mais il ne vous en souvient pas. CELT. Pour le moins j'asseureroy que si on le trouve, c'est fort rarement. Et se pourroit bien faire qu'ils portoyent quelque reverence à ces mots, pource qu'ils en honnoroyent les deesses : (et j'en sçay des exemples, quant à *Despoina*) comme les leur voulans reserver. PHIL. Ceci se pourret trouver avoir apparence. CELT. Mais avant que quitter ceste matiere, je vous veux demander si on met pas tousjours la difference entre *Faire service* et *Faire plaisir*, qu'on souloit mettre. Laquelle renversoit bien celui qui disoit à un personnage auquel il estoit grandement inferieur, Monsieur, s'il vous plaist me faire ce service, je vous feray quelque plaisir en recompense. PHIL. On n'y regarde pas de si pres qu'on soulet. car souvent on dit à celuy qui est de beaucoup inférieur, Je vous feray service. CELT. On souloit aussi mettre à la fin des lettres, *Vostre ami et serviteur*, quand on n'escrivoit point à un qui fust de beaucoup plus grande qualité. car alors on ne mettoit que Serviteur, ou Treshumble et affectionné serviteur. PHIL. Pour le present, au lieu d'escrire, Ami et serviteur, on escrit plus volontiers *Vostre serviable ami :* ou, *Vostre ami à vous faire service :* ou bien, *prest à vous faire service*. On escrit aussi en plusieurs autres manieres. Que si je voules vous dire (à propos de ceci) le changement qui est en la façon des missives depuis que vous estes parti, il faudret bien une leçon à part pour cela seulement : voire une leçon bien longue. CELT. Ce changement est-il si grand ? PHIL. Ouy. car aucuns mettent à la teste ce qu'ils mettoyent aux pieds, et reciproquement aussi. CELT. Ainsi il n'y auroit pas seulement du changement, mais du renversement. PHIL. Vous appellerez cela comme il vous plaira : tant y a qu'il en va ainsi. Et quant au reste, plusieurs escrivent leurs missives plus laconiquement qu'on n'escrivet de vostre temps, mais aussi plus folastrement. Mais pour retourner à ce mot Serviteur, sçachez que jamais il ne trotta tant de vostre temps qu'il trotte maintenant : mais alors il sortet bien plus souvent du cueur, et non seulement de la bouche. Encore trotteret-il bien d'avantage si *Esclave* ne luy ostet sa place. CELT. Comment Esclave ? en vient-on jusque là ? PHIL. Quand vous aurez esté à la cour, vous ne me demanderez pas cela. Vray est qu'on dit plus volontiers *Schiave*[1], en italianizant : et *Schiave de vostre seigneurie*, quand on luy veut bien donner la sausse. CELT. Mais *Schiave* en Italien est feminin, non masculin, et pluriel, non singulier : tellement qu'il signifie des femmes esclaves. PHIL. C'est tout un. car quand ces messieurs disent *Schiave de vostre seigneurie*, il faut faire son comte qu'on oit un mot

---

[1] *Schiave*. Brantôme a esclavitude, IV, 193. Selon Vaugelas, Malherbe disait et écrivait toujours esclavitude, qui ne se trouve pas dans le lexique Regnier.

qui est à demi Frances, à demi Italien : ou plustost, ni Frances, ni Italien. CELT. Mais peuvent-ils bien parler ainsi sans rire ? PHIL. Quand ils veulent rire, ils parlent volontiers plus hyperboliquement. car ils disent, *Schiave des schiaves de vostre seigneurie.* CELT. Vrayment ce trait est hyperboliquement hyperbolique en flatterie : et n'est guère moins hyperbolique en sottise. PHIL. Aussi (pour vous dire la verité) il est rare : mais ceste proteste est assez commune, *Monsieur, je me sentiray bien heureux quand il vous plaira m'honorer de vos commandemens.* Et ceste-ci n'est pas moins frequente, *Monsieur, je m'estimeres bien-heureux de pouvoir mourir à vos pieds en vous faisant treshumble service.* ou bien, *en m'aquittant de la devotion que j'ay à vostre service.* Voire il y en a qui n'ont point honte de parler ainsi, *Monsieur, je vous prie faire estat de moy comme de celuy des biens duquel, du corps et de l'ame, vous pouvez disposer.* Mais aucuns disans la mesme chouse, usent d'autres paroles. CELT. Voyla d'estranges protestes : au moins devroyent ils reserver leur ame à Dieu. PHIL. J'en sçay qui sont encore plus estranges. CELT. Je vous prie ne me les dire point, car il me fasche fort de voir que nous degenerions ainsi. PHIL. Je suis joyeux de ce que vous m'imposez silence. CELT. Ce n'est pas quant à la continuation de ma leçon. PHIL. Quant à ce qui reste, je vous en feray un petit memoire, à mesure qu'il m'en souviendra. Toutesfois je m'avise d'une chouse que je pourray adjouster des maintenant. c'est qu'il y a quelques mots qui sont demeurez en leur usage, ormis qu'on use du pluriel au lieu du singulier : ou du singulier au lieu du pluriel. Pour exemple, on diset, en usant du nombre singulier, En quel lieu Madame fera-elle sa couche ? maintenant il faut dire (pour monstrer qu'on parle d'une où il y a quelque grandeur, ou pour le moins à laquelle on veut attribuer quelque grandeur) *En quel lieu madame fera elle ses couches* [1] ? CELT. Quelle raison y a il en ceste façon de parler ? sinon qu'on parle d'une qu'on pense devoir accoucher de deux ou trois enfans : et que comme par un bon augure on face mention de couches ? car quelcun qui seroit un peu speculatif, pourroit dire que pour chacun des enfans une couche n'est pas trop. Il est vray que d'ailleurs on me pourra repliquer, que par mesme raison il faudroit dire Les grossesses de madame, non pas La grossesse : quand on pense qu'elle soit grosse de deux. PHIL. On n'a point cest esgard que vous dites : mais on dit purement et simplement, Les couches de madame, au lieu de dire La couche. Et pareillement, au lieu qu'on diset il n'y a pas long temps,

---

[1] *Couches*. Noël dit : « quant à ce mot pris pour le temps pendant lequel les femmes demeurent au lit à cause de l'enfantement, il y a longtemps qu'il ne s'emploie qu'au pluriel. » Littré dit : « on dit également couche au singulier et au pluriel. » Il ne donne un exemple que du pluriel, Montaigne, l. II, c. 12. « On disoit être en couche pour être alité, *Vig. de Charles VII*, t. II, p. 129. » Lacurne. Godefroy ne donne que couchement, *Graal*, Richel., 24394, f. 9^d.

Vostre bonne grace, maintenant on dit en pluriel, *Vos bonnes graces*. Mais quant à ceci, il n'y faudret pas faillir, si vous ne vouliez faire une grande incongruité. Et notez que depuis quelque temps est venue une coustume de dire aussi, quand on boit à quelcun, Je salueray vos bonnes graces : ou, En saluant vos bonnes graces. CELT. Si on usoit du singulier, non pas du pluriel, je ne trouverois pas ceste façon de parler mauvaise. car de dire, Je vous porte ce verre de vin : aussi, Je vous feray raison, au lieu de dire Je vous plegeray (car en retournant de mon voyage, j'ay ouy user de ces deux façons de parler en quelques lieux) je trouve que ce soit trop alemanizer : et aimerois autant avouer pour François Trinquer, et Faire brindes. PHIL. Je ne dispute point de cela : je di seulement qu'il faut dire Vos bonnes graces, non pas Vostre bonne grace. CELT. Mais ce mot de Graces a sa place ailleurs : et principalement quand on dit, Dieu l'a doué de beaucoup de graces. PHIL. Il ne faut point alleguer de Mais : il en faut passer par là. Car si vous failliez à user de ce mot ainsi que je vous di, il y auret plus de danger d'estre tenu pour un lourdaut, que si vous vous estiez oublié en plusieurs des autres dont nous avons parlé. CELT. Mais toutes personnes indifferemment à la cour ont elles des bonnes graces ? PHIL. Laissons ceste question : tant y a qu'à toute personne, à laquelle vous eussiez dict le temps passé, Vostre bonne grace, il faut dire maintenant, Vos bonnes graces. Et puis ce n'est pas tout. car il y a de certaines elegances en l'accommodation de ces mots. dont veci un exemple, *Je desireres infiniment avoir un petit coin au cabinet de vos bonnes graces.* CELT. C'est bien pindarizer à bon escient. PHIL. Je vous di qu'ainsi parler ce n'est pas seulement pindarizer, mais c'est pindariquement dithyrambizer. ce que vous n'eussiez pas attendu des courtisans. CELT. Je vous confesse que voyla des traits vrayement dithyrambiques : mais ils sont trop beaux pour s'en servir tous les jours : il semble qu'il les faudroit reserver pour les dimanches et les bonnes festes. PHIL. Monsieur Celtophile, vous parlez tellement de nos beaux traits, que ce-pendant vous usez d'un petit trait de moquerie. CELT. Pourquoy dites vous Nos beaux traits ? PHIL. Pource que ce sont traits dont usent les courtisans, du nombre desquels je suis. CELT. Je vous estime plus sage que de parler ainsi, si ce n'est quand vous voulez faire rire vos auditeurs. Car ce langage est par trop affecté, et tel qu'on le peut bien aussi appeler affetté. PHIL. Vous orrez donc souvent en la cour du langage que vous jugerez estre affecté et affetté. CELT. Peut estre que mon jugement se trouvera bon, et qu'il ne se faudra esbahir si ce langage est affetté, sortant de langues affettees. PHIL. J'ay grand peur que vous n'en disiez autant des façons de parler nouvelles, dont usent nos poetes d'aujourd'huy, et non pas eux seulement, mais plusieurs de ceux mesmes qui escrivent en prose.

Car ils appliquent plusieurs figures en des lieux où on n'avet pas accoustumé les appliquer, et specialement des metaphores qui sont fort hardies, voire aucunes que vous oseriez appeler enragees. CELT. M'en pourriez vous amener quelques exemples ? PHIL. Dites vous de ces enragees ? CELT. Ou pour le moins de celles qui sont fort hardies. PHIL. Je n'ay mis en memoire qu'aucuns traits qui m'ont semblé avoir du garbe : et principalement de ceux où il-y a quelque belle metaphore ou allegorie. Du nombre desquels est cestuy-ci, *Estant emporté en poste par le vent de son ambition.* Orça, qu'en diriez vous ? CELT. Je dirois que ceste metaphore est belle : mais qu'il ne faloit pas adjouster En poste : d'autant qu'on n'a pas besoin d'avoir bon vent pour courir la poste, mais d'avoir un bon cheval : sinon qu'on se vousist aider de tous les deux comme le Venitien[1], qui ayant un cheval restif, et voyant qu'il reculoit tousjours, à la fin s'estant apperceu (par son mouchoir qu'il estendit) qu'il alloit contre le vent, descendit, et confessa que son cheval avoit raison de reculer puisque le vent estet contraire. PHIL. Ce venitien pensoit estre in gondola : et

---

3 *Le Vénitien.* Cf. *Apol.*, I, 45, 63. Voy. aussi Pogge' notre éd., p. 103 ; *le Facétieux Réveil-Matin*, p. 106, et *le Menagiana*, II, 282. Les habitans amphibies de Venise ne passaient pas pour d'habiles écuyers. « Murano renferme une curiosité qu'on nous fit voir avec un certain orgueil, un cheval, animal plus chimérique à Venise que la licorne, le griffon, les coquecigrues, les boucs volants et les cauchemars. Richard III y crierait en vain : Mon royaume pour un cheval. » Th. Gautier, *Italia*, 1855.

songeoit à Sta-li, et à Premi. Mais quant à l'exemple que vous avez proposé, il me semble que vous espluchez les chouses trop par le menu. Escoutez un autre beau trait, à mon jugement, *Il devoroit desja les trois couronnes papales par une sotte esperance.* quoy ? le trouvez vous pas tel ? CELT. Ceste metaphore est belle en Latin : mais je doute si on la trouvera d'aussi bonne grace en François. PHIL. Vous estes trop difficile. Orsus, que dites vous de ce langage ? *Ils ne vivent que de la moelle qu'ils ont tiree de nos povres os, et du sang qu'ils ont succé de nos veines.* CELT. Je diray que ces façons de parler sont trop tragiques pour une prose. PHIL. Il me faut ouir vostre jugement touchant ce trait aussi, *La jeunesse se laisse transporter plus loing que la raison ne prend sa carriere.* CELT. Mon opinion est que ce langage ne coule pas bien : et qu'on pouvoit user de la mesme metaphore avec meilleure grace, en disant la mesme chose en moins de paroles et autrement couchees. PHIL. Vous me ferez dire à la fin que vous estes trop malaisé à contenter. Toutesfois je vous veux essayer devant en quelques autres : commançant par cestuy-ci, *Je me pris à fantasier en mon lict, et mouvoir la roue de ma memoire.* CELT. Un autre, je vous prie : car vous pouvez bien desja penser que je diray de cestuy-ci. PHIL. Veci donc un autre, *Son honneur n'est poinct subject à finer par le fil des annees.* CELT. Un autre. car cestuy-ci est cousin germain du precedent : et vous me confesserez pour le moins qu'ils sentent trop leur poesie. PHIL. Orsus, je vous vay faire present d'un qui est fort beau, *Cela sera pour me faire entrer au paradis de mes desirs.* CELT. Je vous prie de reprendre vostre present : il sera mieux employé à quelque autre. PHIL. Vous estes un rigoreux critique : jamais Aristarque ne fut si mal-aisé à contenter. Que trouvez vous à redire en ceste façon de parler ? CELT. Je trouve que parler ainsi, c'est profaner le mot Paradis. PHIL. Si est-ce que ce mot s'applique bien souvent à telles chouses : car vous orrez dire souvent, C'est leur paradis : pour signifier, C'est le lieu auquel ils s'aiment mieux : mesmement on le dira des jeunes gens allans en quelque lieu où il y a une compagnie de dames. CELT. Ceci pareillement, c'est profaner le mot de Paradis. PHIL. Que diriez vous donc de ceux qui disent, en parlant d'un lieu où les chevaux sont bien traictez, et entre autres chouses ont la paille jusqu'au ventre, C'est le paradis des chevaux [1] ? CELT. Que doy-je dire, sinon qu'il y a ici double profanation ? ou bien, que c'est une profana-

---

[1] *Le paradis des chevaux.* On connaît le proverbe : Paris est le paradis des femmes, le purgatoire des hommes et l'enfer des chevaux. « Cette triade proverbiale, dit Quitard, était autrefois d'une vérité plus incontestable qu'aujourd'hui, surtout à l'égard des femmes, parce que la coutume de Paris, plus favorable pour elles que toutes les autres coutumes du royaume, n'admettait point qu'elles fussent battues comme ailleurs et ne prononçait point de peines sévères contre la violation de la foi conjugale. »

...Il demeure à Paris,
Qui des femmes, dit-on, est le vrai paradis.
Corneille, Suite du *Ment.*, II, 1.

tion qui surpasse d'autant les deux autres que la beste brute est inferieure à la creature qui est formee à l'image de Dieu ? PHIL. Si est-ce que tel parle ainsi qui ne pense pas à mal. CELT. Cela peut estre : mais je ne puis croire que les inventeurs de telles manieres de parler, n'ayent pensé à mal, voire bien avant. PHIL. Si vous estes si scrupuleux, vous orrez beaucoup d'autres façons de parler qui vous offenseront. car maintenant on use de ce mot *Divinement*[1] à tous propos, jusques à dire, non pas seulement, Il parle divinement bien, Il lit divinement bien, Il escrit divinement bien, (au lieu que on soulet dire, Il escrit comme un ange) Il chante divinement bien : mais aussi, Il joue du lut divinement bien, Il bale divinement bien. Et quelques uns se contentent de dire Divinement, sans adjouster Bien. On dira aussi, Vela une viande divinement bonne, Vela du vin divinement bon. Voire me souvient-il d'avoir ouy dire, C'est un divinement bon cheval. Que dites vous de ceux qui parlent ainsi ? CELT. Qu'ils profanent ce mot Divinement, et par consequent sont coulpables du crime de lese majesté : j'enten (comme vous pouvez bien penser) majesté divine. PHIL. Peut estre que vous reprendriez tel courtisan de ceste

---

[1] *Divinement*. « L'usage en a prévalu malgré cet anathème ou pédantisme qui dénonce comme profanation les hyperboles les plus naturelles à l'homme. » Littré. Nous répeterons ce que nous avons dit, I, 138 : « ce sont les précieux et les femmes qui ont fait le succès de ces exagérations adverbiales. »

façon de parler, qui ne se trouveret pas despouɪ veu de response. Car je veux bien que vous sçachiez qu'il y a des courtisans qui ont du sçavoir plus qu'on ne pense, et plus qu'ils n'en font le semblant : et aucuns qui estudient ordinairement, (mais en secret, de peur d'estre moquez) la plus grand' part desquels n'a autre but de ses estudes, sinon se garnir tellement de responses que pour le moins ils ne soyent contrains de se rendre du premier coup. Vela qui les fait courir par dessus plusieurs sortes de livres, et nommément par dessus la Bible. CELT. C'est dommage de ce qu'ils ne font que courir par dessus. Mais quant à la façon de parler dont il est question, je m'esbahi qu'ils pourroyent avoir trouvé en ces saincts et sacrez livres pour la défendre. PHIL. Je ne vous veux pas nier que je ne les fueillette pas souvent : mais si j'ay bonne memoire de ce que j'y ay leu autresfois, on y trouve des façons de parler par lesquelles on attribue de la divinité à ce qui est excellent. Et vous qui faites mieux vostre devoir de revisiter ces livres, pouvez penser à peu pres ce que je veux dire, et m'aider un peu. car j'en ay besoin. CELT. Je me doute bien de ce que vous voulez alleguer : c'est qu'en quelques lieux une chose est dicte estre de Dieu, quand elle est plus excellente que les autres de son espece, ou pour le moins qu'elle les surpasse en quelque sorte. Ainsi sont appelez les cedres de Dieu, qui surpassent les autres en hauteur. Et on expose semblablement Les montagnes de Dieu, en un pseaume de David. Pareillement *Spiritus Dei*, tout au commancement de Genese, a esté exposé par aucuns *magnus*. Item Ninive est appelee *civitas magna Dei*, ou *Deo*, au lieu de dire *Civitas magna valde*. On lit aussi, *Ut faciam cum eo misericordiam Dei*, pour *misericordiam maximam*, au second livre de Samuel (sinon qu'on aime mieux l'exposer *Misericordiam Deo gratam*). Et au trentieme chap. de Genese, *Luctationibus Dei luctata sum*, pour *magnis*, ou *vehementibus*: ou *præclaris*. Il y a quelques autres passages où ce mot s'entend ainsi : vray est qu'en aucuns il se peut prendre aussi autrement. comme où il est dict, *Commota est terra, ac fuit in pavore Dei*, car on peut dire, *In pavore magno*, ou *In pavore immisso à Deo*. Ainsi en est-il de ce passage, *Sopor Dei ceciderat super eos.* car on le peut exposer, *Sopor magnus, Sopor vehemens* : ou bien, *Sopor immissus à Deo.* PHIL. Vrayement vous avez faict tressuffisamment ce dont je vous pries. car vous m'avez bien aidé quant à ces allegations : d'autant que je n'aves qu'une memoire imaginaire de ces passages : et non pas de tous, mais seulement de trois. CELT. Vous pensez que je vous aye beaucoup aidé : mais vous vous abusez. car ces passages ne vous peuvent de rien servir. PHIL. Pourquoy ? CELT. Pource que l'application de ce mot *Dei* n'a rien de semblable à l'application de ce mot *Divinement* es façons de parler dont maintenant il s'agit. PHIL. Il me semble que si.

CELT. Il me semble que non. et pour sçavoir lequel de nous deux a raison, respondez moy, s'il vous plaist. Est-ce tout un de dire, *Res quæ est Dei, et res quæ est divina ?* PHIL. Ceste question est ardue pour moy : j'ay bien besoin de la ruminer. CELT. Je ne vous veux pas presser. PHIL. Je respon que *res divina* se peut prendre en deux sortes. car *divinum* quelquesfois s'oppose à *humanum :* et quelquesfois ce qui procede d'un homme, ou des hommes, est appelé neantmoins *divinum*, pour quelque excellence, par laquelle il surpasse ce qui est ordinaire aux hommes, ou aux chouses humaines. CELT. Vous pouvez bien penser que quand j'ay dict *Res quæ est divina*, je l'ay entendu en ceste seconde sorte. Or maintenant il faut considerer qu'il y a beaucoup de choses que nous pouvons dire estre de Dieu, (selon la façon de parler Hebraique,) à cause de l'excellence qui est en elles pardessus l'ordinaire : comme la gloire de Dieu resplendissant tant plus en elles que plus elles sont excellentes en leur endroit : (c'est à dire, entre les autres de mesme espece) lesquelles toutesfois nous ne pourrions pas bonnement appeler divines : de peur qu'on n'imaginast en elles quelque divinité au lieu d'avoir esgard à ce que je vien de dire. ce qui adviendroit, si (pour exemple) au lieu de dire Une montagne de Dieu, nous disions Une montagne divine : pareillement Un arbre divin, pour Un arbre de Dieu. Tellement que quand bien nous dirions par une mesme façon Une viande de

Dieu, il y auroit bien à penser si nous pourrions dire aussi Une viande divine. Et toutesfois je ne veux pas nier que quelque chose ne puisse estre appelee *res Dei*, et aussi *Res divina* : principalement quand on a esgard aux dons que Dieu donne à l'esprit. Suyvant quoy il semble que en Genese, où il est dict, *Princeps Dei es apud nos*, (quand à *Moyses homo Dei*, il y a quelque autre consideration) on pourroit aussi l'interpreter *Princeps divinus* : en exposant puis *Princeps divinus*, ou *Princeps divina quadam prudentia præditus* : ou bien resolvant cela en quelque autre sorte, selon l'exigence du passage. Car je ne pense pas que nous ne puissions dire, *Divina prudentia*, *Divina eloquentia*, (ou *Divina quædam prudentia*, *Divina quædam eloquentia*) et que si nous parlons ainsi des dons de l'esprit, l'esprit aussi ne puisse estre appelé divin. (comme les Latins aussi disoyent *Divinum ingenium*) sinon que nous aimions mieux dire, Un esprit qui a quelque chose de divin. Mesmement Platon[1] tesmoigne qu'il y avoit long temps qu'on avoit commencé à dire Uu homme divin. Or voyez vous maintenant que je ne suis pas si rigoreux que vous pensiez,

---

[1] *Platon.* « Prodicus me paraît un homme très sage ou plutôt un homme divin. » *Protagoras.* « Je tiens pour divin tout philosophe. » *Le Sophiste.* « On remarqua d'abord que la voix était infinie, soit que cette découverte vienne d'un dieu ou de quelque homme divin, comme on le raconte en Egypte d'un certain Theuth. » *Philèbe.* « Simonide était un sage, un homme divin. » *République*, liv. I.

quand je permets bien de parler ainsi. Mais regardons quelle difference il-y-a entre ces façons de parler et celles que je condamne, et prenons le cas qu'on en peust defendre quelques-unes : pour le moins faudroit-il qu'on nous confessast que c'est contre raison et contre le sens naturel d'attribuer de la divinité au jeu et aux danses : comme font ceux qui disent Il joue divinement bien, Il danse divinement bien. Et quelques-uns disent aussi, Il jase divinement bien, Il cause divinement bien. Il plaisante divinement bien, Il sçait flatter divinement bien, Il sçait dissimuler divinement bien, Il sçait mentir divinement bien, Il sçait se moquer divinement bien. Pourquoy dira on ici Divinement bien, plustost que Diaboliquement bien ? Quant à ceux qui disent Un divinement bon cheval, ou Un cheval qui va divinement bien, je pense que vous mesme, par ce qui a esté dict, leur sçaurez bien faire leur proces. PHIL. J'ay grand peur qu'en voulant faire le proces aux autres, je ne me fisse le mien. car quelques-fois m'eschappent des traits de telle qualité. Toutesfois j'ay volontiers ouy ce que vous avez remonstré touchant ceste profanation : et suis marri que la cour n'a beaucoup de semblables à vous, quant à la cognoissance de telles chouses, aussi bien que de beaucoup d'autres. CEL. Je ne doute pas que maintenant il n'y ait en la cour plusieurs desquels vous eussiez pu ouir une pareille remonstrance, ou une encore plus suffisante : mais s'il faloit parler de mon temps, je sçay bien qu'il y avoit des hommes si ignorans que non seulement ils ne sçavoient s'il faloit dire *C'est une terre de permission*, ou C'est une terre de promission, quand on vouloit louer extremement la fertilité d'un terroir (laquelle ignorance se voit encores en plusieurs, à ce que j'entendi hier de vous) mais au lieu de dire Un pseaume de David, disoyent *Un sesseaume de David* : pource qu'ils oyoyent ordinairement parler des Sept pseaumes, au lieu dequoy (comme l'oreille de chacun se sçait bien accommoder à son ignorance) ils entendoyent Sesseaumes. Et encore c'estoit grand cas quand ils estoyent si sçavans qu'ils pussent dire que David avoit faict lesdicts Sesseaumes. Car plusieurs ne sçavoyent autre chose du roy David, sinon ce qu'ils le voyoyent en peinture, jouant de la harpe. Et au reste, quand au commencement de l'un desdicts Sesseaumes on eust voulu leur faire dire *De morfondis* au lieu de dire *De profondis*, cela eust esté fort aisé. car aussi bon leur eust semblé l'un que l'autre. Bien peu de gens alors sçavoyent mettre distinction entre les livres apocryphes et les autres livres de la Bible : et quant à ce mot, ils l'accoustroyent de toutes façons : les uns disans *Les livres pogrifes*, les autres (pour le faire mieux sonner) *Les livres progrifes*. et encore s'ils n'y eussent trouvé des grifes, ils ne s'en fussent pas souvenus si bien. PHIL. Maintenant vous n'y trouverez pas une ignorance si brutale : mais quant aux profanations (s'il faut ainsi appeler toutes ces façons de parler que vous repreniez naguere) apprestez-vous à en ouir de beaucoup d'autres sortes. Et me souvient d'une notamment, qui est en un mot duquel vous avez tantost usé. CELT. En quel mot ? PHI. Au mot Creature. je ne di pas qu'il-y-en ait, ainsi que vous en avez usé, mais comme maintenant on en use quelquesfois. car au lieu qu'on ne diset qu'Une creature de Dieu, maintenant on dit aussi Il est creature d'un tel seigneur, en la signification que je vous ay dicte naguere. Comme aussi je vous ay adverti parcidevant qu'au lieu qu'on ne soulet user de ce mot Devotion, sinon quand on parlet de Dieu, à sçavoir de l'affection qu'on avet à son service : maintenant on dit aussi Estre à la devotion de quelcun. CELT. Je m'esbahi encore plus de cest autre mot Creature : et croy que le seigneur duquel ils disent que tel ou tel est la creature, ils l'oseroyent appeler Createur. PHI. Aucuns l'osent bien desja dire, Un tel seigneur est son createur. Et peut estre que ce mot, encore qu'il soit correlatif, vous semblera avoir plus de profanation. Mais dite moy, Si vous oyiez dire, Comment baptisez vous ceci (dequoy que ce soit qu'on parle) pour dire, Comment nommez-vous ceci ? diriez vous aussi qu'il y auret de la profanation en un tel langage ? CELT. En doutez vous ? PHIL. Si faudret il excepter les cloches. car vous sçavez qu'elles ont aussi leur baptesme. CELT. Ouy, entre quelques-uns : mais je ne sçay pas *per quam regulam*. PHIL. Je vous plain fort, puisque vous estes si scrupuleux. car je sçay que vous orrez des manieres de parler beaucoup pires : et une entre autres où on use du mot de *Fortune*, au lieu de nommer Dieu. Car on dit ordinairement, *La fortune voulut qu'un tel se rencontra : ou, que telle et telle chouse advint.* Ou *La fortune a voulu qu'un tel s'est rencontré, La fortune a voulu qu'il ait eu la victoire.* Ils disent aussi, *La fortune luy rit.* Et aucuns (je ne sçay si c'est pour opposer la philosophie Stoïque à la religion Christianique) font sonner fort haut, et à tous propos, *Fatal* et *Fatalité*, et *Fatalement* : et, *Une fatale destinee.* Et viennent jusques à faire un verbe *Fataliser.* Quelques uns disent aussi *Le ciel*, au lieu de dire Dieu, en certains endrets. Et nommément Joachin Du bellay en une sienne epistre[1], imprimee avec ses œuvres, (de laquelle j'ay fait mention parcidevant) en a ainsi usé, *Priant le ciel te despartir autant d'heureuse et longue vie, comme envers toy il a esté liberal, voire prodigue de ses graces.* Je sçay bien que vous pourrez trouver estrange qu'il use de *Toy*, et non de Vous, mesmement parlant au reverendissime cardinal Du bellay : mais il parle en sa prose, comme il parleret en ses vers, où cela est permis. Et

[1] *Epistre*, à Mgr le card. du Bellay, au-devant de la *Deffence* : « Priant le Ciel te departir autant de heureuse et longue vie et à tes haultes entreprises estre autant favorable comme envers toy il a été libéral, voire prodigue de ses Graces. » Ed. Marty-Laveaux. M. Person fait simplement remarquer l'emploi de la proposition infinitive subordonnée.

nous voyons que Marot aussi (lequel, ne desplaise à messieurs les poetes de la Pleiade, congnoisset bien le naturel de la langue Francese) en a usé escrivant au roy : voire en parlant au Roy des rois, c'est à dire à Dieu, en la traduction des Pseaumes de David. En quoy il a suivi l'exemple de ses predecesseurs : lesquels disoyent Toy aux saincts pareillement. Mesmemens il-y-a en une oraison ancienne à la vierge Marie, *A toy roine de haut parage*. CELT. Quant au passage de Du bellay, je ne m'arreste pas à ce Toy : mais je pense à ce qu'il dit, Priant le ciel, au lieu de dire Priant Dieu : et à ce qu'il le taxe de prodigalité. PHIL. Aimeriez vous mieux qu'il dist (comme quelques uns) *Priant toute la cour celeste?* CELT. Nenni, et toutesfois l'autre ne vaut guere mieux : et pense qu'en la fin on dira, Priant les astres. PHIL. Vous pouvez bien le tenir desja pour dict. car je m'asseure que si on fueillette ces susdicts messieurs de la nouvelle Pleiade, on trouvera en quelque coing, voire en quelques coings, *Les astres*, au lieu de dire Dieu. Et nous avons aussi un mot fort commun, par lequel nous faisons grand honneur aux astres. CEL. Quel mot? PHI. *Desastre*[1], pour dire, Un inconvenient, Un accident, Un malheur, Une malencontre. CEL. Il me souvient l'avoir ouy dire

---

[1] *Desastre* signifie aujourd'hui un malheur grave. « La journée de S. Laurent, que les courtisans appellent desastre. » Et. Pasquier, liv. IV, lett. 2. Et dans la table : journée de S. Quentin desastrée pour nous.

depuis que je suis de retour. mais est-il beaucoup en usage? PHI. Autant qu'aucun autre mot nouveau : et sçay que quelcun voulant passer plus outre, a usé aussi de *Desastrément*[1] en un sien escrit, au lieu de dire, Par un desastre, Par un malheur. Et un autre a dict *Desastrer*[2], pour Infortuner, Rendre malheureux : et *Desastré*[3], pour Infortuné. CEL. Il me semble que ce mot Desastre doit estre appelé mot Chaldaique. PHIL. Pourquoy mot Chaldaique? CELT. Pource qu'il est tiré du profond de ceste astrologie des Chaldeens, que nous voyons estre expressement condamnee en la Bible. PHIL. Tant y-a qu'il est fort usité, comme je vous ay dict. Mais il y a encores un mot que j'oublies entre ceux desquels on use au lieu de dire Dieu. CELT. Je vous prie ne m'oublier rien. PHI. C'est *Nature*, ou *La nature*. Car vous orrez souvent, Nature (ou la nature) a faict cela, en parlant de ce que Dieu a faict. Et le mesme Du bellay[4] en a usé, *Ainsi donques toutes les choses que la Nature a creees*. CEL.

---

[1] *Desastrément*, nous n'avons que désastreusement.
[2] *Desastrer*.
>   Mais les destins jaloux sur les hommes mieux nés
>   Desastrant leur bonheur, d'ennuis infortunez.
>   Poés. de J. Tahureau.
[3] *Desastré*.
>   Quand je viens à penser à mon cruel malheur,
>   Et au point desastré de ma triste naissance.
>   Œuvres de Desportes.

Monet distingue *des-astré*, infortuné, infelix, et *desastreux*, portant malheur, calamitosus. Desastreux est dans Carloix, IX, 31, et dans Oudin, *Dict.*
[4] Du Bellay, *Deffence*, liv. I, ch. 1.

Il fait nature creatrice, au lieu que nous disons, Dieu le createur : quand il dit, Toutes les choses que Nature a creees. Or je voudrois que Joachim Du bellay (homme à la verité de bon esprit et entendement) eust leu Platon, ou se fust souvenu de ce qu'il avoit leu en Platon de ceux qui attribuent à nature ce qui appartient à Dieu. car je croy qu'il eust eu honte de se dire Crestien, et toutesfois oster à Dieu l'honneur qu'un povre philosophe payen ne vouloit pas permettre qu'on luy ostast. PHIL. Ce que j'ay allegué de Joachim Du bellay est vers le milieu du chapitre, au commencement duquel il dit, *Si la Nature (dont quelque personnage de grande renommee non sans raison a douté si on la devoit appeler mere, ou marastre) eust donné aux hommes un commun vouloir et consentement.* CEL. Le personnage qu'il entend, est Theophraste [1] (au moins aucuns luy attribuent ce dicton) lequel estant aussi plein

---

[1] *Theophraste.* Ce personnage est Pline : « *principium jure tribuetur homini cujus causa videtur cuncta alia genuisse Natura, magna saeva mercede contra tanta sua munera ; non ut sit satis aestimare parens melior homini an tristior noverca fuerit.* » Hist. Natur., VII, 1. Théophraste n'était pas un impie : « plus heureux qu'Aristote qui avait été contraint de céder à Eurymédon, il fut sur le point de voir un certain Agnonide puni comme impie par les Athéniens, seulement à cause qu'il avait osé l'accuser d'impiété : tant était grande l'affection que ce peuple avait pour lui et qu'il méritait par sa vertu. » La Bruyère, *Discours sur Théophraste*. « Pline était panthéiste, il regardait comme synonymes les idées de monde et de Dieu, aussi met-il sans cesse en cause la Providence et montre-t-il un suprême mépris pour les choses de la terre. » Fée.

d'impieté que Platon de pieté (entant qu'elle pouvoit entrer au cœur d'un payen) eut toutes fois quelque remors, ou bien quelque crainte de dire mal de Dieu : et pourtant au lieu d'appeler Dieu parastre, appela la Nature marastre. Or maintenant je vous laisse penser comment ce propos est bienseant en la bouche d'un qui se dit Chrestien. PHI. En parlant de Theophraste, qui n'osant appeler Dieu parastre, appelet La nature marastre, vous m'avez faict penser à plusieurs qui imputent à Fortune ce qu'ils imputeroyent volontiers à Dieu, s'ils osoient. Car ils mettent tout sur elle, et se courroucent à elle de tout ce qui ne leur vient à souhait : comme s'il ne falet plus parler de providence de Dieu. CEL. Je sçay bien que desja devant mon partement madame Fortune se mesloit de tout, Fortune disposoit de tout (encore que l'ancien proverbe die, L'homme propose, et Dieu dispose[1]) Fortune rioit à l'un et estoit contraire à l'autre, Fortune avançoit les uns et reculoit les autres : bref, Fortune faisoit tout : et souventefois on oyoit dire, La Fortune a voulu, ou la Fortune voulut.

---

[1] *L'homme propose...* Ce proverbe est dans Meurier, *Thresor de sentences*, p. 122. Les Espagnols disent : *Los dichos en nos, los hechos en dios* : les dits en nous, les faits en Dieu. L'homme dispose sa voie, dit la Sagesse, et Dieu conduit ses pas, ce que Fénelon a redit heureusement dans cette phrase de son *Sermon pour la fête de l'Épiphanie :* « Dieu ne donne aux passions humaines, lors même qu'elles semblent décider de tout, que ce qui leur faut pour être les instruments de ses desseins. Ainsi *l'homme s'agite et Dieu le mène.* »

Item, Il le rencontra par Fortune. PHIL. Maintenant tout est plein de Fortune beaucoup plus encore qu'alors : et mesmement elle trotte beaucoup plus par les bouches poetiques que de vostre temps : lesquelles aussi luy font de grands honneurs : car ils disent, *Un tel a le vent de Fortune en pouppe :* et quelquesfois, *Un tel single au bon vent de Fortune :* et usent de plusieurs autres traits semblables, ou pour le moins qui ne sont moins honorables. Mais aussi quand elle les a faschez, il semble qu'ils la vueillent foudroyer d'injures. CELT. S'il estoit vray que *communis error facit jus*, tant eux que les autres seroyent aucunement excusables : pource qu'on voit quelques-uns de ceux mesmement qui sont gens de bien, et qui sentent de la providence de Dieu comme bons Chrestiens en doivent sentir, ne se pouvoir garder aucunesfois d'user ainsi de ce mot Fortune, comme si c'estoit une dame à laquelle ils attribuassent quelque chose. Et toutesfois, comme j'ay renvoyé à Platon ceux qui font des fausses et blasphemes[1] imaginations soubs le nom de Nature, aussi voudrois-je renvoyer à Juvenal ceux qui font le mesme soubs le nom de Fortune. Car il vaut bien mieux que les profanes mesmement soyent ceux qui facent le proces à ces pro-

---

[1] *Blasphemes.* Littré, qui a donné un exemple de blaspheme pour blasphémateur, tiré de l'obscur Peyraud de Beaussol, *Arsacides*, III, 3, ne donne pas blasphème — adjectif. Rabelais a cependant dit : « est-ce condition blaspheme ou scandaleuse ? » III, 30. Blasphématif est dans les *Mém.* de Sully.

fanateurs : c'est à dire, à ceux qui parlent ainsi profanement. PHIL. Vous faites grand honneur à ce poete, qu'en cest endret il puisse estre le correcteur de plusieurs Chrestiens : et j'ay grand desir d'entendre ce qu'il dit. CELT. Je croy qu'il vous souviendra de ces deux vers,

*Nullum numen abest si sit prudentia : sed te
Nos facimus Fortuna deam, cæloque locamus* [1].

PHIL. Il me souvient de les y avoir leus. CEL. Il me semble qu'il-y-a encore quelque autre passage où il se moque de ceux qui attribuent tout à Fortune. Or je fay grand cas de ce poete, (pour un payen) tant à cause de ce qu'il monstre avoir quelque apprehension de la providence divine, (et notamment en ce qu'il reprend les prieres que plusieurs faisoyent aux dieux, et dit qu'il faut laisser à leur discretion d'envoyer ce qu'ils congnoissent estre expedient) qu'à cause de plusieurs belles remonstrances qui ne se trouvent es autres. Du nombre desquelles est ceste-ci,

*-ambiguæ si quando citabere testis
Incertæque rei, Phalaris licet imperet ut sis
Falsus, et admoto dictet perjuria tauro,
Summum crede nefas animam præferre pudori,
Et propter vitam vivendi perdere causas* [2].

PHIL. Veci un advertissement fort beau, ou une

---

[1] Juvénal. Il y a des mss. qui ont : *Nullum numen habes...* Sat. X, v. 365, et XIV, 315. Ces vers sont loués par Lactance, *Inst.*, III, 29.
[2] Juvénal, VIII, 80.

fort belle remonstrance : mais qu'entendez-vous par ce dernier vers ?

Et propter vitam vivendi perdere causas.

CELT. Si un Chrestien avoit dict cela, il faudroit entendre, Ne perdre point la vie eternelle et bienheureuse de peur de perdre ceste vie mortelle : mais estant dict par un payen, j'enten la bonne renommee par laquelle, voire en laquelle on vit apres ceste vie. PHIL. Il y a bien apparence que cela doive estre entendu ainsi. Et pouvez retourner à vostre madame la Fortune, sans crainte d'estre interrompu d'avantage par moy. CELT. Je voulois dire aussi quant à icelle, que le poete Homere[1], qui est des plus anciens, fait honte à quelques Chrestiens, en ce qu'il ne parle de Fortune en aucun endroit. Et quant à Herodote[2] (qui est aussi fort ancien) il faut que ceux qui l'ont bien et diligemment leu, confessent maugré leurs dents qu'il y a différence de sa *Tychη* et de celle des autres : veu que souvent il joint *theia* avec *tychη*. Ce qui m'a faict penser quelquesfois à ce que dit la populasse tant ailleurs qu'à Paris, C'est fortune, Dieu le veult[3]. PHIL.

---

[1] *Homère.* « *De Homero ipso recte schol. Il.,* Λ 684 : τὸ τῆς τύχης ὄνομα οὐκ οἶδεν ὁ ποιητής, τὰ δ'ἀπ' αὐτοῦ ῥήματα. » *Thesaurus.*

[2] *Hérodote*, I, 126 ; IV, 8 ; V, 92.

[3] *C'est fortune…* « Le nom de *Fortune* était inconnu dans l'antiquité la plus éloignée et on ne le trouve ni dans Homère ni dans Hésiode, parce qu'il n'était pas encore inventé. Plutarque, pour expliquer les poëtes qui semblent faire Jupiter l'auteur de tous les maux, au lieu de les rap-

L'un semble rapporter à l'autre. Mais voulez vous que je vous die en un mot, monsieur Celtophile, vous auriez beau dire aux courtisans que les payens mesmement leur font leur proces touchant telle ou telle chouse : ils ne s'en feroyent que moquer, et pour toute raison vous diroyent qu'il se faut accommoder. Et sçavez vous jusques où va ceste accommodation? jusques à dire *Les dieux* au lieu de Dieu : comme *Les dieux vous ont donné*, au lieu de dire, Dieu vous a donné. Il est vray qu'ils usent de ceste liberté (et non seulement eux, mais autres aussi à leur exemple) lors principalement qu'ils sonnettent, c'est à dire, qu'ils escrivent quelque sonnet. Et notez que soubs ombre qu'ils usent du nombre pluriel, ils accoustrent la divinité de toutes façons : (à l'imitation de ce traict, *Crudeles divi*, et autres semblables) ou se pleignans de la mort de quelcun de leurs amis, ou de ce qu'ils n'auront eu bonne issue de leurs desseins, ou marris de quelque autre chouse. CEL. Vous me rendez bien estonné. Si ainsi est, il-y-a bien grande difference entre parler et escrire courtisanement, ou poetiquement, et parler ou escrire Chrestiennement. PHIL. Aussi pour vous dire la verité, plusieurs de

porter à la Fortune, observe qu'avant que le nom de Fortune fût en usage, les hommes éprouvant qu'il leur étoit impossible d'échapper à l'extrême puissance d'une cause qui agit sans ordre et sans règle, donnoient à cette cause le nom des Dieux. Il n'est pas aisé de débrouiller ce que l'Antiquité vouloit dire par le nom de Fortune. » Furetière-Basnage.

ceux qui vivent en la cour, et de la cour, estudient bien mieux la leçon du courtisanisme que du Christianisme : et ont ceste maxime de ne se formalizer d'aucune chouse qui le concerne. CEL. Voyla une merveilleuse maxime : elle semble estre Machiavellique. PHIL. Elle le seret si Machiavel instruiset non seulement les princes, mais aussi les simples gentilshommes. CELT. Pensés-vous qu'ils ne se vueillent pas aider d'une partie des preceptes donnez aux princes? PHIL. Je ne sçay pas si on y trouveret ce precepte formellement : mais cela sçay je bien, que celuy qui suivra la doctrine de Machiavel, il sera bien difficile qu'il ne face le saut. CELT. Qu'appelez vous faire le saut? PHIL. On dit aujourdhuy Faire le saut, ou Franchir le saut, de ceux qui passent outre les limites de la Chrestienté : c'est à dire, qui ne se soucient plus de la religion Chrestienne. CELT. De quelle religion donc font-ils profession? PHIL. Au contraire, aucuns d'eux (car à Dieu ne plaise que je parle de tous) se moquent de toute religion, et de ceux qui se formalizent pour aucune : mais nommément de ceux qu'ils voyent se formalizer, voire se tourmenter, pour la religion Chrestienne. CELT. A ce que je voy, ces moqueurs sont de la confrairie de ceux qu'on appelle Athees, ou Atheistes. Et ces mots de Lucain, *exeat aula Qui vult esse pius*, viendroyent bien à propos de ce que vous dites. PHIL. Ouy, si je vous voules permettre de les interpreter à la façon de ceux qui en abusent : mais outre ce que parcidevant je vous ay monstré qu'il estet là parlé à celuy qui regnet, et non au courtisan, ce *pius* ne s'entend pas *pius erga deos*, ni aussi *pius erga parentes*, mais appartient à cela mesme à quoy nous voyons appartenir *pietas*, au commancement de la premiere epistre de Ciceron, entre celles qu'il escrit à ses familiers. CELT. Vous estes bien joyeux de ce que vous pouvez destourner de vos compagnons un si mauvais coup. PHIL. Il est aisé à destourner. car outre ces deux points que j'ay remonstrez, ce propos (quel qu'il soit) est recité par le poete comme sorti de la bouche d'un meschant homme, ainsi que j'ay dict naguere. Il-y-a en ce mesme passage, un peu auparavant, un autre propos, ou une autre sentence qui est aussi touchant ceux qui regnent : de laquelle on se pourret fort esbahir, si on la prenet comme une chouse que l'auteur auret dicte en sa personne et selon son jugement. Veci les mots *-mitissima sors est Regnorum sub rege novo*[1]. CEL. Il me faudroit ouir le precedent, pour entendre bien le sens de cette sentence. PHI. Je le vous reciteray : mais vous advertissant premierement qu'il introduit un qui conseille à Pompee de se retirer vers Ptolemee pour estre en sauveté : allegant, entr'autres chouses, que Ptolemee est nouveau roy. Oyez maintenant tout le passage, puisque vous desirez l'ouir,

---

[1] Lucain, VIII, 452. Un codex Thuaneus a : *tutissima*.

Sceptra puer Ptolemeus habet tibi debita, Magne,
Tutelæ commissa tuæ. quis nominis umbram
Horreat? innocua est ætas. nec iura, fidemque,
Respectumque deûm veteris speraveris aulæ.
Nil pudet assuetos sceptris : mitissima sors est
Regnorum sub rege novo.

CELT. Je suis bien de vostre opinion, que Lucain n'auroit jamais dict ceci parlant en sa personne : pource qu'il s'en faut beaucoup que tousjours il se trouve vray. PHIL. Pour le moins il ne se trouve pas vray en Roboam[1] : qui au commancement de son regne vint à caresser et cherir son peuple par ce beau propos, Mon pere vous a chastiez de verges, mais je vous chastieray de foits[2] qui seront bien plus piquans. CELT. Vous avez trouvé un exemple fort convenable : lequel

---

[1] *Roboam*, voy. III *Rois*, 12. Il y a des ouvrages qui disent : je vous châtierai de scorpions. « Le terme hébreu Akrabim signifie véritablement des scorpions et l'on a voulu marquer par ce terme des fouets chargés de pointes et d'épines qui piquent comme les scorpions. La plupart des rabbins prétendent qu'en cet endroit il signifie proprement des branches d'églantier ou de quelque autre arbrisseau hérissé d'épines et chargé de nœuds. Le paraphraste chaldéen traduit akrabim par maragnin, qu'on croit être le même que maragna en grec, qui signifie un fouet fait de courroies de cuir de bœuf. Nous connaissons plusieurs martyrs qui ont été tourmentés par ces sortes de scorpions que S. Isidore décrit ainsi : *si nodosa vel aculeata virga sit, scorpio rectissimo nomine vocatur, quia arcuato vulnere in corpus infligitur.* » *La Sainte Bible*, avec notes tirées de D. Calmet et de l'a. de Vence, Paris, Boudet, 1768, t. II.

[2] *Foit*. Cette orthographe ne se trouve que chez Estienne. On lit dans Des Acc. *Big.* : « grossier foite-cul de grammaire latine. » « Qui a eu dix fois le fouet. » Nicot. « Fouet, prononcez foit. » Richelet.

je n'eusse pas oublié. car il est notable : comme aussi le vers que nos predecesseurs ont faict de ce roy, et lequel est venu comme en proverbe, doit bien estre noté : (estant quant au reste façonné à la mode de son temps.)

Consilium juvenum Roboamum fecit egenum.

PHIL. Ce vers meriteret estre escrit en grosses lettres d'or, en maints lieux que je sçay bien. CEL. Il faudroit que cestuy ci luy fist compagnie,

Malum consilium consultori pessimum [1] :

afin qu'il y eust pour faire peur tant à ceux qui reçoivent le mauvais conseil, qu'à ceux qui le donnent. Je ne doute pas que vos compagnons n'en fissent leur proufit. PHI. Quand vous dites mes compagnons, vous entendez les courtisans. Mais il vous plaira avoir memoire de ce que parcidevant je vous ay dict touchant les deux sortes de courtisans. CELT. J'enten bien que vous ne voulez avouer pour compagnons ceux qui n'ont pour le moins quelque once de probité. PHIL. Mais ceux qui n'en ont pour le moins une livre.

---

[1] *Malum consilium...* Voy. Aulu-Gelle, IV, 5. Le vers, selon ce critique, était consigné dans le onzième livre des *Grandes Annales* et dans le premier livre des *Faits mémorables de Verrius Flaccus.* Il paraît être une imitation d'un vers grec du poète Hésiode, O. et D., 249. Il se retrouve parmi les sentences de Publius Syrus. Cf. Val. Maxime, VII, 2, 5. Liv., *Dec.*, I, 10 ; Virgile, *En.*, XII ; Varron, *De re rust.*, III, 1 ; Sophocle ; *Electr.*, 1047 ; Plutarch., *De audiendis poetis*, LV ; Esope, *Leo, Lupus et Vulpes*, 233 ; Contes indiens et fables indiennes de Bidpaï et de Lokman, 1778, t. II, p. 87 ; La Fontaine, VIII, 3. Erasme a un long article sur cet adage, *Chil.* I. cent. II, 14.

CELT. En trouveroit-on bien en vostre cour qui en fussent si chargez ? PHIL. C'est grand cas qu'on ne vous peut persuader qu'il y-ait d'aussi gens de bien qu'ailleurs. et toutesfois je maintien qu'au contraire il faut que ceux qui y sont gens de bien, le soyent plus qu'on ne l'est ailleurs : tant pource qu'il-y-a plus de vices, qu'aussi plus d'amorces, plus d'appast, plus d'allechemens à iceux. tellement que le courtisan qui peut si bien combattre contr'eux qu'en la fin il ait gangné ce point d'estre homme de bien, a une preudhommie asseuree et permanente, et laquelle on peut dire estre à l'espreuve, quelques harquebouzades que les vices luy puissent tirer : tellement qu'en un besoin il pourret aller parmi les diables, et parmi eux conserver sa probité, comme aussi la femme de laquelle la pudicité n'a pu estre expugnee en la cour, se peut bien vanter d'avoir son passeport et saufconduit, en quelque lieu qu'il luy plaise aller, et ne craindre aucuns assaux. CELT. C'est bien à ceste heure que vous usez d'hyperboles encomiastiques. PHIL. J'ay bien pensé que vous m'estimeriez parler hyperboliquement : mais je ne pense avoir rien dict de quoy je ne me tienne tout asseuré : excepté ce que j'ay dict touchant la conversation avec les diables. Car je considere maintenant que ce seret se hazarder un peu beaucoup, voire un peu trop. CELT. Mais de l'autre costé ceux qui sont meschans, (dont le nombre est beaucoup plus grand) sont parfaictement meschans : veu le recit que vous m'en faisiez naguere. PHIL. Je vous confesse qu'ils sont meschans en cramoisi, comme on parle aujourdhuy. Mais souventesfois ceux qui sont tels, sont estimez gens de service : et principalement ceux qui ont ceste qualité qui a esté mise la derniere sur les rengs, avant que Lucain rompist nostre propos. CELT. Qu'appelez-vous gens de service ? PHIL. Qui peuvent passer par tout, d'autant que leur conscience aussi passe par tout. CELT. Comment entendez-vous cela ? PHIL. C'est qu'ils s'accommodent tellement qu'en un besoin ils feront en sorte qu'on les prendra plustost pour des Turcs que pour des Chrestiens. CELT. Voyla une horriblement estrange accommodation. Les deux Lacedemoniens, Sperthias et Bulis[1], envoyez vers le roy Xerxes, n'estoyent pas gens de service : veu qu'ils ne pouvoyent s'accommoder seulement à faire la reverence à ce roy telle que les siens la luy faisoyent : pource qu'elle tenoit de l'adoration. Et cela ne leur venoit que d'une grande generosité. PHIL. Au contraire aussi on ne cerche rien moins pour gens de service que ceux qui ont le cueur genereux. car telles gens ne s'accommodent pas aisément à tout faire : comme ces gens de service s'accommoderont (si on veut) non seulement à adorer un roy (encore que l'adoration ne soit deuë qu'à Dieu) mais aussi à adorer le diable, voire à luy faire

---

[1] *Sperthias et Bulis.* Voy. Hérodote, VII, 134.

hommage, en le baisant au derriere, avec les renoncemens solennels, dont usent les sorciers. CELT. Vous me faites trembler : mais s'il advient qu'estant à la cour je me trouve auprés de quelcun de ces gens de service, ce sera bien pour trembler d'autre sorte. Mais dite-moy un peu : ces gens de service et leurs compagnons, c'est à dire ceux qui sont du bois duquel sont faicts les gens de service, comment font-ils quand il est question de mourir ? de quelle accommodation usent-ils ? PHIL. A ce que j'ay pu voir en quelques-uns, encore que leur conscience ait accoustumé de passer par tout, si est-ce que venant à ce passage, elle se trouve fort empeschee, et les tourmente fort : comme ils monstrent par les soupirs mesmement, et les horribles cris qu'ils jettent. Et pour vous parler privément et familierement, j'ay quelquesfois douté s'ils avoyent point un diable dedans le corps, qui voulant sortir alors pour aller cercher un autre logis, les tourmentast ainsi, et fist qu'ils se demenassent et tempestassent en telle sorte. Car vous avez leu au Nouveau Testament [1] qu'aucuns des diables ou esprits immondes que nostre seigneur Jesus Christ jettet hors les corps

---

[1] *Au Nouveau Testament.* Voy. Marc, I, 24-25 ; Luc, IV, 41. « Marc est par excellence l'évangéliste des miracles et des exorcismes. Il semble que le disciple qui a fourni les renseignements fondamentaux de cet évangile importunait Jésus de son admiration pour les prodiges et que le maître, ennuyé d'une réputation qui lui pesait, lui ait souvent dit : N'en parle point. » Renan, *Vie de Jésus*, XVI.

de quelques personnes, alors qu'ils estoyent prests à sortir, faisoyent beaucoup plus de mal à icelles. CELT. Ce que vous dites, que telles gens eussent un diable dedans le corps, ne seroit pas incroyable : et si ainsi estoit, ce qu'on dit ordinairement par une maniere de parler, se trouveroit vray. Car vous sçavez que on dit d'un tel homme que ceux dont nous parlons maintenant, Il a le diable au corps[1], ou Il a le diable au ventre. Quoy qu'il en soit, je ne m'esbahi pas maintenant si telles gens usent de paroles tant profanes, voire profanent celles qui autrement sont bonnes. Et croy qu'ils ne doyvent avoir horreur de rien, puis qu'ils en viennent jusque-là de dire Les dieux, au lieu de dire Dieu. PHIL. Ceste parole n'est pas si commune que les autres desquelles je vous ay parlé : et son principal usage est principalement en poesie. car un Sonnet mesmement a bien meilleure grace quand il y est parlé des dieux, que quand il y est parlé de Dieu. CELT. Ce mot Sonnet sera cause de me faire changer de propos, pour passer un peu ma fantasie touchant ces diables dont nous avons parlé. Dite moy donc, ne parle lon plus aucunement de Rondeau ni de Balade,

---

[1] *Il a le diable au corps.* « Voltaire disait qu'on ne peut être bon poète, bon acteur, bon musicien si l'on n'a le diable au corps. Une réponse que fit J. J. Rousseau à Grétry confirme cette assertion. Grétry lui demandait s'il était occupé de quelque ouvrage, voici sa réponse : Je deviens vieux, je n'ai plus le courage de me donner la fièvre. » *Dict. des prov. français*, par M. de la Mésangère.

mais seulement de Sonnet? PHIL. Les mots de Rondeau et de Balade sont du tout descriez. car puis qu'il est question de petrarquiser quant au reste, il faut bien qu'on petrarquise aussi quant à ce mot. CELT. Mais au lieu de dire par maniere de proverbe, C'est le refrain de la Balade[1], on ne dit pas, C'est le refrain du Sonnet. PHIL. Comment le diroyent ces faiseurs de Sonnets, quand la plus grand' part ne sçait que c'est que de refrain ? Mais notez qu'outre les Sonnets, ils ont aussi des Odes, où il-y-a des Strophes et Antistrophes. CELT. Ce n'est pas donc sans bien pindarizer. Je ne di pas pindarizer, comme on pindarize en une cour de parlement, mais en contrefaisant les traits dithyrambiques de Pindare. PHIL. Quand vous aurez veu certaines odes d'aucuns des poetes qui sont de la Pleïade (dont je vous ay desja tantost faict mention) je m'asseure que vous confesserez qu'il y a de beaux traits,

---

[1] *C'est le refrain de la Balade.*
C'est toujours le refrain qu'ils ont à leur ballade.
Régnier, *Sat.* II, v. 151.

Littré cite ainsi d'après une édition de 1730 : les *Epîtres* et autres œuvres, Londres. La *Bibliographie de Regnier* publiée par M. Cherrier, 1885, donne pour 1730 trois éditions intitulées les *Satyres et autres œuvres*. L'éd. de 1733 porte :
C'est tousjours le refrein qu'ils font à leur balade.
De même l'éd. Poitevin, 1860, et l'éd. Lacour, 1867. « Ballades se font de huyt lignes pour clause et huyt syllabes en masculin pour ligne. Et doibvent estre trois clauses de semblable lisiere ou rithme et semblable reffrain pour derniere ligne... Les Picars apprennent les ballades qui sont d'autant de lignes qu'il y a de syllabes au pallinode. » Fabri, *Le grand et vray art de pleine Rhetorique*, 1521.

et de belles imitations de Pindare (ormis qu'il ne monte pas si haut, pour descendre tout en un coup si bas, comme eux font quelquesfois) mais vous y trouverez beaucoup de ces paroles que vous accusez de profanation : et notamment ceste-ci, Dieux, pour Dieu. Et c'est en partie d'où est venu le mal. car quand plusieurs courtisans sont venus à la lecture de ces poetes, cela les a achevez de peindre. CELT. Il me semble que ces poetes se devoyent bien contenter d'avoir mis en usage ces autres traits profanes, dont vous avez parlé, et autres semblables, sans en venir jusque là, d'user de ce mot Dieux non seulement où ils vouloyent parler des dieux des Payens, mais aussi là où le Christianisme requeroit qu'ils dissent Dieu, en nombre singulier. PHIL. Je pense que le commancement de cela soit venu de l'imitation des poetes Latins, qui disent ordinairement (comme vous sçavez) *Dii*, ou *Superi*, ou *Cœlestes*, ou *Numina*. et peu à peu l'oreille d'aucuns s'est tellement accommodee à ce mot de Dieux, qu'elle l'a trouvé plus beau que le mot de Dieu. Et mesmement aucuns pour plus grande galanterie, disent *Les dieux immortels*. En quoy ils latinizent et ethnicizent, ou payanizent (car vous me permettez bien de parler ainsi) d'une facon plus expresse. CELT. Vous me parlez d'une merveilleuse accommodation : quant à moy je di qu'elle est diabolique. PHIL. Et moy je di que vous estes trop rigoreux. CELT. Dire la verité sans rien flatter, appelez vous cela estre trop rigoreux ? PHIL. A ce que je voy, vous n'aurez jamais la patience de lire nos poetes courtisans. car ceux de la Pleïade sont presque tous courtisans. CELT. Je n'ay pas encore employé beaucoup de temps à les fueilleter. PHIL. Quand vous voudrez prendre le loisir et la patience de ce faire, vous trouverez comme des princes ils en font des dieux : des princesses, ils en font des deesses : honnorans aussi leurs Maistresses (j'enten celles qu'on appelet autresfois Amoureuses) de ce mesme titre. CELT. Voyla grand cas, que les Chrestiens soyent venus à une telle profanation, veu qu'ils souloyent condamner les payens, en ce qu'ils usoyent du titre de *Divus* devant le nom de leurs empereurs, qu'ils appeloyent Cesars. PHIL. Pour le moins nous pouvons dire que l'Italie s'est dispensee [1] d'user de ce titre avant la France. car l'empereur Charles quint fut appelé *Divus Carolus* par les Italiens tous les premiers. Et quant à nostre Henri, alors que les Italiens commancerent à

---

[1] *S'est dispensée d'user...* Se dispenser de = se permettre de : « Ces Serées ne pouvoient mieux sortir en lumière que après avoir soupé, où le plus souvent on se dispense de plier un peu plus le coude qu'en autre repas. » Bouchet, *Serées*, l. I, p. 4. « N'y a homme si sage, si discret, si retiré et sévere qu'entre le vin et les viandes, ne se dispense de dire et escouter quelque propos pour rire. » *Id.*, l. V, p. 158. Est aussi dans Patru. *Se dispenser à* est dans Corneille, Molière et Bayle. M. Godefroy, dans son *Lexique comparé de la langue de Corneille*, a indiqué toutes les variations de ce verbe dispenser et comment, après avoir signifié d'abord autoriser, il a voulu dire autoriser à ne pas faire, passant du sens positif au sens négatif.

escrire DIVO HENRICO, je croy que les Frances ne s'estoyent pas encore dispensez d'ainsi parler. CELT. Il ne se faut pas esbahir si les Italiens ont toutes sortes de dispenses avant les François. car vous sçavez qu'ils sont bien plus pres de Romme[1]. PHIL. Je ne sçay pas quelle dispense ont ni les uns ni les autres : mais tant y a qu'ils se permettent d'attribuer aux rois des titres que les payens (comme je croy) faisoyent conscience d'attribuer à leurs rois ou empereurs : et nommément ceux-ci, *Optimo, Maximo.* CELT. Est-il bien possible qu'on soit venu jusques à la profanation de ces mots ? PHIL. On y est venu, et se trouve en un livre imprimé. CELT. On fait grand tort à nos rois de leur attribuer tels titres. car la posterité pensera qu'ils y ayent pris plaisir, et qu'ils les ayent pourchassez : comme ainsi soit qu'au contraire nos rois de France de toute ancienneté ayent usé de plus grande modestie en leur grandeur, qu'aucuns autres. Mesmement nous voyons que l'agenouillement, qui est ordinaire à l'endroit de quelques autres rois, (voire roitelets, à comparaison) en les servant, n'a point esté prattiqué en France. tant sans faut qu'ils ayent rien voulu usurper sur la majesté divine. PHIL. Cela est vray. mais on vous respondra, qu'aujourd'huy on dit bien à l'empereur, Sacree majesté, et qu'il faut bien que nous

---

[1] *Plus pres de Rome.* Voy. un passage du *Pré aux Clercs*, opéra de Planard, 1833.

donnions à nos rois quelque titre equipollent, ou à peu pres. CELT. Comment equipollent ? Je di que ce titre *d'Optimus*, *Maximus*, emporte beaucoup plus que celuy de Sacree majesté : pource qu'il comprend toute sorte de louange que les hommes peuvent donner à Dieu. Et que les payens mesmement fissent merveilleusement grand cas de ce titre, ils le monstrent en ce qu'ils ne le donnoyent pas à tous les dieux, mais à un seul : à sçavoir à Jupiter, lequel ils estimoyent estre beaucoup pardessus les autres. PHIL. Vous examinez les chouses trop subtilement. que diriez vous donc de messer Francesco Alunno[1], qui en la fin de son epistre, par laquelle il dedie au Cardinal Farnese son livre, intitule *Le richezze della lingua volgare*, appelle son present Les sacrifices qu'il luy fait ? Car veci ses mots, *Degnerasi adunque (la prego con ogni humilta) di receverlo con fronte di signore non men d'animo che di titolo, et col rispondermi della ricevuta, far intendere al mondo, che la gran bonta sua riconosce per somma fede, et non per vile ó necessitata presumtione questa ostination mia di voler far vedere al mondo et a lei la gran forza di questo desiderio ch'io*

---

[1] *Alunno*. Voy. I, 116. Ce laborieux Ferrarais publia successivement des *Observations sur Pétrarque*, un dictionnaire des *Richesses de la langue vulgaire*, où sont rangés par ordre alphabétique tous les mots et toutes les expressions les plus élégantes employées par Boccace, et enfin la *Fabbrica del mondo*, où tous les mots de Dante, de Pétrarque et de Boccace sont mis par ordre de matières et expliqués en latin. Alunno fut successivement calligraphe de la ville d'Udine et de la République de Venise.

ho, ch'ella con aggradire i miei sacrificii, mi tenga di continuo intento ad ardere ogni mio pensiero, ogni mia voce, ed ogni forza mia, perche à lei ne venga l'odore. CELT. Je dirois, ou plustost je di, que ceci ne vaut rien, non plus que le reste : mais toutesfois que tels traits seroyent plus excusables sortans d'une bouche Italienne (si excusables pouvoyent estre) que s'ils sortoyent d'une bouche Françoise. PHIL. Pourquoy ? CELT. Pource que l'Italienne, en usant de tels traits ne parle pas tant contre son naturel, que parleroit la Françoise, en usant de pareil langage. Car desja ceste façon des Italiens, de dire vostre seigneurie, au lieu que nous disons simplement Vous, est comme une entree à ce langage si colaxeutique et si profane, ou (si vous aimez mieux) si colaxeutiquement profane : et pareillement est un avantage qu'ils ont pardessus nous pour y parvenir. PHIL. Si vous reprenez les Italiens de ceste coustume de donner à chacun de la seigneurie, vous devez reprendre aussi quelques autres nations, lesquelles ne se peuvent garder, mesmement en parlant Latin, de donner de la domination ou de la magnificence au premier venu. Car vous sçavez qu'ils disent, *Quomodo valet dominatio tua ? Quid dicit dominatio tua ? Quid petit dominatio tua ?* Et quelquesfois au lieu de *Dominatio* ils mettent *Magnificentia.* CELT. Je le doy bien sçavoir. car ils m'en ont donné souvent au travers des oreilles : voire quelquesfois m'en ont rompu les oreilles. Et avant que j'y fusse accoustumé, je les regardois, quand ils me parloyent ainsi, comme s'ils eussent voulu se moquer de moy. Encores apres m'estre accoustumé à ouir cela d'eux, il n'estoit possible aucunement de m'accoustumer à leur rendre la pareille, non pas seulement à dire *Vos*, quand je ne parlois qu'à un. Car si j'eusse voulu respondre de mesme, non seulement il m'eust falu dire *Dominatio tua*, ou *Magnificentia tua*, mais aussi *Excellentia tua*, quelquesfois. Or je pensois en moymesme, Que veux tu garder pour les princes, quand tu parleras à eux ? Voyci donc que je faisois : j'usois de quelque mot, lequel pouvoit avoir lieu entre les Latins mesmement, en changeant la forme du langage seulement. Pour exemple, je disois, *Prudentia tua considerabit*, ou *Humanitas tua considerabit*. desquels mots on pourroit user, avec un peu de changement, quand mesmes il seroit question de parler comme les anciens Latins. car on pourroit dire, *Prudentiæ tuæ erit considerare*, ou *Humanitatis tuæ erit considerare*. PHIL. Ils vous faisoyent quelquesfois prince, à ce que je congnois par ce que vous avez dict : orça, ne vous faisoyent-ils point aussi rois quelquesfois ? CELT. Comment entendez-vous ceci ? PHIL. Si, comme ils vous disoyent aucunesfois *Excellentia tua*, ils ne vous disoyent point aussi *Serenitas tua*. CELT. Je n'ay point souvenance qu'on me l'ait dict qu'une seule fois. PHIL. Pour le moins avez vous esté roy une fois. CELT. Je l'eusse esté quant à

l'honneur, si autre chose n'eust esté requise :
mais celuy qui usoit ainsi de *serenitas* en mon
endroit, n'entendoit pas me faire un honneur
royal : et quand bien il eut entendu me le faire,
il ne m'eust pas esté faict pourtant. Joinct que
je pense qu'il a esté dict autresfois à moindres
aussi que rois. Mais (si j'ay bonne memoire) on
commança d'user de ce mot alendroit des derniers rois, ou plustost empereurs de Grece. car
il me semble qu'on leur disoit (au moins à
quelques uns) *Galηnotης*, qui vaut autant que
Serenitas. Et quant à user de quelques titres,
honorables en escrivant les uns aux autres, nous
en voyons des exemples es epistres de Basile le
grand [1]. Car il me souvient d'une qui commance,
Enetychon tois grammasi tης hosiotητos sou. Et que
d'une autre le commencement est, *Pois egeneto
phaneron tη theoseveia sou?* Et qu'ailleurs il dit
Evlaveia sou, ou *Semnotης*, ou *Timiotης*, ou

---

[1] *Basile le Grand : Athanasio magno ep. XLVII : incidi
in sanctitatis tuæ literas.* Voy pour *Theoseveia* : *ad Eusebium
ep. VIII, Jacobo Mycræo interprete;* pour *Evlaveia, ad Amphilochium ep. 2 et 3, Gentiano Herveto interprete;* pour *Semnotης* :
ad Maximum ep. XLII; pour *Timiotης* : *Athanasio ep. L;*
pour *Teleiotης* : *ad Meletium ep. LIX.* Ce passage montre
qu'Estienne, comme les Hellènes, prononçait *v* pour *b*,
contrairement au système préconisé par l'*Apologeticum* qui
a été placé sous le nom d'Estienne dans le recueil d'Havercamp : *Sylloge scriptorum qui de linguae graecae vera et recta
pronuntiatione commentarios reliquerunt...* Lugd. Bat., 1736,
in-8. Notre passage n'est pas non plus pour confirmer cette
phrase de M. Egger, *l'Hellénisme en France*, I, 454 :
« L'autorité d'Estienne faisait oublier celle des pauvres
Hellènes. »

Teleiotης. Et en Synesius[1] aussi nous trouvons quelques titres non moins honorables : s'il faut appeler tels mots des titres. Et pareillement les derniers Latins (que les autres nomment modernes) ont usé de quelques mots de telle façon. PHIL. Et pourtant il vous faudra confesser que ce que les Italiens ont dict Vostre seigneurie, ce n'a esté qu'à l'imitation d'autres qui les avoyent precedez. CELT. Je vous confesse que la chose n'a pas eu son commancement d'eux : mais je pense qu'elle a eu son entretenement entr'eux plus qu'en aucune autre nation. et c'est pourquoy je vous ay dict naguere que les Italiens, en usant des traits dont nous parlions, ne parloyent pas tant contre leur naturel, que parleroyent les François s'ils usoyent de tel langage. PHIL. Si tel langage est totalement contre le naturel des Frances, il faut donc conclure que plusieurs sont fort desnaturalizez aussi bien en ceci qu'en autres chouses : tellement que je crain que se dispensans peu à peu, ils n'en viennent là en la fin, de ne se soucier du crime de lese majesté divine d'avantage que[2] les autres. Car je sçay qu'aucuns commancent ja à user de ceste façon de parler, *Je vous ay consacré mon*

---

[1] *Synésius.* « Aux époques de décadence littéraire, un des défauts les plus communs c'est la pompe et la banalité de l'éloge. A chaque instant nous trouvons dans les lettres de Synésius cet échange de complimens emphatiques. » Druon, *Etude sur la vie et les œuvres de Synésius*, p. 81.

[2] *Davantage que.* Davantage est suivi de *que* dans Calvin, La Boëtie, Lanoue, Amyot.

service. Pareillement quant aux juremens et blasphemes, aucuns, et principalement des gentilshommes, usent maintenant de juremens et blasphemes, dont autresfois ils eussent eu horreur : de sorte qu'au lieu de dire, Il jure comme un chartier[1], il faudra dire, Il jure comme un gentilhomme. Voire (qui est la pitié) ils affectent des elegances aussi bien en juremens qu'en autres chouses : tellement que c'est à qui jurera le plus elegamment : et faut (s'il est possible) que l'elegance soit nouvelle. CELT. Or je vous prie toutesfois, que si vous voulez retourner à vos exemples d'affectation de langage, vous ne mettiez pas telles elegances du nombre : car je me passeray bien de les ouir. PHIL. Aussi ne veux-je. car vous en orrez assez à la cour. CELT. Tant pis. PHIL. Puis donc que vous voulez que reprenions le propos sur lequel j'estes, des beaux traits nouveaux, veci encore un exemple, *Je n'ay pas voulu souffrir passer devant mes yeux une si propre occasion sans l'empoigner aux crins.* CELT. J'eusse volontiers demandé à celuy qui parloit ainsi, Que sçavez vous si Occasion porte des crins, ou si elle est tondue ? PHIL. Il vous eust respondu qu'estant une femme, il est vraysemblable qu'elle n'est pas tondue. CELT. Pensez vous que ce soit par devant ou par derriere qu'elle porte des crins ? PHIL. Vela une belle question. CELT. Ouy, c'est une belle question :

---

[1] *Il jure comme un chartier,* voy. *Apol.*, II, 73.

pensez seulement de respondre si elle en porte par devant ou bien par derriere. PHIL. Quant à moy je vous puis asseurer qu'elle n'en porte que par devant. Et qu'ainsi soit, souvienne vous de ce vers,

Fronte capillata est, post est Occasio calva [1].

CELT. Mais il y a long temps que ceci a esté dict d'elle : et est vray semblable que depuis elle se soit faict tondre ou raser par devant, afin de n'estre si aisee à empoigner. Or cela estant incertain, il ne faloit pas que cestuy-ci usast de ces termes, sans sçavoir premierement certaines nouvelles de cela. PHIL. Si est-ce que tous les jours quelcun l'empoigne. Or si elle estoit chauve par derriere, et rasee par devant, ou pour le moins tondue, on ne la pourret pas empoigner. CELT. C'est bien dict. vous presupposez, je croy, qu'on ne luy voit que la teste. Posons le cas qu'ainsi soit, pensez vous pas qu'on la pust empoigner par la teste (encore qu'elle n'eust point de crins) quand on la luy serreroit des deux costez ? PHIL. Vous voulez rire. mais à bon escient, que vous semble il de ceste façon de parler ? Empoigner l'occasion aux crins. CELT. Il me semble qu'il ne faloit point adjouster ces

---

[1] *Fronte capillata*... Vers de Dionysius Cato, II, 26. Erasme, *Ad. Chil.* I. cent. VII, LXX, a : *post haec*, qui est une mauvaise leçon. Voy. l'épigramme de Posidippe et celle d'Ausone, ep. 12, ainsi que Phèdre, V, 8. « C'est une occasion qu'il faut prendre vite aux cheveux. » Molière, *Avare*, I, 5.

deux mots, Aux crins, si on n'avoit envie de faire rire. PHIL. Si est-ce que celuy qui a ainsi parlé est Parisien : et fait plustost son conte de se moquer des autres que d'estre moqué. CELT. Il est peut-estre du nombre de ceus qui font leur conte sans leur hoste[1]. PHIL. Je croy bien que cela advient à beaucoup de ceux qui mettent aujourd'huy en lumiere leurs escrits. CELT. Je me doute que vous gardez les beaux exemples pour faire bonne bouche[2]. PHIL. Je n'en ay plus qu'un : mais je crain bien qu'il ne soit pas de ceux que vous demandez. CELT. Dite le, s'il vous plaist, tel qu'il est. PHIL. *J'ay voulu emplumer la victoire du roy.* CELT. Vrayement vous pouvez bien dire que vous me la gardiez belle. mais qu'est-ce à dire, Emplumer la victoire du roy ? PHIL. C'est à dire, Mettre par escrit la victoire du roy. Car vous sçavez que pour la mettre par escrit, il faut prendre la plume. Or notez que c'est la bravade quand on use de façons de parler qui ont besoing d'exposition. CELT. Mais je vous prie, d'où avez vous ce beau trait ? PHIL. Vous dites,

---

[1] *Font leur conte sans leur hoste.* « Qui compte seul, compte deux fois, comme celui qui compte sans son hoste. » Loysel. « Compter sans son hoste, i. resoudre une chose seul ou se l'imaginer sans avoir la volonté ou consentement des autres. » Oudin, *Cur. Fr.* Cotgrave a de plus : une fois faut compter à l'hoste.

[2] *Pour faire bonne bouche.* « Il luy garde pour la bonne bouche, i. pour la fin ; pour se venger à la fin, pour desplaire à la fin. Pour faire bonne bouche, *idem.* » Oudin, *Cur.* Les lexiques ne donnent que : garder pour la bonne bouche, sans exemple. Pour se venger, pour déplaire, n'a rien à faire ici.

Ce beau trait, par moquerie : mais pour le moins c'est un trait bien emplumé. Et notez qu'il eust bon besoin d'estre bien emplumé. car il luy falut venir en grande vitesse d'un pays fort lointain. CELT. De quels pays ? PHIL. Du pays de Myrmece, ou Myrmecie. CELT. Est-ce un pays si lointain ? PHIL. Il est si lointain que personne ne sçait où il est. Mais ne vous souvient il pas que nous en avons parlé tantost ? CELT. Vous m'en faites souvenir. vous dites donc que ceste belle emplumation de la victoire du roy, vient de celuy mesme qui a faict ceste merveilleuse metamorphose d'une fourmiliere en un pays. PHIL. Ouy. CELT. Pensez vous point qu'il eust envie de faire rire les lecteurs, quand ils rencontreroyent ce trait ? PHIL. Je pense qu'au contraire, il se penset rendre admirable à eux, tant par ce trait que par quelques autres semblables. car je congnoy l'humeur du personnage. CELT. Je vous prie de me dire une chouse : si ceux aussi qui sont aujourd'huy estimez user du bon et nayf langage en leurs escrits, usent de telles affectations. PHIL. Ils n'ont garde : mais si est-ce qu'ils se laissent un peu aller, chatouillez du désir de nouveauté. Et pour vous dire la vérité, aucuns y reprennent plusieurs façons de parler, que je trouve passables. Comme dernierement quelcun qui a gagné ceste réputation par dessus plusieurs autres, reprenet ce langage, *Qui avet esté tué de fraiche date*[1] : pour dire qui avet esté tué de fraiche memoire : mais il me semblet le reprendre à tort. CELT. Au contraire, il le reprenoit à bon droit. PHIL. Or je voy bien que c'est : vous estes par trop critique : on ne trouvera point de langage où vous ne trouviez à redire. CELT. Comment dites-vous cela ? n'ayje pas loué quelques-uns des passages que vous m'avez recitez ? mais permettez moy aussi que je vous die librement ce que je trouve à reprendre es autres. Et ce pendant je vous confesse que des choses mesmement que j'ay reprises es autres, aucunes peuvent estre excusees : tellement que je vous veux accorder que les courtisans qui usent de tels traits (sans farcir ou entrelarder leur François de ce langage estranger) surpassent de beaucoup leurs prédecesseurs. PHIL. Maintenant vous sçai-je bon gré d'avoir dict un peu de bien de mes compagnons. Et des nouveaux poetes, qu'en dites vous ? car je vous veux bien confesser que les courtisans tirent d'eux plusieurs beaux traits : et outre cela, en inventent aussi plusieurs à leur imitation. CELT. Je n'ay pas encore beaucoup fueilleté leurs livres (comme je vous ay dict parcidevant) mais quant à ce que j'en ay veu, il-y-a grande difference des uns aux autres. Car il y en a qui sont modestement hardis (si

---

[1] *De fraîche date.* De fresche memoire et datte, Comines, IV, 10. De fraîche date est seul resté.
La séparation n'est pas de fraîche date.
Piron, *Métromanie*, II, 1.

ainsi faut parler) en leurs metaphores nouvelles, et en plusieurs autres sortes de figures : mais j'en voy d'autres qui ont un langage si estrangement hardi, qu'il semble sortir d'une bouche furibunde. tellement que quelquesfois en lisant, j'emprunterois volontiers de Virgile ces mots *Bacchatur vates*[1], pour me servir d'exclamation. Toutesfois entre ceux qui usent de grande hardiesse et licence, il y en a, la bouche desquels on ne peut pas dire furibunder ainsi : mais pour le moins on auroit occasion de dire que leur langage s'en va à l'esgaree[2], voire court à travers les champs à bride avalee, et rompant toutes les barrieres de proprieté, ou sautant pardessus. PHIL. Vrayement vous avez la meilleure grace du monde, en ce que pour exprimer leur vice, vous usez d'un langage auquel on peut remarquer ce mesme vice : tellement que ceste reprehension sert quandetquand d'exemple. CELT. Vous le prenez bien. car j'ay parlé ainsi tout expressément pour les contrefaire : comme aussi pour cest esgard, j'avois usé des mots *Furibunde* et *Furibunder*[3]. mais encore cela n'est rien au pris d'aucunes façons de parler dont ils usent, comme vous pouvez sçavoir. PHIL. Je

---

[1] Virg., *Æn.*, VI, 78.
[2] *A l'esgarée*, voy. I, 65.
[3] *Furibunde*. « Li hom furibondes. Latini, *Trésor*, p. 307.
  La malheureuse ardente et furibonde
  Court par la ville errante et vagabonde.
          Du Bellay, Liv. IIII de l'*Eneide*.
Furibonder n'a pas été fait par Mme de Sévigné, comme le dit Littré.

vous confesse que j'en ay aussi remarqué aucunes fort estranges : mais non en Joachim Du bellay : et de vray il me semble devoir estre mis au nombre de ceux que vous dites estre modestement hardis. CELT. S'il me faloit faire le role de ceux-ci, il seroit le premier.

Mais je vous prie retourner à la continuation de ma leçon. Pour le moins me souvient il bien où j'en suis demeuré. Car m'advertissant que la coustume estoit maintenant d'user du pluriel au lieu du singulier, en quelques mots, vous m'avez amené pour exemple, *Vos bonnes graces*, au lieu de dire Vostre bonne grace : et *Les couches de madame*, au lieu de dire La couche. PHIL. Vous avez bonne mémoire : (car c'est bien là que nous en sommes demeurez) mais je ne l'ay pas bonne d'autres exemples, semblables à ceux que je vous ay proposez. Bien ay-je souvenance d'une maniere de parler en laquelle on fait le contraire : sçavoir est, quand on use du nombre singulier, au lieu du pluriel. (comme aussi je vous avez adverti que l'un se faiset aussi bien que l'autre) Car on dit, *Laver la main*, au lieu qu'on diset, Laver les mains. CELT. Quant à ce changement, je ne sçay pas sur quoy il est fondé. Car qui sont ceux qui se contentent de laver une main ? Sinon qu'on parlast du pays où vous sçavez[1]

---

[1] *Du pays où vous sçavez...* De l'Allemagne. « La première cérémonie, avant de se mettre à table, était de se laver les mains. Aux repas des grands seigneurs, on se servait pour cela d'eau aromatisée et surtout d'eau rose, si usitée chez

qu'on ne se soucie pas beaucoup de laver les mains avant que se mettre à table : car puis que ceux de ce pays là se peuvent dispenser de laver les mains, alors (en usant de leur privilege) quand ils n'en laveroyent qu'une, encore feroyent-ils plus qu'ils ne sont tenus. Et toutesfois les Grecs aussi (comme vous sçavez) disoyent, *Cata chiros hydor*[1], aussi bien que *cata chirων* : en parlant de l'eau qu'on bailloit pour laver les mains avant le repas. Tesmoin le parasite, qui disoit que *To cata chiros hydor*, (parlant de ceste

nos pères... Après le repas, avant de sortir du lieu du festin, on se lavait les mains une seconde fois. (Martenne, *Ampliss. Coll.*, t. V, col. 357.) Les Romains avaient cet usage, et nous pourrions bien l'avoir reçu d'eux, mais comme il tient à la propreté, je crois qu'il a pu être également pratiqué par toutes les nations. » Legrand d'Aussy, *Hist. de la vie privée des François*, III, 312.

Enfant d'honneur, lave tes mains
A ton lever, à ton disner,
Et puis au soupper sans finer,
Ce sont trois foys à tout le moins.

Les Contenances de la table dans : *l'Hôtel de Cluny au moyen âge*, par Mme de Saint-Surin.

« *Non nisi lotus, accumbe.* » Erasme, *Civilité puérile*, ch. IV. « On pourrait dire qu'Erasme a moins mis en maxime les règles du savoir-vivre de son temps que spirituellement critiqué ses contemporains, en prescrivant tout le contraire de ce qu'il voyait faire autour de lui. Il suffirait, pour s'en convaincre, de comparer l'un de ses colloques, celui qui est intitulé *Diversoria* (Auberges), avec les règles qu'il donne dans sa *Civilité*. » Alcide Bonneau.

[1] *Cata chiros hydor.* « Τὸ κατὰ χειρὸς ὕδωρ *vocabant aquam qua accubituri lavabant manus*, ἀπόνιμμα *autem qua post cibum manus abluebant, de qua Od.* Γ, *339. Illud* κατὰ χειρῶν ὕδωρ *omnium* ὑδάτων *suavissimum esse jocose quidam dixit apud Ath., IV, p. 156 E, ubi quaeritur quænam aquæ optimæ sint et laudatissimæ.* » *Thesaurus.* Voy. Athénée, liv. I, ch. xv; IV, xiv; IX, xviii.

eau, apres laquelle on commence à jouer des maschoires et des dens) estoit la meilleure de toutes les eaux, quoy que sceussent dire plusieurs autres, qui en disputoyent physiquement. Ce qui convient fort bien avec ce qui a esté raconté tantost de celuy qui disoit touchant le livre qui traittoit de plusieurs langues, qu'on avoit eu grand tort d'y oublier la langue de beuf, qui estoit la meilleure de toutes. Ce qui soit dit par parenthese. PHIL. Vous ne devez pas trouver estrange l'usage du singulier pour le pluriel en la façon de parler dont il est question, veu qu'elle se trouve en quelques autres. car vous sçavez que nous disons aussi, *Il a jetté l'œil sur luy :* au lieu de dire, Il a jetté les yeux. Voire se trouvent des façons de parler où il faut necessairement user du singulier, non pas du pluriel : encore que cestuy-là soit en la place de cestuy-ci. Pour exemple, nous disons *Prester l'oreille*, non pas Prester les oreilles : encore qu'on ne demande pas la droitte plustost que la gauche, ni la gauche plustost que la droitte, mais qu'on les demande toutes deux. Toutesfois qui diret, Prestez moy les oreilles, sembleret avoir envie de faire rire : et on luy demanderet quand il les voudret rendre. CELT. En ces façons de parler l'usage du singulier au lieu du pluriel se peut mieux excuser qu'en ceste autre. PHIL. Pour le moins le semblable usage des Grecs luy sert de defense. CELT. Je vous confesse que les Grecs disoyent *Cata chiros hydor*, et quelquesfois plus briesvement *Cata chiros* : mais ils usoyent aussi du pluriel, disans *Cata chirωn*. et mesmement quant à ce Parasite, aucuns racontent qu'il dit *To cata chirωn*, non pas *To cata chiros*. Et toutesfois quand bien le singulier se trouveroit plus fréquent icy que le pluriel, il n'est pas necessaire que ce qui a bonne grace en une langue, soit tel en une autre. Et outre tout cecy, il ne seroit pas incroyable que ce *cata chiros* n'eust esté dict premierement par quelque comique, estant contrainct par son vers d'ainsi parler : et depuis on l'auroit ensuivi. PHIL. Cest exemple là de Laver la main, au lieu de dire Laver les mains, nous donneret occasion d'extravaguer, si nous n'y prenions garde : il vaut mieux que je vous en propose un, où il y a bien une autre sorte de changement que d'un pluriel à un singulier. car nous disons Le dos, au lieu que nous soulions dire Le ventre, ou Le corps : et ce à l'imitation des Italiens. car aussi il nous faut retourner à eux. CELT. Quelle est ceste façon de parler, où on met le dos, pour italianizer, au lieu qu'on mettoit le ventre ? PHIL. C'est une de celles qui ne font guere d'honneur au Christianisme, et qui (comme je croy) meriteret bien d'estre condamnee aussi bien que les autres que vous avez recitees tantost. car c'est une par laquelle nous voulons faire croire à plusieurs qu'ils sont possedez du diable. Et quant aux mots Italiens, vous-mesme tantost en avez usé : or notez que nous retenons ces mesmes mots, les interpretans en nostre langue. car au lieu qu'on diset, Il a le diable au corps, ou il a le diable au ventre : maintenant les courtisans, qui veulent italianizer, disent, *Il a le diable au dos :* ou, *à dos :* ne plus ne moins que les Italiens, *Ha il diavolo à dozzo*[1]. CELT. C'est grand cas, que jusques à ces façons de parler, où un si vilain nom est appliqué, on soit curieux de nouveauté, et qu'on italianize pour la trouver : veu mesmement qu'il n'y a nulle apparence que le diable se mettant dedans une personne aime mieux se loger au dos qu'au ventre. PHIL. Pourquoy ? Pource que où on pense pouvoir faire la meilleure chere, c'est là où volontiers on cerche logis. PHIL. Et vous voulez dire que le diable peut faire meilleure chere au ventre qu'au dos. CELT. Je le veux dire : et me semble qu'il n'en faut point douter. PHIL. Je sçay bien que vous dites ceci pour rire : mais pour defendre à bon escient nostre façon de parler, par laquelle nous ne disons pas que le diable soit au dos, mais au ventre, on pourret alleguer (ce me semble) le mot *engastrimythus*. CELT. Vous m'avisez d'une defense fort bonne : laquelle je n'oublieray pas. Mais je crain que quelques Italiens ne vueillent exposer leur façon de parler autrement, quand ils se verront ainsi convaincus par ceste raison. PHIL. Laissons leur ce diable, à toutes avantures, pour le loger où

---

[1] « *Avere il diavolo o il gran diavolo addosso, vale esser nelle furie, imperversare, lat. Omnia sus deque ferre.* Berni, *Orl.*, I, 17, 66. — Varchi, *Suoc.*, 5, 3. » Crusca.

ils voudront : et passons outre. CELT. C'est bien dict. Mais je vous prie de ne pas extravaguer. PHIL. Je sauteray du coq à l'asne, et si ce sera sans extravaguer. CELT. Comment sera il possible ? voyla quasi un enigme. PHIL. Je vous veux dire quelque chouse touchant la messe. CELT. Ce sera bien vrayement sauter du coq à l'asne, du diable venir à la messe. Et comment se fera ceci sans extravaguer ? PHI. Veci comment : c'est que comme je vous ay amené un exemple d'un différent qui est entre nostre langage et l'Italien, quant au diable, je vous veux amener un exemple d'un autre différent qui est entr'eux quant à la messe ? CELT. En quoy ne s'accordent-ils pas quant à la messe ? PHIL. C'est que plusieurs Italiens ne disent pas *Udir la messa*, comme les Francés Ouir la messe, ains *Veder la messa*[1]. Car vous devez avoir ouy demander souvent, *La signoria vostra a visto la messa ?* CELT. Vous me faites souvenir de ce que j'ay ouy souvent en ce pays là. Et sçay bien qu'y estant j'ay eu peur que les François disant *Ouir la messe*, les Italiens *Voir la messe*, cela ne fust cause en la fin de quelque petit schisme, si on n'y obvioit par quelque bon concile œcumenique. Mais nos courtisans François veulent-ils italianizer en ceci, aussi bien qu'en ceste façon de parler touchant le diable ? PHIL. Non : ils tiennent bon tousjours

---

[1] *Veder la messa* ne se trouve pas dans le *Dict.* de la Crusca. « *Non vede l'hora*, il luy tarde, il est dans l'impatience. » Oudin.

pour leur façon de parler ancienne : et je croy aussi qu'ils ont peur d'estre excommuniez s'ils la changeoyent. CELT. Ce seroit grand pitié si les François n'osoyent dire Voir la messe, de peur d'estre excommuniez, et plusieurs Italiens n'osoyent dire Ouir la messe, de peur aussi de l'excommunication. Mais vous avez bien faict de dire seulement Plusieurs Italiens. car je sçay qu'en quelques lieux on ne parle pas ainsi, ains on dit *Udire*. Et me souvient avoir ouy aussi une fois diré *Sentir la messa*. PHIL. Je me doute que celuy qui parlet ainsi, entendet d'une messe chantee musicalement : et d'autant qu'on a accoustumé de dire *Sentir la musica* (comme vous sçavez) au lieu de dire *Sentir la musica de la messa*, il luy eschappa de dire *Sentir la messa*. CELT. Il pourroit bien estre : sinon qu'on trouvast qu'autres aussi parlassent de la mesme façon. Quant à *Sentir la musica*, je sçay que cela est ordinaire : et pense bien qu'à la fin on voudra italianizer en ceste façon de parler, comme en un si grand nombre d'autres : tellement que quelque matin on orra dire *Sentir la musique*, pour Ouir la musique. PHIL. Il y auret bien danger alors qu'on ne passast plus outre, et qu'on ne dist aussi *Sentir la messe*, comme l'autre diset *Sentir la messa*. CELT. Quel danger y auroit-il en cela ? PHIL. De faire rire les trespassez. CELT. Vous alleguez un plaisant danger. Et toutesfois je ne voy pas quelle occasion ils auroyent de rire, sinon que celuy qui useroit d'un tel italianisme parlast d'une messe pour les trespassez. PHIL. Laissons le reste de ceste dispute pour une autrefois : et venons à un troisieme exemple de discord entre le langage Italien et le nostre, voire d'un discord qui est beaucoup plus grand : vray est qu'il ne s'agit pas de si grand chouse qu'es deux precedens. Je di que le discord est beaucoup plus grand, pource que l'un use d'une façon de parler du tout contraire à celle dont use l'autre. CELT. J'ay grand' envie d'ouir ceste contrarieté. PHIL. Mais notez que ceste contrarieté estant és mots, n'est aucunement au sens. CELT. Tant plus grand' envie me faites vous de l'ouir. PHIL. Vous souvient-il pas de ceste façon de parler dont nous usions, *Il est demeuré bien camus*, ou, *tout camus*[1], quand nous voulions signifier que quelcun estet demeuré tout honteux, ou tout peneux ? CELT. Il m'en souvient bien : et me semble que j'en ay usé moymesme naguere. Et nous disons aussi, Cela n'a point de nez, parlans de ce qui est faict ou dict de mauvaise grace, et lourdement. Et au contraire, de ce qui est faict ou dict avec quelque grace, nous disons cela a du nez. A quoy se rapportent le *Nasus* et le *Nasutus* des Latins, et le *Μυсτηr* des Grecs. PHIL. Sçachez que nonobstant cela on ne parle plus ainsi aujourd'huy : mais on dit *Cela n'a point de garbe*, ou, *Cela a du garbe* : ou

---

[1] *Il est demeuré bien camus*. Se trouve encore dans Regnier, X, 301. *Rendre camus*, dans Molière, *Don Juan*, II, 5.

bien, *Cela est garbé*. Et quant à ceste maniere de parler, *Il est demeuré bien camus*, ou, *tout camus*, je vous adverti qu'aujourd'huy on use d'un italianisme qui est du tout contraire quant aux mots (lesquels sont Francés) et toutesfois a la mesme signification. CELT. Comment est-il possible? PHIL. Oyez le premierement. c'est qu'au lieu qu'on diset, Il est demeuré bien camus, on dit maintenant, *Il est demeuré avec autant de nez*[1], ou, *avec un pan de nez* : ou, *avec un pied de nez*, ou, *deux pieds de nez*, ou, *trois pieds de nez*, selon la discretion et liberalité de chacun. CELT. Vous avez bien raison de dire que ceste façon de parler n'est pas seulement differente de l'autre, mais du tout contraire. PHIL. Si est-ce qu'il faut ainsi parler aujourd'huy en la cour. CELT. Pourquoy? PHIL. Pourceque la coustume est de quitter icy nostre gallicisme, et user de l'italianisme. Or vous sçavez que l'Italien dit,

---

[1] *Il est demeuré avec autant de nez*. Un pied de nez dans Regnier, XI, 365 ; Gui Patin, II, 42 ; Molière, *G. Dandin*, I, 2. « Cette façon de parler vient de l'ancienne coutume selon laquelle celui qui faisait réparation d'une injure se prenait par le bout du nez et disait qu'il avait menti ; de là vient encore cette façon de parler lorsque quelqu'un ment : le nez lui enfle. » Lacurne. Un nez de honte, Brantôme, *Cap. Fr.* « Voulez-vous en françois braver un homme, vous dites que vous le ferez bien camus ou que vous luy rendrez le nez aussi plat comme une andouille : au rebours l'Italien dit *tanto di naso*, représentant un demi-pied de nez par sa main qu'il attache au bout de son nez. » Pasquier, *Rech.*, liv. VIII. « *Rimanere o restare con un palmo di naso o con tanto di naso, vale Rimaner col danno e colle beffe di cosa sperata, e non conseguita. Lat. lupus hiat.* Varchi, *Erc.*, 54 ; Cecchi, *Donzello*, 4. 8; *Malmantile*, 6, 5. » Crusca.

E restato (ou *rimasto*) *con tanto di naso*. Il est vray qu'aucuns, au lieu de dire, *Il est demeuré avec autant de nez* (qui est interpreter le langage Italien mot pour mot) et au lieu qu'il faut quand-etquand monstrer de la main quelle grandeur on entend, se dispensans un peu, disent, Il est demeuré avec un pan de nez, ou avec un pied de nez, ou deux pieds, ou trois, comme je vien de dire. CELT. Mais comment est-il possible qu'on puisse exprimer une mesme chose par deux façons de parler qui sont du tout contraires? PHIL. Il faut bien qu'il soit possible puisqu'il est vray : mais quant à la raison, je ne sçay pas si on la trouveret es Problemes d'Aristote. CELT. N'aurai-je de vous pour payement que ce petit trait de moquerie ? PHIL. Vous ne me demanderiez pas autre chouse, si vous aviez souvenance de ce que je vous ay dict. CELT. Quoy ? PHIL. C'est que les courtisans usent de plusieurs façons de parler où il ne faut cercher ni ryme ni raison. Car puis qu'ainsi est, n'est-ce pas comme si vous vouliez prendre par les cheveux un homme tondu, vouloir que je vous paye de raison? CELT. Vous m'aviez dit cela touchant les courtisans : mais je l'avois desja oublié, et ne pensois pas que vous l'eussiez dict à bon escient. Or si ainsi est, on pourra bien accommoder ce vers au langage courtisan,

Sic volo, sic jubeo, sit pro ratione voluntas [1].

[1] *Sic volo*, Juvénal, VI, 223. C'est la leçon aujourd'hui abandonnée pour : *hoc volo*, du *codex vetustus* dont s'est

Sinon qu'on vousist, en changeant un peu le commancement, dire,

Sic vult lingua loqui, sit pro ratione voluntas.

Ou bien ainsi,

Lingua nové loquitur ? sit pro ratione voluntas.

Mais je sçay bien que vous, monsieur Philausone, ne vous voulez pas aider d'un tel privilege que ces messieurs alleguent. PHIL. Si je suis courtisan comme eux, n'est il pas raisonnable que je jouisse du mesme privilege ? CELT. Si les couars se vouloyent aider de quelque privilege donné en leur faveur, les vaillans se feroyent-ils pas grand tort de s'en aider ? PHIL. Ouy. CELT. Ainsi les hommes doctes se font grand tort de se vouloir aider du privilege des ignorans. PHIL. Qui vous a dit que je suis un homme docte ? il s'en faut beaucoup que je merite ce titre : et quand je le meriteres, j'aimeres mieux avoir perdu cent escus, qu'il m'eust esté donné en la cour en maintes compagnies que je sçay bien. car ce mot de docte, seret en leur endret un equivalent ou equipollent de pedant. CELT. Je me garderay bien de vous mettre en ce danger quand nous nous y rencontrerons : je vous laisseray braire avec les asnes tout vostre saoul. Mais quel titre donc faut il donner à un courtisan pour parler de luy honorablement ? PHIL. Il faut dire, *C'est un brave homme :* ou, *C'est un galant homme :* ou, *C'est un*

---

servi Rob. Estienne pour son édition de 1544-45. Cf. *Apol.*, II, 121.

homme accort : ou, *C'est un bon cerveau :* ou, *Il a l'esprit sublin :* ou (pour comprendre tout) *C'est un homme de service : C'est un homme bien rompu aux affaires.* Au lieu de quoy aucuns, parlans plus lourdement, disent, *Uu homme bien corrompu aux affaires.* On dit bien aussi quelquesfois *Il est Grec*[1], (duquel mot j'ay parlé ci-devant) mais cela ne s'entend pas touchant le sçavoir des lettres ou sciences Greques, mais de maintes ruses, principalement courtisanesques. CLL. Vous m'avez appris ceci par parenthese, et je vous en remercie aussi par parenthese : continuant au reste en ma priere quant à me rendre raison de ceste façon de parler dont il est question, et comment elle peut s'accorder avec celle qui est contraire. PHIL. Vous estes merveilleusement importun, puis qu'il faut que je le vous die. me contraindrez-vous de vous payer d'une monnoye que je n'ay pas ? CELT. Je requier d'estre payé de raison. PHIL. Je vous di que je n'ay point de ceste monnoye, au moins qui soit recevable. car les pieces que j'ay sont trop courtes : elles ont esté rongnees. CELT. Tout ce qui viendra de vous sera recevable. PHIL. Il y a bien pis : c'est que je crain qu'en la monnoye dont je vous payeray, il n'y ait des pieces fausses. CELT. Celles que je pourray congnoistre fausses, me demeureront :

---

[1] *Il est Grec.* « Il est Grec, i. il est bon°: il est sçavant ou habile. *Item*, il est yvre. » Oudin, *Cur.* « Il est grec là-dessus (*id apprime callet*), c'est-à-dire il est adroit là-dessus. » Richelet. Voy. I, 88, 122.

je ne les employeray pas. PHIL. Vous me prenez de tous les costez. Orsus donc, pour parler maintenant sans allegorie, vous trouvez estrange qu'on signifie une mesme chouse par deux façons de parler contraires. CELT. Ouy. PHIL. Et toutesfois vous sçavez bien que deux ayans pris deux chemins contraires, se peuvent entrerencontrer, apres avoir faict chacun son circuit. CELT. Cela sçay-je bien. PHIL. Je vous di qu'ainsi est-il de ces deux phrases, et qu'elles ne sont pas contraires, à parler proprement : mais seulement prennent deux chemins contraires. Et toutesfois posons le cas qu'elles soyent contraires, n'en avez vous pas qui le sont pareillement, et toutesfois se rapportent à une mesme chouse? CELT. Je n'en sçache point. PHIL. C'est que vous n'y avez jamais pensé. car je vous allegueray des exemples de mots, dont vousmesmes usez ordinairement. Ne dites vous pas tous les jours, Sur peine de la vie, et Sur peine de la mort, (ou bien A peine, comme les autres parlent) pour une mesme chouse? CELT. Ouy. PHIL. Et toutesfois vous sçavez qu'il n'y a rien plus contraire que la vie et la mort. CELT. Ceste grande contrarieté se void par experience. Mais ce qui fait que ces phrases s'accordent, c'est qu'on entend, Sur peine de perdre la vie, et Sur peine d'estre mis à mort. Et ces deux chouses se rapportent à une. PHIL. Vous le prenez bien. Or veci un autre exemple : le feu et l'eau ne sont-ce pas aussi deux chouses fort contraires? CELT. Ouy. PHIL. Et toutesfois l'un crie Au feu, et l'autre crie A l'eau, tous deux demandans un mesme secours. Il me souvient aussi qu'Aulus Gellius[1] propose deux sortes de locutions Latines, lesquelles estans du tout contraires de prime face se trouvent signifier une mesme chouse, quand elles sont bien considerees. La premiere sorte est de ces deux, *Quoad vivet*, et *Quoad morietur* : la seconde sorte est de ces autres deux, *Quoad senatus habebitur*, et *Quoad senatus dimittetur*. Or quant à la premiere sorte, qui est de ces deux, *Quoad vivet*, et *Quoad morietur*, elle vient fort à propos de ces exemples que j'ay alleguez, Sur peine de la vie, et sur peine de la mort. CELT. Je trouve tous ces exemples tant François que Latins fort propres, pour prouver ce que vous avez entrepris : et me semble comprendre les raisons pour lesquelles ces façons de parler s'entrerencontrent, encore qu'elles prennent un chemin contraire. Mais il faut que je vous confesse ne pouvoir pas dire le mesme touchant ces deux qui ont meu ceste dispute. car je ne voy raison aucune, par laquelle on puisse dire qu'elles tendent à un mesme but. PHIL. Souvenez vous de ce que vous m'avez promis, de prendre ma monnoye en payement, encore qu'il y eust des pieces fausses. car suivant cela je vous declare que je vous diray, non pas (peut-estre) ce qui en est, mais pour le moins ce que j'en pense. CELT. Ce me sera assez. PHIL.

[1] VII, 21.

Veci donc mon opinion, quant à la raison pour laquelle ces deux manieres de parler signifient une mesme chouse : quand on dit, Il est demeuré bien camus, ou tout camus : et quand on dit, Il est demeuré avec autant de nez : et que c'est ne plus ne moins que si on diset, Il est demeuré tout confus, ou tout peneux, ou tout honteux : et ne demande qu'à se cacher. Veci (di-je) mon opinion touchant la raison par laquelle les deux façons de parler dont il est question, s'accordent : c'est que quand on dit, Il est demeuré bien camus, on a esgard à ce que les camus sont fort moquez en France, et tellement qu'ils ont comme honte de leur imperfection, encore qu'ils n'en puissent mais. Et quand on dit, Il est demeuré avec autant de nez, on considere la façon de faire d'un homme qu'on rend soudainement tout honteux. car il baisse la teste, tournant le visage contre terre, comme aussi fait volontiers la personne qui vient à se contrister. Or pour exprimer cela par une hyperbole, on dit, Il est demeuré avec deux pieds de nez : comme si on voulet dire qu'il a presque baillé du nez en terre. Mais alors il faut imaginer, non pas un qui baisse bien fort la teste pour ce faire, mais qui a le nez si grand, qu'en se baissant tant soit peu, son nez rencontre la terre. CELT. Que n'ay-je autant d'escus qu'il y a de personnes qui usent de ceste façon de parler, sans en sçavoir rendre telle raison. PHIL. Mais que sçavez vous si ceste raison est la vraye ? CEL.

Je sçay pour le moins qu'elle a grande apparence. Je pense bien toutesfois qu'aucuns se contenteroyent d'une raison plus simple, et où il ne faudroit pas tant philosopher. PHIL. Quelle? CELT. Que comme le camus est honteux pour son ellipse de nez, aussi est celuy qui l'a si exorbitamment[1] grand, qu'on peut dire d'autre costé, que c'est une hyperbole de nez. PHI. Ceste raison paraventure se trouvera d'aussi bonne mise que la mienne. Car il me souvient qu'entre les epigrammes Grecs[2], il y en a plusieurs contre les nez qui sont grands exorbitamment et despiteusement : et c'est en un endret où on se moque des laids et difformes : comme si la laideur consistet en cela autant qu'en aucune autre chouse. CELT. Je ne sçay si un trait duquel j'ouy un jour user à un courtisan, estoit point pris de là. c'est qu'il dit, se moquant d'un sien compagnon, qui avoit ainsi le nez grand hyperboliquement, que son nez arrivoit tousjours au logis plustost que luy. PHIL. Il ne me souvient pas que ce trait y soit : bien ay-je souvenance d'autres qui sont merveilleusement plaisans, à cause des hyperboles fort hardies. Comme où il est dict qu'un avet le nez si horriblement grand qu'il ne se pouvet pas moucher : pource que son bras ne pouvet pas avenir jusques au bout de son nez : et que quand il esternuet, il ne diset pas, *Jupiter*

---

[1] *Exorbitamment.* « Par St Picaut, vous estes exorbitamment incrédule. » Cholieres. *Après-dînées*, VI.

[2] *Epigrammes grecs.* Voy. *Anthologie*, tr. Dehèque, I, 420.

sauve moy, (où il faut noter en passant la façon des payens de ce temps là) pource qu'il y avet si loing depuis son nez jusques à ses oreilles, qu'elles ne pouvoyent ouir l'esternuement. D'un autre il est dit qu'il avet le nez si vilainement grand qu'il luy servet à pescher du poisson, en attachant un hameçon au bout. D'un autre est dict que son nez servit une fois d'eschelle au besoin. Il-y-a encore quelques autres hyperboles fort plaisantes, que ma memoire n'a pas sceu garder. CELT. Je me transporteray demain sur le lieu pour voir les autres. et suis joyeux que vous avez mis en avant un tel italianisme, qui a esté cause de me faire ouir des traits si gentils. Mais escoutez, Monsieur Philausone, entre les italianismes, ou façons de parler Italiennes, ausquelles s'accommodent pour le jourd'huy nos courtisans, vous ne m'avez point parlé d'une à laquelle principalement je souhaitterois pour leur grand bien qu'ils se pussent accommoder. notez que je mets bravement en prattique vostre beau mot Accommoder. PHIL. De laquelle entendez-vous ? il se pourret bien faire que je l'aures oubliee. CELT. Pleust à Dieu que vous eussiez oublié à m'en dire des nouvelles, et que maintenant me les dissiez. vous ne m'en avez point dict de si plaisantes. PHIL. Je ne puis penser quelle façon de parler vous entendez. CELT. C'est une à laquelle si on s'accommodoit en France, on ne verroit pas tant de pitiez. PHIL. Comment, tant de pitiez ? CELT. J'enten qu'on ne verroit plusieurs entrer souvent en si grande cholere, aucuns nourrir si long temps une rancune, et en la fin s'entrebattre et s'entretuer. PHIL. Dite-moy, de grace, de quelle accommodation vous parlez. car ceste longueur me donne fastide : vous me faites trop stenter. CELT. C'est par despit que vous me batez maintenant les oreilles de ces italianismes. PHIL. Je le vous confesse : et vous di bien d'avantage, que si vous ne vous hastez de me faire response, je desgaineray tant d'autres italianismes tout en un coup, que je vous feray crier, Aï me, les oreilles. car je ne les vous battray pas seulement, mais les rompray. CELT. Il ne me faut pas crier, *A furore Normanorum libera nos Domine,* mais, *A furore Philausonis libera nos Domine.* PHIL. C'est bien pour m'appaiser, de se burler ainsi de moy, comme de quelque mat à vintetquatre carats, de quelque gayoffe, de quelque coyon. CELT. Helas je vous prie ne desgainer pas davantage de ces mots italianizez, mais rengainer ceux-ci : et je vous diray ce que desirez sçavoir. PHIL. S'il ne tient qu'à cela, je vous auray bien tost rendu content. CELT. L'accommodation que j'enten, c'est que les François s'accoustumassent à avaler aussi doucement *Il n'est pas vray,* que les Italiens avalent doucement *Non e vero.* PHIL. C'est une chouse que nous devons et pouvons bien souhaiter : et pouvons dire toutesfois que nous ne la verrons jamais, sinon qu'on trouve l'invention de nous refondre. Car *Non e vero* ne sonne point mal aux oreilles Italiennes, comme sonne *Il n'est pas vray*, aux oreilles Franceses. Ne sçavez vous pas qu'on estime, *Il n'est pas vray*, et, *vous avez menti*, estre cousins germains? CELT. Je le doy bien sçavoir. mais pensez vous qu'il seroit impossible de leur persuader qu'ils s'abusent en ceste maxime? et que l'un est injure, l'autre n'est qu'une simple reprenhension? PHIL. Ouy, je pense qu'il n'y a si bon prescheur qui leur pust persuader cela. car il me souvient que moy-mesme estant nouvellement arrivé en Italie, et voyant que ces mots, *Signor mio, non e vero*, s'avaloyent si doucement, estes aussi estonné que si des cornes me fussent sorties. Mesmes au commancement je penses que mes oreilles se trompassent, et n'entendissent pas bien. Et vous puis dire davantage, qu'il me semblet que ceux qui enduroyent ces paroles si patiemment, n'avoyent pas le sentiment que vrays hommes doivent avoir : et dises quelquesfois en me riant que je penses qu'ils ne fussent pas de chair et de sang, mais de quelque autre matiere. et vous asseure que j'aves pitié d'eux. CELT. Voila que c'est, vous jugiez de vostre cueur l'autruy. Vrayement ce ne seroit pas à vous qu'il faudroit bailler la charge de prescher aux François l'accommodation de laquelle nous parlons. PHIL. Je ne sçay à qui on se pourret adresser. car il faudret que ce fust un Frances, et homme d'esprit et entendement. or j'estime qu'un Frances tant plus aussi il a l'entendement bon, tant plus aussi il a le sang bon. CELT. Un homme peut avoir le sang bon, et toutesfois ne l'avoir pas si chaud que l'a un autre. PHIL. Et moy je croy que tant plus un homme a le cueur en bon lieu (comme on parle aujourd'huy) tant plus il a le sang chaud. CELT. Le sang plus chaud fait qu'on s'esmeut plustost : mais celuy qui s'esmeut un peu plus tard, est quelquesfois celuy qui est le plus malaisé à appaiser. PHIL. Mais pensez un peu que diroyent les vrays Frances à celuy qui estant du mesme pays, et de mesme qualité (car pour bien faire il faudret que celuy qui parleret aux gentils-hommes fust pareillement gentil-homme) leur voudret persuader que desormais ils doivent avaler doucement ceste pilule, *Il n'est pas vray*. Quant à moy je pense que ce harangueur se mettret en un tresgrand danger, comme les voulant induire à degenerer, voire à estre traistres à leur honneur et reputation. Et pour vous dire la verité, je ne puis croire que les Italiens n'entendent aussi bien que nous, que ces mots, Il n'est pas vray, equipollent un desmentir : mais je pense qu'ils font semblant de ne l'entendre pas, afin qu'il ne faille point à toutes heures mettre la main à l'espee. Quoy qu'il en soit, il faudret necessairement que celuy qui feret une belle harangue aux Francés, fust Italien. CELT. Imaginons donc (je vous prie) que diroit un Italien qui voudroit par une belle harangue persuader telle chose aux François. PHIL. Je ne suis point imaginateur : je vous laisse ceste imagination. CEL. Je vous y veux aider. PHIL. Je la vous laisse toute. Mais si vous me voulez proposer quelque project d'une telle harangue, je vous en diray franchement mon opinion. CELT. Un project ce sera comme une chose qu'on aura imaginee. PHIL. Tant-y-a que je ne m'en veux point mesler. CELT. Vous me voulez donc laisser toute la besongne : laquelle toutesfois est bien difficile. Mais pour le moins vous me donnerez courage. PHIL. A cela ne tiendra il que je n'oye bien tost quelque belle harangue et bien fagottee. CEL. Harangue bien fagottee, dites-vous? c'est grand cas que vouliez vous en moquer avant que l'ouir. Ceci est bien pour m'oster tout courage, non pas pour m'encourager. PHIL. C'est pitié d'avoir à faire à un tel homme qui prend ainsi en mauvaise part ce qu'on luy dit. CELT. Je ne sçaurois prendre en bonne part cela où il n'y-a point de bien. PHI. Or contentez-vous que je ne parleray plus d'une harangue bien fagottee, mais d'une harangue bien troussee. CELT. Il vous la faut ouir : et puis vous l'appelerez comme vous voudrez. Mais pour le moins promettez moy de l'excuser : ayant esgard principalement à ce qu'elle est faicte à l'improviste. PHIL. Je le vous promets. CEL. Escoutez donc : et vous gardez bien de rire, de peur de me troubler.

Messieurs, je vous prie en premier lieu n'interpreter à presomption la remonstrance que je veux vous faire : et n'estimer que j'aye autre motif à vous donner le conseil que vous orrez, qu'une bonne et cordiale affection que je porte à la France, non moindre qu'à ma propre patrie : comme aussi l'honneur et le bien que j'ay receus des François, m'obligent grandement à une telle affection. Et quand bien cela ne seroit, le devoir d'humanité de s'entremonstrer le chemin les uns aux autres, quand on se fourvoye, me commanderoit de vous advertir de ce dont maintenant je vous vien parler. Il vous plaira toutesfois ne recevoir point cet advertissement comme venant de moy seulement, mais comme venant de la part d'un grand nombre de personnes de ma nation, qui vous portans la mesme affection, eussent bien desiré, chacun en son endroit, de trouver aussi la mesme occasion de la vous declarer par effect. Messieurs, vous sçavez que ç'a esté de tout temps que les hommes ont eu la veue beaucoup meilleure et plus aigue à voir les imperfections d'autruy que les leurs. Voire advient souventesfois que voyans clairement celles d'autruy qui sont bien petites, ils sont presque aveugles alendroit des leurs propres, encore qu'elles soyent fort grosses. Et pourtant j'espere que vous ne trouverez estrange que je die voir bien une faute que fait vostre nation, (et les gentils-hommes principalement) encore que je confesse ne pouvoir pas voir plusieurs que commet la mienne. Or, pour vous mieux monstrer que je n'ay point deliberé de vous flatter, mais faire office de bon ami, je ne vous veux point celer que la faute dont il est question, me semble merveilleusement grande : et toutesfois (de quoy on se pourroit esbahir) elle ne procede que de ces cinq petis mots, *Il n'est pas vray* : ou plustost de la sinistre interpretation d'iceux. Comment? direz-vous. Pour ce que voulans estre plus speculatifs que nous, imaginez soubs ces mots quelque chose qui n'y est pas : au lieu que quand bien elle y seroit, vous devriez vous persuader qu'elle n'y est pas : ou bien commander tellement à vostre passion que n'en fussiez non plus esmeuz que si elle n'y estoit point. Et ne pouvans faire ni l'un ni l'autre, vous devriez pour le moins user de dissimulation (chose qui n'est pas malaisée à faire) et ne faire pas semblant de prendre ces paroles en mal, et d'en estre esmeuz. Mais vous faites bien au contraire. car vous imaginez une grande injure soubs ces paroles, *Il n'est pas vray.* laquelle imagination est cause de grands maux, et quelquesfois couste bien cher, voire la vie, aux imaginateurs mesmement. Car n'estant estimé fils de bonne mere celuy qui ne met la main à la dague, ou à l'espee, quand on luy a usé de ces termes, comme si on l'avoit desmenti, il advient souvent que celuy qui craind perdre son honneur en les endurant, perd la vie, pour ne les pouvoir endurer, car en pensant batre, il est batu. Or advisez s'il ne vaudroit pas mieux ne mettre pas si chaudement la main aux armes, et ne se faire point tuer à credit. car c'est bien se faire tuer à credit quand on ne fonde sa querelle sur autre chose que sur une ancienne coustume : veu qu'elle mesme n'a d'autre fondement (sous correction) qu'une imagination : afin que je retienne le mot dont j'ai usé pour signifier une exposition forgee anciennement en quelque cerveau, qui prenoit trop grand plaisir à subtilizer en telle chose. Advisez (di-je) s'il ne vaudroit pas beaucoup mieux examiner bien ces mots premierement : en prenant exemple à nous, qui ne trouvons point, apres un long examen d'iceux, qu'ils emportent aucunement injure : mais qu'ils sont seulement une reprehension, ou comme un advertissement à celuy qui pense dire vray, s'il se trompe. Comme si on disoit Vous, qui en disant telle chose, pensez dire vray, je vous adverti que vous vous trompez, et que la verité est autre que vous n'estimez. Je vous laisse penser maintenant si un homme qui est en son bon sens, quand il interpretera ainsi ces cinq petites paroles *Il n'est pas vray*, au lieu de remercier celuy qui les dira, luy baillera un coup d'espee, ou de dague, ou pour le moins un soufflet, ou une bastonnade, selon la qualité du personnage. Voyla pourquoy vous ne devez trouver estrange si nous n'avons accoustumé de nous esmouvoir pour ces trois mots, *Non e vero*, lesquels correspondent à ces cinq vostres. car nous les considerons comme il les faut considerer : et trouvons encore plus estrange que vous veniez à vous escarmoucher ainsi pour ces paroles, que vous ne trouvez estrange que nous ne le faisons point.

Joinct qu'il y-a encores une autre consideration : c'est que souvent ces mots se peuvent entendre comme si on disoit, Celui qui a dict ce que vous dites, n'a pas dict vray. Toutefois pour user de briefveté on dit, Il n'est pas vray. Mais vous voulez vous arrester à vos predecesseurs, et à la coustume comme j'ay dict. Ce que vous ne continuerez pas de faire, si vous me voulez croire : ains encore que quelcun de vos predecesseurs (car il faut bien que quelcun ait commancé, et monstré ce chemin aux autres) faute de prendre garde d'assez pres à la difference qui est entre les deux façons de parler que vous pensez estre du tout semblables, soit venu à presenter le combat pour l'un, aussi bien qu'il eust fait pour l'autre, et que depuis chacun l'ait ensuyvi : ne laissez pourtant de recongnoistre maintenant qu'il vous monstra un mauvais chemin, et de confesser qu'il vous donna un pernicieux exemple : veu qu'il a esté cause de plusieurs meurtres qui se sont faicts et se font tous les jours, depuis tant d'annees, en une infinité de lieux de vostre France. et que sans vous entretuer pour une telle occasion, vous avez assez d'autres moyens de monstrer que vous avez le cueur en bon lieu. Ne laissez pourtant (di-je) de recongnoistre cela maintenant. Car en telles choses a lieu l'ancien proverbe, qu'il vaut mieux tard que jamais [1].

---

[1] *Il vaut mieux tard que jamais.* Se trouve dans *Ægidii Nuceriensis adagiorum Gallis vulgarium in lepidos et emunctos latinæ linguæ versiculos traductio*, avec cette traduction : *Utilius tardè qnam nunquam discere velle.*

Or sus, que direz-vous de ceste harangue, monsieur Philausone? direz vous qu'elle est bien fagottee, ou bien troussee? PHIL. Je n'en diray autre chouse, sinon qu'elle ne feret pas grand peur et ne donneret pas grand'peine à un qui y devret faire responce. CELT. Je me doute que vous avez envie de contreharanguer. PHILA. Pourquoy n'en aures-je envie? Et je croy que vous ne trouverez pas mauvais que tout-ainsi que vous avez harangué en la personne d'un Italien, en representant son naturel, aussi je contreharangue en la personne de celuy que je suis, à sçavoir d'un Francés, suivant pareillement le naturel de la nation. CELT. Je n'ay garde de le trouver mauvais : mais je vous veux bien confesser que si je me fusse douté que ma harangue auroit à soustenir les assauts d'un tel orateur, je l'eusse bien mieux fortifiee. PHIL. Je croy, monsieur Celtophile, que puisque vous me faites cest honneur de dire que je suis vostre maistre, et que vous avez envie d'apprendre bien la leçon que je vous bailleray touchant les termes qui sont bien-venus ou mal-venus en nostre cour : vous ne serez pas marri que je prenne la hardiesse d'interrompre le propos, pour vous donner un petit advertissement, lequel autrement je seres en danger d'oublier. CELT. J'aurois le plus grand tort du monde de me fascher de ce qu'on fait pour mon proufit. Dites hardiment, et au

---

Se trouve aussi dans Gruter, *Florilegium, proverbia*, p. 225, sous la forme : *Mieux vaut tard que jamais.*

lieu de mescontentement, attendez un remerciement. PHIL. Je vous adverti donc des maintenant, que quand vous serez à la cour, vous vous gardiez bien d'user d'aucuns termes qui sentent le barreau. CELT. Qu'est ce à dire, termes qui sentent le barreau? car il y a si long temps que je suis sorti de France, que je ne me puis pas ressouvenir de tout mon François. PHIL. Termes du barreau, ou Mots du barreau, sont ceux desquels ont accoustumé d'user les advocats plaidans au barreau. Or m'en suis-je souvenu quand vous avez usé du mot Fortifier. car aucuns d'eux disent volontiers, *Pour fortifier mon dire*[1] (comme aussi quelques uns *Pour corroborer mon dire*) ce qui est cause de faire remarquer ce mot. CELT. Quant à moy je l'eusse remarqué (si je me fusse trouvé là) non pas comme mal propre, ains comme estant dict fort proprement. PHIL. Mais il vous faut accommoder au jugement et au goust des courtisans. Et vela pourquoy je vous veux advertir aussi d'une façon de parler dont vous avez usé paravant : asçavoir *Soubs correction*[2]. Car sçachez qu'aujourd'huy les courtisans commancent à se desgouster de ce langage, comme sentant la cour de Parlement. CELT. Comment donc disent ces messieurs qui sont si délicats et si hapsicores[3]? J'ai usé de ce mot en despit de

[1] *Pour fortifier mon dire.* « Fortifier, *confirmare, corroborare.* » Nicot. « Fortifier, *fortificare.* » H. Victor.

[2] *Sous correction.* Littré donne sous et sauf. *Sauf correction*, Molière, *Avare*, I, 3.

[3] *Hapsicores.* Ἀψίχορος, dégoûté.

leur delicatesse : que diroyent-ils qu'il sent? PHIL. Ils vous diroyent ne sçavoir pas que sent ce mot : mais quoy que ce soit qu'il sente, qu'il leur fait mal au cueur. CELT. Mon Dieu, qu'ils sont devenus tendres de cueur! PHILA. Plus que vous ne pourriez croire, et principalement en ce qui concerne le langage. CELT. Mais quant à ceste façon de parler, *Soubs correction*, comment la changent-ils? disent-ils, Sauf correction? PHIL. Ils ne la changent point, mais la quittent du tout, et usent d'une autre. CELT. Quelle? PHIL. Ils disent, *Sauf meilleur advis*. CELT. Mais en quelques lieux conviendroyent bien ces mots-là, où ceux-ci ne pourroyent convenir. PHIL. Tant y-a qu'ils font si bien (au moins quelques uns qui sont des plus curieux quant au langage) qu'ils se passent de ceux-là. CELT. Quant à moy, je ne sçay comment ils s'en peuvent passer : et puis qu'ils en viennent jusque là, de condamner une façon de parler qui est si authentique, je croy qu'ils en doivent condamner beaucoup d'autres. PHIL. Pour le moins seret bien condamné cest *Authentique* aussi, dont vous venez d'user, comme sentant son langage de chiquaneur. CEL. Cela me facheroit bien encor d'avantage, qu'on me reprochast que j'usasse de mots sentans le langage de chiquaneur, que si on disoit qu'ils sentent celui de la cour de Parlement. PHIL. Peut estre qu'on diret encores autrement, asçavoir qu'ils sentent leur clerc, ou leur clerc du Palais. CELT. Il me souvient d'une façon de parler qui vaut autant que ceste-là Soubs correction, mais qui n'est pas aussi usitee : de laquelle je croy qu'ils se moqueroyent bien encore d'avantage. Car j'ay ouy dire aussi *Parlant avec supportation*[1], ou *Pour parler avec supportation*. PHIL. Vous pouvez bien croire qu'ils s'en moqueroyent encore beaucoup plus. CELT. Pour vous dire la vérité, je n'en ay ouy user qu'en quelques confins de France. Mais pourquoy ne pourroit-on ainsi parler ? vous sçavez que cecy seroit jugé bon François, Je vous prie d'estre supporté en ce que je di : ou, en ce que je diray. PHIL. Ce mot Supportation est trop malaisé à supporter aux oreilles. Mais sans y penser nous faisons nostre parenthese beaucoup plus longue qu'il ne falet. CELT. Nous estions tous deux d'une mesme pensee. car j'ay envie d'ouir la contre-harangue, encore qu'elle doive beaucoup diminuer de ma reputation. PHIL. Cela ne voudres-je pas dire : mais seulement qu'elle vous rabbatera bien vostre caquet. CEL. Tel menace qui a grand peur[2]. il semble que vous ne sçachiez par quel bout vous devez commancer. PHIL. Plusieurs des excellens orateurs avoyent cela anciennement, de se trouver un peu empeschez au commencement, voire de se troubler un

---

[1] *Supportation* n'a pas trouvé accès dans les lexiques.

[2] *Tel menace qui a grand peur.* Traduit par Gille de Noyers ainsi :
    Saepe timore labat qui verba minantia jactat.
Tel menace qui a peur, dans Gruter, *Florilegium*, prov., p. 254.

peu, principalement quand il falet haranguer sans longue premeditation : à plus forte raison serai-je excusable, veu que je harangueray sans aucune premeditation, ni longue, ni courte. CELT. Si vous vouliez estre excusé par moy, il ne me faloit pas menacer. PHI. Je vous desmenace. CEL. Si est-ce que maintenant je ne vous promets rien : j'adviseray que j'auray à faire. Mais ne voulez-vous point commancer? Que regardez-vous tant? regardez vous si vostre harangue aura bon vent? PHIL. Vous estes plaisant : et croy que vous avez envie de me faire tant rire, que cela me face oublier toute ma science de navigation oratoire (suivant ce que vous parlez du bon vent) mais à toutes adventures je me vay embarquer.

Messieurs, le desir que j'ai d'estre brief en ceste responce, (comme mon naturel a tousjours aimé la briefveté) me gardera d'user de long préambule : et seulement vous prieray de m'excuser si ma harangue est un peu plus longue que la sienne : en considerant que celuy qui respond est contraint de deduire des poincts desquels il se fust bien passe, et de les deduire plus au long qu'il ne voudret. Messieurs, quoy que celuy auquel je vien pour respondre, vous puisse alleguer, je trouve sa presomption et audace n'estre point excusable en ce qu'il s'est ingeré de faire une remonstrance, laquelle quand bien il eust esté necessaire de faire, toutesfois ceste charge n'appartenet à luy, ni autre de sa nation. Et quant à la bonne affection qu'il met en avant, je le prie de garder la demonstration d'icelle à une autre fois. car il la faudret declarer en un autre endret que cestuy-ci, en laissant ceste charge qu'il a entreprise, à un de nostre nation. Pourquoy? direz-vous. Considerez bien, messieurs, (s'il vous plaist) la raison que je vous rendray. car j'espere que l'ayant bien consideree, vous la prendrez volontiers en payement. Je di que tous hommes ont cela de nature, qu'ils jugent de leur cueur l'autruy. or il me confessera luy mesme (s'il luy plaist) que le cueur Frances est different du cueur Italien : (et quand il le voudret nier, l'expérience me serviret de tesmoignage) et puis qu'ainsi est, il est raisonnable que le François juge d'un cueur François : l'Italien, d'un cueur Italien, s'il est question de faire bon jugement. Car tout ainsi que quand un malade dira à un qui est sain, qu'il s'esbahit comment il trouve goust en une telle ou telle viande : il lui respondra que s'il estet aussi sain que luy, et spécialement avet les parties qui peuvent juger du goust de la viande, aussi saines qu'il les a, il ne s'esbahiret pas de cela : pareillement quand un qui a le cueur autre que le Francés lui vient à dire, Je m'esmerveille comment vostre cueur s'esmeut ainsi pour telles paroles : à bon droit le Francés lui respondra, Si vous aviez un cueur pareil au mien, vous ne vous esmerveilleriez point de telle chouse. La conclusion donc est fort aisee à faire, que quand bien il eust esté necessaire de faire telle remonstrance aux Francés, il eust falu qu'elle eust esté faicte par un Francés, ou pour le moins par autre qu'Italien. Or maintenant je vous declare que tant s'en faut que j'accorde, ceste remonstrance estre necessaire, qu'au contraire je di qu'elle est pernicieuse. La raison est, qu'elle veut induire les Francés à degenerer de la generosité de leurs ancestres, et à estre traistres à eux mesmes : c'est à dire à leur propre honneur, lequel ils ont (comme aussi ils doivent avoir) plus cher que tous les biens qu'ils ont, ou qu'ils pourroyent jamais avoir en ce monde. Et ne faut penser que depuis un si grand nombre d'annees que les Francés ont ceste coustume de repousser telles paroles de la pointe de l'espee ne se soyent trouvez entr'eux mesmes quelques-uns qui ayent pu examiner ces paroles bien exactement, sans qu'il ait falu attendre une interpretation estrangere d'icelles. Laquelle (sauf meilleur advis) se trouvera avoir plus de subtilité que de fondement, voire que de verité (car cest harangueur endurera, s'il luy plaist, aussi bien ceci, qu'il a accoustumé d'endurer *Non e vero*) si on veut prendre la peine de la bien esplucher, et la considerer de pres. Tellement qu'à la fin il faudra confesser qu'il n'y a autre difference entre ces deux façons de parler (en se contentant d'une simple exposition) qu'en l'une on desment directement : quand on use de l'autre, on desment indirectement : et confesser par mesme moyen qu'à bon droit les cueurs genereux de nos ancestres n'ont pas moins abhorré et n'ont pas rejeté avec moins de coups d'espee l'une que l'autre. Mais il ne se faut pas esbahir si cest harangueur ne fait pas grand cas d'un desmentir[1] indirect, et comme sa nation ne le prend point à cueur, aussi veut-il nous persuader de faire de mesme. Pourquoy ne s'en faut-il point esbahir? me demanderez-vous. Pource qu'ils jugent de leur cueur l'autruy, ne considerans ou ne congnoissans point la difference qui est entre leur naturel et le nostre. Laquelle neantmoins est si grande, que combien que nous ne pouvions supporter un desmentir indirect, non plus qu'un direct, ni aucune façon de parler qui en approche, (encore que ce ne soit de pres) eux au contraire supporteront en un besoin un desmentir direct, un desmentir qui ne sera aucunement desguisé, un desmentir qui sera *in puris naturalibus*, qui sera en propres termes et propre forme. Au lieu que nous des nostre premiere jeunesse (ce qu'il faut noter) avons une si grande apprehension du desmentir, que si on nous dit seulement, Il n'est pas ainsi, ou La chouse va autrement, venons à respondre, J'ay donc menti. Que si des le commencement de nostre aage nous appre-

---

[1] *Desmentir*. Dementir dans Marguerite, dementi et desmentir dans Montaigne, dementie et dementir dans Lanoue, desmenti dans d'Aubigné, desmenterie dans Carloix. La vieille langue avait encore : desmentement, desmentissement et desmentoison.

hendons tellement l'injure qui est au desmentir, que l'ombre mesmement d'iceluy (s'il faut ainsi parler) nous est insupportable, je vous laisse penser s'il est pas bien temps maintenant, quand nous avons pris nostre pli, de nous venir haranguer, pour nous faire changer de naturel : quand bien il auret monstré par quelque bonne raison et bien pertinente que nous le devons changer. ce qu'il n'a pas monstré, n'estant point entré si avant en matière que je penses qu'il entreret. Car, pour vous dire la verité, messieurs, au lieu que par ceste harangue (qui est autant estrange que le harangueur est estranger) ont esté alleguez les meurtres qui procedoyent de ce que nous prenons tant à cœur le desmentir, et tout ce qui approche du desmentir, (lesquels aussi on pourret alleguer pour persuader aux gentilshommes, aussi bien qu'aux autres, de n'aller jamais à la guerre, ains estre perpetuellement casaniers) je craignes fort d'estre affaibli par une allegation, laquelle est bien de plus grand poix et de plus grande auctorité que toutes celles qu'il a mises en avant, et qu'il pourret mettre : comme ainsi soit qu'elle merite qu'on luy porte respect, voire reverence, en ayant esgard au lieu d'où elle est prise. J'enten l'allegation du commandement de nostre Seigneur Jesus Christ, par lequel il veut que nous endurions patiemment l'injure qu'on nous fait : voire jusques à tendre la joue senestre[1] à celuy qui nous aura frappé en la dextre. Car combien que cest harangueur n'ait faict aucune mention de ceci, toutesfois pource que je sçay que plusieurs d'entre vous qui ont bien autre zele au Christianisme que luy (car il faut qu'il en ait bien peu, veu qu'il a oublié d'alleguer la patience Chrestienne) ne faudront pas d'y penser, et le bien considerer, je ne l'ay point voulu passer sous silence. Je vous veux bien confesser toutesfois que je mets ceci en avant, non pas tant pour y respondre, que pour vous prier de m'excuser si je n'y fay autre responseu, sinon que j'ay esperance que nostre Seigneur aura compassion de nostre imbecillité, laquelle est du tout esloignee de ceste patience qu'il nous a commandee : esloignee aussi de ce qu'a dict cest harangueur, quant à commander à nos passions. De quoy je voudres bien qu'il nous monstrast le chemin. car il ne peut pas dire qu'il commande à sa passion en ce dont il s'agit veu qu'il confesse ne s'en esmouvoir aucunement. Mais en quelque autre chouse il nous monstreret ce chemin, alors que nous le luy verrions prendre. Et pour le prendre il faudret qu'il entendist que c'est Dieu qui peut commander à nos passions, estant par nous instamment

---

[1] *La joue senestre.* « La joue de tous les hommes d'honneur est la même. — Ce n'est pas tout à fait l'avis de l'Evangile. — L'Evangile est dans mon cœur et dans mon fourreau et je n'en connais pas d'autre. » Diderot, *Jacques le Fataliste.*

prié de ce faire, en ayant pitié de nostre grande imbecillité. Or je ne sçay si j'oseray point dire que la pitié est encore plus grande es courtisans qu'es autres personnes d'autre condition et qualité : pource que la façon de vivre courtisanesque les contraint de faire beaucoup de chouses qu'autrement ils n'auroyent garde de faire, et qu'ils font avec grand regret. Mais notamment quant à ce qui concerne l'honneur, vous sçavez comme il faut qu'ils tiennent roide : et que si ils en laschent tant soit peu, ils tombent incontinent en une infamie, laquelle aucuns d'eux craignent plus que l'enfer, et toutes les peines d'enfer. En quoy toutesfois je confesse qu'ils font mal, et que plustost ils devroyent renoncer à ce qui les contraint de craindre plus Dieu que les hommes. Mais la pitié est aussi en ce que une grand' partie fait mal sans sçavoir qu'elle fait mal. Or vous sçavez qu'il y a grande difference entre le serviteur qui ne fait pas la volonté de son maistre, pource qu'il ne la sçait pas, et celuy qui, encore qu'il la sçache, ne la veut point faire. Car il me semble qu'il est escrit, *Ille servus*[1] *qui cognovit voluntatem domini sui, et non fecit secundum eam, vapulabit multis : qui autem non cognovit, et fecit digna plagis, vapulabit paucis.* Que si une telle ignorance excuse aucunement les delinquens, et fait que la punition soit moindre, les courtisans sont excusables plus

---

[1] *Ille servus...* Luc, XII, 47.

que toutes autres personnes, de quelque condition ou qualité qu'ils soyent : pource qu'il-y-a une infinité de chouses qui les fait vivre en ceste ignorance. Veci que je di seulement : n'ayant garde de penser que les courtisans ont leurs privileges à part, leurs dispenses à part, leur paradis à part : (comme aucuns pensent qu'eux se persuadent) mais ayant esperance que Dieu par sa sainte grace et misericorde aura pitié d'entre nous courtisans d'autant plus que nous avons d'appasts et allechemens à tout mal, et que nos esprits sont en une captivité de laquelle il leur est impossible de sortir. Car n'estet cela, il est certain que pour un monastère de filles repenties on en auret dix de courtisans repentis. Et pour conclusion, messieurs, d'autant que je sçay que quand bien cest harangueur, au lieu de vous alleguer les raisons frivoles que vous avez ouyes de luy, vous auret allegué ce commandement de nostre Seigneur Jesus Christ, encore n'auret-il pu vous destourner d'ensuyvre vos ancestres en ce dont il est question (car vous respondriez que vous aimez mieux faire tort à vostre ame pour l'advenir, que faire tort à vostre honneur envers les hommes présentement) je vous exhorteray que toutes et quantes fois que vous suivrez l'exemple de vosdicts ancestres plustost que ce commandement, ce ne soit pas sans prier ce grand Commandeur qu'il vous vueille pardonner encore qu'il n'eust point pardonné à eux.

CELT. Vous feriez un dangereux orateur en

une republique, monsieur Philausone. car je me doute que vous ne voulez pas estre appelé harangueur. PHI. Appelez moy lequel de ces deux il vous plaira : mais n'y adjoustez point ce Dangereux. CELT. J'ay bien occasion de l'adjouster. car vous mettriez souvent beaucoup de bonnes causes en grand danger. Et entre autres choses j'ay consideré qu'ayant dict qu'il faloit que ce fust un Italien qui exhortast les François de changer la coustume dont nous parlions, vous avez soustenu tout le contraire en vostre oraison : comme si il faloit là aussi *servire causæ potius quàm veritati*. Toutesfois la conclusion d'icelle me fait penser que vous avez eu quelque scrupule et remords de conscience : encore que je ne puisse croire que vous l'ayez deschargee sinon à demi. car j'estime que vous n'eussiez pas conseillé à vos compagnons de se fier à une priere si mal fondee. PHIL. Pourquoy mal fondee ? CEL. Pource que se fier à une telle priere, ce seroit se persuader de pouvoir abuser de la bonté de ce grand Commandeur (comme vous l'avez appelé) tout ainsi que celuy abuseroit de la bonté du roy qui feroit un meurtre de sang froid, de guet à pens, et contre sa conscience, en se fiant à la grace qu'il obtiendroit d'iceluy.

Au reste, ces deux harangues ont faict une grande interruption de ma leçon : à laquelle je vous prie de retourner. PHIL. Ne vous attendez pas que j'y retourne que vous ne m'ayez appris en recompense tous les beaux mots Grecs gallicizez que vous sçavez. CEL. Quels beaux mots Grecs gallicizez? PHI. Vous en avez usé naguere de trois, lesquels me font penser que vous en sçavez bien d'autres. Car vous avez dict, Si delicats et si hapsicores. Et auparavant vous aviez dict Ellipse de nez. et Hyperbole de nez. Or ay je esté bien esbahi que vous, qui parlez de ceux qui dithyrambizent. et vous en moquez, usiez ainsi tout en un coup de deux traits qui sont purement dithyrambiques, toutesfois je les ay laissez passer sans mot dire, de peur de rompre le propos sur lequel nous estions. CELT. Quant à moy, j'enten qu'il soit permis de dithyrambizer[1] quand on veut rire. PHIL. Mais est-il permis de dithyrambizer et greciser tout ensemble? CELT. Les vrays traits dithyrambiques, pour parler proprement, ne peuvent estre qu'en la langue de laquelle ont usé les poetes dithyrambiques. PHI. Mais qui vous a meu de dire Ellipse de nez, non pas Eclipse de nez? CELT. La raison m'a meu, voire m'a commandé d'user de cestuy-la, non pas de cestuy-ci, et vous mesme si vous pensez bien à l'origine et signification de ces deux mots, confesserez qu'il faloit ainsi parler. car Ellipse de nez signifie qu'il s'en faut quelque chose qu'il ne soit de tel calibre qu'il doit estre, et principalement quant à la grandeur : mais Eclipse de nez se diroit de celuy qui auroit perdu son nez au

[1] *Dithyrambiser*. Dans *Hamlet*, Sheakspeare forge un mot pour indiquer le jeu exagéré d'un acteur et l'accuse de vouloir *surhéroder* Hérode.

pays de Suerie, et par cest accident ou par autre n'en auroit point du tout. PHIL. Pensant à l'origine de ces mots (comme vous avez dict) je trouve que vous avez bien parlé : et que l'eclipse est bien plus dangereuse que l'ellipse. Or maintenant puisque je voy que vous prenez plaisir à ces gentils mots tirez du Grec, je vous veux confesser un secret qui est entre moy et quelques miens compagnons, qui ont aussi assez bonne cognoissance de ceste langue : c'est que nous en avons tiré certains mots, qui nous servent comme d'un jergon entre nous, pour n'estre point entendus. CEL. Ce n'est pas sans les changer un peu. PHIL. Nenni : mais avec peu de changement (comme vous sçavez) le Grec s'accommode beaucoup mieux avec le Frances, que l'Italien, ni autre langage estranger : et principalement quant à quelques sortes de mots, desquels nous avons desja les semblables d'ancienneté : c'est à dire, aucuns qui sont de mesme forme. Car quant à ceux qui sont tels, si nous les appliquons à nostre usage, leur donnans la terminaison qu'ont desja quelques autres anciens en nostre langue, nous pouvons dire que nous bastissons sur un fondement faict par nos ancestres. CEL. Tous ceux qui ont cognoissance de ces deux langages, du Grec et du François, vous accorderont cela. Mais à ce que je puis comprendre, vous faites ensemble comme une petite académie. PHIL. Ouy. CELT. Vous plairoit-il pas me faire tant de bien, que de me communiquer quelques-uns de ces mots? PHI. J'en suis content, à la charge que vous ne descouvrirez pas le pot aux roses. CEL. Asseurez-vous de cela. PHIL. Comme m'en tenant bien asseuré, je commenceray par le mot d'Achrimatie. Car quand nous voulons parler de quelcun l'argent duquel est eclipsé, nous disons, *Il est malade d'achrimatie*[1]. Quand nous voulons declarer que quelcun est inconstant, et variable, nous disons, *Il est subject à l'astathie*[2]. Quand nous voulons dire, C'est un vanteur, nous usons de ces mots, *C'est monsieur Alazonide*[3]. Nous en avons trois entr'autres, fort communs, pource que l'occasion se présente souvent d'en user, c'est que quand nous voulons parler d'un donneur de belles paroles, ou donneur d'eau beniste de cour, nous disons, *C'est un chrestologue*[4] : ou, *C'est un calomythe*, ou *C'est un hedymythe*[5]. Pource aussi que souvent nous avons besoin de nous entr'advertir de ceux que nous sçavons estre Phantastiques, ou bizarres, ou bien tels que ceux qu'aucuns courtisans appellent *Stropiez de la cervelle*[6], nous les signi-

---

[1] *Achrimatie*. Ἀχρηματία, manque d'argent.

[2] *Astathie*, ἀστάθεια, inconstance.

[3] *Alazonide*, mot formé par analogie avec Thrasonide, *l'amant détesté*, de Ménandre. Ἀλαζών se rencontre dans Cratinus, *Meinecke*, II, 190 ; Alcée, II, 836 ; Anaxandride, III, 193 ; Ménandre, IV, 246. Cf. Plaute, *Miles*, II, 1, 86.

[4] *Chrestologue*, χρηστολόγος, cf. J. Capitolin, *Pertinax*, c. 13.

[5] *Calomythe*, *Hedymythe*, mots forgés par Estienne ; le grec a ἡδυλόγος, Eurip., *Hec.*, 131.

[6] *Stropiez de la cervelle*. « Stropiez ou tuez, » Montaigne, III, 23. « Estropié des épaules, » La Noue. « Estropié de quelques

fions par un mot qu'on n'a garde de deviner. car nous les appelons *seleniques*[1]. CELT. Quant à ceux-ci, vous les traittez un peu rudement. car ce mot *Seleniques* (si je ne m'abuse) est comme si on disoit Lunatiques. PHIL. Je vous confesse que nous ne les avons pas espargnez. CEL. Je vous prie de me faire part du reste. PHIL. Quand quelcun survient que l'un de nous cognoist avoir la langue bien longue (comme on parle communément) c'est à dire, estre grand babillard, et aimer à rapporter ce qu'il oit, pour advertir les autres, il demande à l'un, *Monsieur, congnoissez vous point une herbe qu'on appelle Athyroglossie?*[2] CELT. Ceste interrogation est le mot du guet. PHI. Ouy, c'est le mot du guet, qui vaut autant que si nous disions, *digito compesce labellum*[3]. Et pour advertir touchant quelcun qui survient, qu'il est

---

coups, » d'Aubigné, *Hist.*, I, 188. « De l'italien *stroppiare*, fait, selon M. Morin, du grec στρέπειν, tourner, tordre, comme l'on ferait pour ôter l'usage d'un membre. Les courtisans font à l'esprit des princes ce que les gueux font aux membres des enfants qu'ils estropient pour en faire leur gagne-pain. Le pape Grégoire XIV disait que les nouveaux ministres ne font qu'estropier les affaires jusqu'à ce qu'ils se soient mis en état de les entendre. » Noël. La Crusca renvoie à *storpiare* :

Vedi come storpiato è Maometto.

Dante, *Inf.* XXVIII, 34.

[1] *Séléniques.* Séléniaques serait meilleur, de σεληνιακός.

[2] *Athyroglossie.* Ἀθυρογλωσσία, bavardage indiscret.

[3] *Digito compesce labellum.* Juv., I, 160. Presse tes lèvres avec le doigt index ou salutaris, ainsi appelé parce que les anciens saluaient en l'allongeant. Martianus Capella dit : *digito salutari silentium commovere.* Voy. ce que nous avons dit d'Harpocrate et d'Angerona ; cf. Augustin, *De civ. Dei*, XVIII, 5.

un grand menteur, et qu'il ne faudra pas croire la dixieme partie de ce qu'il dira, l'un demande à l'autre, *Monsieur congnoissez vous point une herbe qu'on nomme Pseudophile?*[1] CELT. Celuy auquel on fait ceste interrogation touchant l'une ou touchant l'autre, que respond-il? PHIL. Quelquesfois il respond qu'il la congnoist bien, et qu'il la luy monstrera en allant par les champs : aucunes fois il dit ne la congnoistre point, mais bien une qui a un nom approchant. Mais escoutez encores un terme, lequel nous sert de mot du guet, pour faire entendre à nos compagnons que celuy qui est venu nous trouver, est un homme qui se met incontinent en cholere, et lequel prend la chevre pour bien legere occasion. CELT. Le pourrois-je point deviner? PHIL. Pourquoy non? CEL. C'est *Oxychole*[2]. PHIL. Non est. CELT. Ce n'est pas aussi *Pichrocole*[3]. PHIL. Non. c'est un (pour vous dire la verité) lequel ne peut pas estre si congnu que ceux-ci, pourcequ'il ne se trouve pas es Dictionnaires : mais il est du tout pareil quant à la composition. CEL. Seroit-ce point *Polychole?*[4] PHIL. Non. c'est *Tachychole*[5]. CELT. Il est fort bon : et revient du tout à *Ocychole*, quant à la signification. Vous demandez

---

[1] *Pseudophile*, mot forgé par Estienne.
[2] *Oxychole*, mot forgé.
[3] *Pichrocole*, πικρόχολος, *in quo redundat amara bilis.* Voy. Rabelais, I, 26, 48. « Picrochole, homme colerique, à cause de la bile jaune et amere. » *Alphabet de l'auteur françois.*
[4] *Polychole*, πολύχολος, *multam bilem habens.*
[5] *Tachycole*, mot forgé.

donc, ainsi que des autres, si on sçait point des nouvelles d'une herbe qu'on nomme Tachychole. PHIL. Ouy. vray est que quelquesfois au lieu de dire que ce mot, ou l'un des susdicts, soit le nom d'une herbe, nous disons que c'est le nom de quelque mineral. CELT. Et les survenans que disent-ils? PHIL. Que jamais ils n'ont ouy parler de telle herbe, ou tel mineral. J'ay quasi oublié de vous dire le nom d'une quatrième. CELT. Je suis joyeux que vous ne l'avez pas oublié, mais seulement quasi oublié. PHIL. Quand nous voulons advertir l'un l'autre que tel ou tel est grand moqueur, et qu'il faut parler bien correctement devant luy, et regarder trois fois qu'on dit, nous parlons d'une herbe qui est nommee *Polychleue*[1]. CELT. Plusieurs de ceux mesmement qui ont bonne congnoissance de la langue Grecque, ne s'aviseroyent pas comment ce mot est forgé. Quant à moy je ne m'en fusse pas avisé si je n'eusse sceu l'application. Au reste je vous sçay merveilleusement bon gré de m'avoir appris tant de beaux mots : et vous prie des maintenant que quand je seray à la cour vous faciez tant envers vos compagnons, que je sois receu en l'academie. PHIL. Je m'asseure que j'obtiendray cela d'eux fort aisément, quand je leur auray declaré vostre suffisance. Mais aussi la congnoissans telle, ils voudront que vous symboliziez de premiere arrivee. CEL. Il ne tiendra pas

---

[1] *Polychleue*, de πολύς et χλεύη, risée, moquerie.

à cela. PHIL. Non pas si vous voulez : mais il semble que vous reserviez volontiers vostre sçavoir pour vous. Et qu'ainsi soit, je vous appren beaucoup de chouses : et vous ne m'apprenez que le moins que vous pouvez. CELT. Maintenant si j'entremeslois quelque propos, ce seroit pour interrompre tousjours d'avantage les advertissemens que vous avez commancé à me donner. PHIL. Je n'ay pas seulement commancé, mais j'ay desja bien avancé, et presque achevé, quant à ce dont il me souvient, reservant le reste pour le memoire que je vous feray. CEL. Je m'en fie à vous. PHI. Vous le pouvez et devez bien faire. Et pour ne vous charger de tant d'advertissemens et instructions par le menu, je vous donneray certaines regles generales. Dont la première sera qu'entre les mots et les façons de parler vous choisissiez tousjours ceux et celles qui sont plus propres pour trencher du gros, et sentent mieux leur grandeur, ou pour le moins leur magnificence. Car notez qu'en la cour, maintenant encore plus que de vostre temps, un homme ne vaut que ce qu'il se fait valoir. Pour exemple donc, au lieu de dire, J'ay receu une lettre, il est plus seigneurial de dire, *J'ay receu un paquet*[1]. CEL. Mais s'il n'y a qu'une seule lettre de demi-fueille de papier, faudra-il aussi dire Un paquet ? PHIL. Pourquoy non, si d'aventure vous n'aviez à faire à personnes qui exami-

---

[1] *J'ay receu un paquet.* Exemples de Balzac, liv. II, lett. 20, et de Mme de Sévigné, 20.

nassent les chouses de pres. CELT. Encore faites-vous bien de m'adjouster ceste exception ? PHIL. Et puis il vous faudra dire souvent que vous avez des advertissemens venans de bon lieu. Encore n'est ce pas tout. car il faut adjouster que le courrier qui vous les a apportez a faict une extreme diligence : quand bien le porteur n'auret couru la poste que sur une charrette à bœufs. Que s'il advenet qu'on vous dict que vous n'avez rien de nouveau et qu'il n'y a laquais en la cour qui ne sçache cela : alors il vous faut dire, Je vois bien que c'est : vous tireriez volontiers de moy les particularitez qui m'ont esté escrites : mais vous me pardonnerez : car il me les faut encore tenir secretes, jusques à ce qu'on les ait mandees à sa majesté. CELT. Mais s'il n'estoit rien de tout cela, ne faudroit-il pas laisser de le dire ? PHIL. Il s'entend bien qu'il ne faudret pas laisser de le dire, pour vous faire valoir. Et quand vous escrivez en quelque lieu, encore qu'il n'y ait qu'un petit mot, et que vous n'ayez aucun porteur expres, mais mettiez la lettre en la misericorde du premier que vous rencontrerez, si faut il dire que vous avez depesché vostre basque[1], qui va comme le vent. CELT. Mais si

---

[1] *Basque.* « Basque ou Basquain, *Cantaber*, mais on escrit et prononce Bisquain ou Bizcain et le pays Biscaye, comme aussi l'Espagnol l'escrit et prononce Vizcayno et Vizcaya. C'est ce peuple meslé qui habite la ville et environs de Bayone jusques au col S. Adrian. Car par delà le méditerranée est Alava et le maritime est Guipuzcua. » Nicot. Le valet de Célimène s'appelle Basque. « Vous m'avez fait

on sçavoit bien que je n'ay point de laquais alors que je le diray (comme vous sçavez que les laquais nous quittent souvent) ne laisseray-je pas pourtant de dire cela ? PHIL. Où on sçauret cela, il se faudret bien garder de parler ainsi : mais je presuppose que vous parliez devant ceux qui seront pour croire de vous ce que vous en direz, et jugeront par là de vos facultez et de vos moyens. CELT. Voyla une presupposition à laquelle j'ay beaucoup de choses à repliquer. PHIL. Je vous prie n'interrompre point mon propos : car je suis en bon train. CELT. Poursuivez donc. PHIL. Notez qu'il faut que vos façons de parler s'accordent bien les unes avec les autres pour donner à entendre que tout est honorable en vostre endret. Et pourtant il ne faut pas dire, J'ay des affaires, ou des faciendes [1] mais, *J'ay à negotier avec un tel seigneur* : Item, *J'ai à traiter avec un tel d'affaires urgentes, et qui importent* [2] *du*

---

trotter comme un basque. » Mol., *Dépit*, 1, 2. « On dit proverbialement courir comme un Basque pour dire marcher vite et long-tems, parce que ceux de Biscaie sont en reputation pour cela. » Furetière.

[1] *Faciendes*. De l'it. *facienda* : *cosa da farsi, affare*; voy. Boccace, *Introd.*, et g. II, nov. 5. « Nous, à ceste heure, n'avons aure faciende que rendre coingnées perdues. » Rabelais, Nouv. prol. du IVᵉ livre. « Remascher en soy mesme ses faciendes. » Tahureau, *Dial.*, II; Facende, métairie :

Riches d'avoir et de facendes.
Rom. d'Alex., ap. Duc., III, 217b.

Espagnol : *hacienda*. Le provençal *afar* signifie de même affaire et métaire.

[2] *Important du...* Importer avec *de* est dans Corneille, Bossuet, Racine, etc.

service de leurs majestez. Quelquesfois aussi plus particulièrement, *Il me faut aller prendre les instructions de ma negotiation.* Entre autres chouses il sera bon d'avoir souvent cela en la bouche, que vous avez quelque depesche à faire, et que le courrier n'attend plus que cela. Et ne faudra oublier de se pleindre quelquesfois de ce qu'on se repose sur vous de tant de depesches, qu'à grand peine trois secretaires y pourroyent fournir. Au reste aussi il faudra prendre garde d'user de mots par lesquels vous faciez penser que vos facultez sont correspondantes au credit que vous avez aupres des grands, et que vous avez d'eux tout ce que vous voulez : et pourtant encore que vous n'eussiez esté monté que sur une haridelle, si faudra il dire que vous estiez monté sur un bon traquenart[1], ou sur un double courtaut (selon que requerra le voyage duquel vous parlez) et toutesfois qu'ordinairement vous avez accoustumé de prendre la poste. Et cela sonnera

---

[1] *Traquenart.* « Vn traquenart, Asturco. » Nicot. « Vn traquenard, *vna chinea, bacanea.* » Hier. Victor. « Traquenar, monture qui va l'amble, qui marche un pas serré, doux, mesuré et vite. *Gradarius equus. Tolutarius equus.* » Monet. « Traquenard, *a racking horse.* » Cotgrave. « Traquenard, *traccannardo, caval di portante.* » Oudin. « Borel dérive ce mot de *tricenarius, quod intricet pedes.* Saumaise, sur l'*Histoire auguste*, p. 246, est du même sentiment. Le P. Labbe, dans ses *Etymologies françoises*, p. 2, au mot *Trac*, a dit : *Trac* vient du bruit que font les chevaux en marchant et le même bruit fait que nous disons, il va son *traquenard.* »
« M. Ménage désapprouve cette étimologie ; cependant il est plus vraisemblable que *traquenard* ait été formé du bruit des chevaux qui marchent ce pas, que de le tirer du latin. » Richelet-Aubert.

encore bien mieux, et plus haut, si vous adjoustez que ce traquenart, ou ce double courtaut, est un présent que vous a faict un tel seigneur. Et suyvant ceci vous souviendra de faire penser par vos propos que vous tenez maison, et avez train. tellement qu'il ne faudra pas dire, J'ay commandé à mon valet, ou, à mon laquais : mais, J'ay commandé à mes gens. Aussi ne faudra pas dire Mon cheval, ou Ma monture : mais Mes chevaux, ou Mes montures (comme aussi en plusieurs autres chouses il vaudra mieux pluralizer) voire quelquesfois (selon les personnes ausquelles vous parlerez) pourrez bien prendre la hardiesse de dire Mon escuyrie. CELT. Mais encore qu'un personnage n'eust aucune des choses que vous avez dictes, voudriez-vous que par ses propos il fist semblant de les avoir ? PHIL. Pourquoy non ? CEL. Pourceque premierement il ne seroit pas (peut-estre) assez impudent pour ce faire : secondement, il pourroit estre incontinent découvert, quand on le verroit n'estre accompagné d'aucun serviteur, ne se retirer en aucune certaine maison : et aller souvent à pied où besoin seroit d'aller à cheval. PHIL. Je presuppose que celuy qui se voudra gouverner selon ces enseignemens, soit homme d'esprit, et prompt à trouver ses excuses où elles seront requises. Et quand il se trouvera en lieu où les autres seront accompagnez, luy non, il pourra dire qu'il a envoyé tous ses gens, l'un deça, l'autre dela : et faire bien du fasché de ce qu'aucun d'eux ne retourne, et monstrer qu'il a grande envie de descharger sa cholere sur quelcun d'eux. Ou bien il pourra dire que ses valets l'ont quitté depuis quelques jours, et qu'il est apres à en cercher. CELT. Et quant à la maison ? PHIL. L'excuse est encore plus facile, car il pourra dire qu'il a une maison fort commode et plaisante, mais un peu esloignee du chasteau : et outre cela, qu'il a tant à negotier (et mesmes pour aucuns des grands) qu'ordinairement il seret plus de minuict devant qu'il s'y pust retirer. CEL. Quant à ce qu'on le verroit aller à pied où il seroit requis d'aller à cheval, qu'allegueroit-il ? PHI. Si ce n'estet pas loing, il diret qu'il fait cest exercice par le conseil des medecins : si c'estet un peu loing, il faudret, pour faire bien la mine cheminer tout botté et esperonné, et dire qu'en la fin il rencontrera ses gens, qui amènent ses montures, et le cerchent par tout. Ou bien que quand il a pensé monter, tous ses chevaux se sont trouvez blessez : mais il a mandé ses gens en diligence en un lieu qui n'est pas loing, d'où on luy doit venir au devant avec deux ou trois bonnes montures. CELT. Vous avez beau dire : il est impossible qu'on puisse jouer long temps une telle farce, sans qu'on s'en apperçoive. PHIL. Je vous confesse bien que si on se trouvet ordinairement avec les mesmes personnes, on seret descouvert en peu de jours : mais il se faut garder de cela : et sur tout, faire en sorte qu'on soit bien en conche, comme on parle aujourd'huy. car cela est bien le principal : et n'est possible de faire bien la piafe[1], si on n'est bien en conche. Et notez que si vous estes brave en habits (car je me veux adresser à vous aussi bien en la fin de ma leçon, qu'en tout le precedent) il le faut estre encore plus en propos : et vous mesler quelquesfois de discourir des chouses mesmement où vous n'entendez rien : pourveu que ce soit devant gens qui n'y peuvent entendre guere d'avantage : et jamais ne demeurer court de response, encore que vous sçachiez bien qu'il n'y a ni ryme ni raison en ce que vous respondez. Car pour le moins vous pourrez dire comme l'autre, *O parlato pur*. Et les auditeurs, encore qu'ils ne trouvent pas grande raison en vostre response, toutesfois à cause de leur insuffisance, n'en oseront pas faire jugement : et quelquesfois penseront ne vous avoir pas bien entendu. Mais

---

[1] *Piafe. Le songe de la Piaffe*, par le seigneur de Boissereau, P., 1574, est une satire assez obscure dirigée contre les gens de guerre qui, à la faveur des troubles civils, se livraient partout au pillage. Les maraudeurs, ceux qui avaient « picoré », qui avaient dévalisé le « gaffy » ou marchand, se croyaient le droit d'être insolents envers le pauvre peuple, tout en vivant grassement du produit de leurs rapines : c'est ce qu'on appelait faire la « piaffe ». Le poëte met en scène un de ces soldats voleurs et fanfarons. Son opuscnle, dont la rareté est extrême, car Brunet ne le cite que d'après La Croix du Maine (art. Corbin) et du Verdier (art. Boissereau), paraît avoir fourni à Gabriel Bounyn l'idée de la tragédie intitulée : *Tragédie sur la defaite et occision de la Piaffe et la Picquorée et bannissement de Mars, à l'introduction de Paix sainte et sainte Justice* (Paris, Mestayer, 1579, in-4°). M. Lacroix (*Recherches bibliographiques*) cite le *Songe de la Piaffe* parmi les livres perdus. Voy. Cat. Rothschild, I, 503.

devant ceux que vous craindrez qu'ils ne soyent gens d'esprit et entendement, vous parlerez le moins que vous pourrez. Car je vous adverti que maintenant il y a des esprits merveilleux pour descouvrir un homme si tost qu'ils peuvent entrer en discours avec luy. CELT. Comment peut-on eviter cela? PHIL. Ce n'est pas vous qui devez demander cela, monsieur Celtophile. car jamais vous n'auriez peur de demeurer court. mais pour les autres qui ont un remords de conscience touchant leur insuffisance et incapacité, il y a de bons moyens. CELT. Quels? PHIL. Il faut prendre garde si quelque chouse surviendra point qui puisse faire changer de propos. Et à faute de cela, dire qu'on voit passer quelcun auquel on a à faire. Ou s'il advient alors que l'horloge sonne, dire Vous me pardonnerez : (ou, Vous me donnerez congé, s'il vous plaist) voyla l'heure qui m'appelle à une assignation. Ou bien (encore que l'horloge ne sonne point) vous excuser de ce que vous ne poursuyvez le propos, pource qu'il vous est souvenu subitement qu'il vous falet aller trouver un certain seigneur, auquel vous faut rendre response de quelque chouse qu'avez negotiee pour luy. Et si vous voulez alors italianizer gros comme le bras (si d'avanture vous prenez plus grand plaisir aux italianismes alors que maintenant) vous pourrez dire, *Je dismentiguois d'aller en un tel lieu. il m'y faut aller en frette : ce sera avec licence de vostre sei-*

gneurie[1]. Or quand il advient qu'on vous fait seulement une question en passant, à laquelle vous voyez que ne pouvez respondre : alors faut faire en sorte qu'on impute à modestie ce manquement de response. et dire que vous n'avez garde de respondre le premier là où vous cognoissez des autres plus suffisans. Et quand quelcun d'eux aura respondu, alors il faudra dire *Ad idem*. CELT. Mais si la question se fait de seul à seul ? PHIL. Encores y-a-il quelque moyen de destourner un tel coup. car vous pouvez dire que c'est de luy que vous voudriez apprendre la raison qu'il vous demande : et si quelcun survenet, il se moqueret, et diret, *Sus Minervam*[2]. Ou bien si vous pouvez vous adviser de quelque raison, quelle qu'elle soit, encore qu'elle n'eut aucune apparence, la pourrez proposer sous le nom d'un autre : et dire, Il me souvient qu'un jour quelcun me rendit une telle raison : mais je

---

[1] *Je dismentiguois... J'oubliais d'aller en un tel lieu, il m'y faut aller en hâte*, etc.

[2] *Sus Minervam*. « Comme un jour que Demades luy dit : « Demosthenes me veult enseigner : c'est bien ce que l'on dit en commun proverbe « la truye veult enseigner Minerve » il luy respondit soudainement : Ceste Minerve là fut nagueres en la rue de Collytus surprise en adultère. » Plut., *Demosth.*, XVII. « *Etsi non sus Minervam, ut aiunt, tamen inepte quisquis Minervam docet.* » Cic., *Academ.*, I, 4. « *Sus Minervam.* » Cic., *Ep. ad Fam.*, IX, 18. Cf. Cic., *De Orat.*, II. « *Sus Minervam in proverbio est. Ubi quis id docet alterum cujus ipse inscius est : quam rem in medio, quod aiunt, positam Varro et Euhemerus ineptis mythis involvere maluerunt quam simpliciter referre.* » Festus. Voy. Erasm., *Ad. Chil.* I, cent. I, XL.

luy fi bien confesser que sa raison n'avet aucune apparence : et toutesfois il ne me souvient pas maintenant de celle que nous trouvasmes en la fin estre la vraye. Aucunesfois aussi, quand on vous pressera fort de respondre, et que vous sçavez bien qu'on trouvera vostre response fort estrange, et à bon droit, il vous faudra prevenir et comme arrester le jugement de celuy ou de ceux à qui vous parlerez : en disant que vous rendrez une response du tout paradoxe[1] : et que vous sçavez bien ce qu'aucuns ont accoustumé de respondre, voire de ceux qui sont estimez les plus savans : mais qu'en beaucoup d'autres chouses les plus doctes se trompent, et pourtant ne suivez pas leur opinion. Mais je sçay un moyen duquel usant vous n'aurez besoin d'en venir si avant, et pourrez couvrir aisément vostre ignorance. Pardonnez-moy si je di cela. car je ne parle pas maintenant à vous comme si vous estiez monsieur Celtophile, mais comme m'adressant à un qui a besoin de ceste instruction. CELT. Je l'enten bien : et ne faut demander pardon où il n'y a point d'offense. Dite seulement ce moyen. PHIL. C'est qu'il faudra tousjours faire de l'empesché, voire de l'enhazé[2] (comme on parle à

---

[1] *Paradoxe.* Fontenelle a dit paradoxe et Diderot paradoxal. Cotgrave a paradoxique.

[2] *Enhazé.* Cf. *Apol.*, I, 231.

    Et par charbons ardens qui bruient
    Grant part de la cité destruient.
    Si malement l'ont enhasée
    Qu'assez tost fu toute embrasée.

G. Guiart, v. 3244.

Paris) afin qu'on ne vous vienne jamais aborder pour entrer en quelque discours, ou dispute. Et si vous voulez, ceci servira aussi à vostre reputation : et principalement si vous faites en sorte qu'on estime que vous estes employé aux grandes affaires. Et afin qu'on croye cela plus aisément, il faudra tousjours dire que vous venez du lever, maintenant de quelque prince, maintenant du roy, maintenant de la roine : pareillement du disner, du soupper. dire que vous estes chargé de tant d'affaires importantes par les uns et par les autres que vous ne sçavez de quel costé devez vous tourner, ne par où devez commancer. et la dessus prendre quelquesfois occasion de vous lamenter de ce que vous n'avez un seul quart d'heure de repos, non pas mesme le loisir de prendre vostre repas. CEL. Encore que je n'en vienne pas, et que je n'y aye que faire, faudra-il dire que j'en vien ? PHIL. Et quoy donc ? pourquoy feriez vous conscience de mentir en ceci aussi bien qu'es chouses susdictes ? veu mesmement que ceci sert beaucoup à vostre reputation ? Mais notez que vous ferez bien d'y aller ordinairement (si vous pouvez avoir le credit d'y entrer) encore que vous n'y eussiez point à faire, et qu'aussi on n'y eust à faire de vous non plus

---

« Enhaser, embesogner, Boul. — maltraiter ? » Godefroy.
« Enhazé, *que finge de ser occupado, hazendado.* » Oudin, *Trésor.*
« Faire l'enhasé, i. tesmoigner d'estre capable de beaucoup d'affaires, vulg. » Oudin, *Cur.* « Enhazé ou embesoigné, *chi a gran negozi e facende.* » H. Victor. Du verbe esp. *hazer*, faire.

que d'un des faquins[1] de Venise. Voire quelquesfois fera bon de sortir et puis rentrer incontinent, marchant fort viste, comme ayant grand' haste de retourner dire quelque responce. Et ce que vous frequenterez ces lieux, vous servira doublement. car outre ce qu'on vous estimera homme auquel on se remet de grandes affaires, vous apprendrez peu à peu le style, voire la caballe de ceux qui sont vieux routiers en toutes sortes de courtisanismes. Vous y apprendrez comment il se faut gouverner pour n'estre point estimé un sot : comment il faut faire bonne mine en mauvais jeu, et contrefaire le suffisant, nonobstant que vostre insuffisance soit fort grande. Vous y apprendrez de quelle sorte de propos se repaissent volontiers les oreilles des grands : quelles faceties ou plaisanteries leur sont les plus aggreables. Vous y apprendrez comment il se faut tellement accommoder à leurs humeurs, qu'en rien ils ne soyent contredicts : mais au contraire s'ils disent que le corbeau est blanc, et que la nege est noire : dire que le corbeau voirement est blanc, et la nege est noire. Et encore pour mieux faire, il faut passer plus outre : et dire que le corbeau est extremement blanc, la nege est extremement noire. CELT. Je vous laisse tout dire, pource que vous avez dict

---

[1] *Faquins.* Cf. I, 118. De l'it. *facchino*, portefaix.
Baston porte paix et le facquin faix.
G. Meurier, *Trésor des sentences.*
Facchino, du lat. *fascis.*

que vous voulez achever vostre leçon, en vous adressant à moy touchant ceci, aussi bien que touchant le precedent. Autrement je vous dirois que vous perdez vostre temps : et que vous m'apprendriez aussi tost à voler, qu'à user de tant de façons de faire, ausquelles mon cueur resiste. PHIL. Si est-ce que vous avez besoin de vous accommoder à aucunes, si vous avez envie de monter bien haut, quand vous serez à la cour. CEL. J'aime mieux ne monter pas si haut, de peur de me rompre le col. PHIL. Je ne laisseray pas pourtant d'achever ma leçon : et puis vous en prendrez ce que bon vous semblera. CELT. Je vous presteray volontiers audience jusques à la fin. PHIL. Veci donc un advertissement fort proufitable, qu'il faut adjouster aux precedens : c'est que n'estant si petit sainct en la cour qui ne vueille avoir son offrande, et ceste offrande ne pouvant estre d'autre chouse le plus souvent, sinon de leur faire beaucoup plus d'honneur qu'il ne leur appartient : il vous faut accommoder à user de titres beaucoup plus honnorables que leur qualité ne requiert : principalement quant aux gens de guerre : voire jusques à appeler Capitaine un simple soldat. CELT. Mais il pensera que je me moque. PHI. Non fera : mais estimera qu'à son minois vous le jugez estre capitaine. En un besoing aussi il faut sçavoir dire à quelcun, *Vostre page*[1], au lieu de dire

---

[1] *Page*. De l'it. *paggio, famigliare, servidor giovanetto* (Crusca). Employé déjà par Filippo Villani, XIVᵉ siècle.

vostre laquais. CELT. Si est-ce que difficilement je m'accommoderois à tel langage. PHI. Il faut bien passer plus outre, quant à telle accommodation. car il faut sçavoir en un besoing appeler un simple postillon, monsieur le chevaucheur : voire un simple palefrenier, monsieur l'escuyer. Et comme vous appelleriez cestui ci escuyer (entendant Escuyer d'escuyrie) aussi en un besoin il faudret appeler un souillard de cuisine, monsieur l'escuyer, entendant Escuyer de cuisine. CELT. Je ne dirois jamais ni l'un ni l'autre sans rire. car il me souviendroit d'un chastreur, qui vouloit estre appelé Escuyer trenchant de genitoires. PHIL. S'il advient que le ris vous surprenne, il faut faire semblant de rire de quelque chouse qui vous vient soudainement en memoire. Mais j'ay bonne esperance que vous apprendrez bien tost à vous commander jusque là, que puissiez vous garder de dire, quoy que vous disiez : encore qu'à celuy pour lequel vous ne daigneriez remuer le petit doigt, vous offriez tout plaisir et service : voire que vous disiez qu'il peut disposer de vous comme de son esclave. et à celuy auquel ne voudriez obeir en la moindre chouse du monde, que vous estimerez une grandissime faveur s'il luy plaiset vous honnorer de ses commandemens. Et à celuy pour lequel vous ne voudriez endurer une chiquenaude, que vous

---

• « Primitivement page n'a nullement le sens de jeune enfant de distinction, il signifie un domestique de bas étage, valet de cuisine, domestique d'armée. » Littré.

estes prest de mourir à ses pieds. CELT. Vous m'avez bien gardé le plus difficile de toute la leçon pour la fin. PHIL. Si faut-il venir jusques à un tel degré d'accommodation, et encore n'est-ce pas le plus haut. Car il se faut aussi accommoder quant à ce qui touche la conscience, non seulement à l'endret des hommes, mais aussi à l'endret de Dieu : sans avoir esgard à ce dicton ancien, *Amicus usque ad aras*[1]. CELT. Comment entendez-vous cela? PHIL. Si vous avez souvenance de ce que je vous ay dict tantost, en parlant des façons de parler où vous trouviez de la profanation, vous pouvez bien juger qu'il ne faut point tellement faire profession d'une religion, qu'on ne soit prest de la changer incontinent selon les occurrences : (aussi vistement que le polypus[2] et le chameleon changent de cou-

---

[1] *Amicus usque ad aras.* « Pericles à un sien amy, qui le requit de porter un tesmoignage faux pour luy, à laquelle faulseté il y avoit encore un parjurement adjoint : « Je suis, dit-il, amy de mes amis jusques aux autels, » comme s'il eust voulu dire jusques à n'offenser point les dieux. » Plut., *De la mauvaise honte*, VIII. « *Quum amicus eum rogaret ut pro re causaque ejus falsum dejeraret, his ad eum verbis usus est* :

Δεῖ μὲν συμπράττειν τοῖς φίλοις, ἀλλὰ μέχρι τῶν Θεῶν.

Aulu Gelle, I, 3. Voy. Erasm., *Ad. Chil.* III, cent. 2, x. « Proverbe fondé sur l'antique usage de jurer la main posée sur un autel. François Iᵉʳ en fit une noble application lorsqu'en 1534 il écrivait au roi d'Angleterre Henri VIII qui lui conseillait de se séparer de l'Eglise romaine, comme il venait de le faire : je suis votre ami, mais jusqu'aux autels. » Quitard, *Proverbes sur les femmes, l'amitié, l'amour et le mariage.*

[2] *Le polypus.* Ronsard a *polype* et Montaigne *poulpe* (L. II, ch. 12). Nicot ne connaît que poulpe = charnure, *pulpa.*

leur.) Voire y a bien d'avantage : c'est qu'en un besoing il n'en faut point avoir du tout, ou pour le moins faire semblant que vous n'en avez point. CELT. Et comment ? chacun m'appelleroit-il pas Athee ou Atheiste ? et comme tel ne serois-je pas dechassé ? PHIL. Au contraire, quelcun paraventure le trouveret qui diret que vous estes de ce bois qu'on cerche en ce temps : duquel sont ceux qu'aujourd'huy on appelle *Hommes de service*, ou *Gens de service :* desquels parcidevant aussi je vous ay faict la description. CELT. Voulez vous que je vous die la vérité, monsieur Philausone ? vous me faites dresser les cheveux en la teste, en me tenant tels propos. PHIL. Si faut-il que vous soyez adverti de tout, avant qu'aller à la cour. et de ceci notamment, qu'il vaudret mieux aller en Flandre sans cousteau[1] (ce que toutesfois l'ancien proverbe ne conseille pas)

Par contre, Monet : « poulpe, polype, poisson marin fourni de grand nombre de longs bras, armés aux bouts de boîtes ou bouteilles vuides. » Th. Corneille, *Dict. des arts et des sciences :* « Polype, sorte de poisson appelé ainsi de πολὺ, beaucoup, et de ποῦς, pié, à cause qu'il a plusieurs piés ou façons de mains avec quoi il prend ce qu'il veut manger. Il y en a qui disent que quand il n'a pas de quoi se nourrir, il mange quelquefois ses piés, qu'il a au nombre de huit et que ce qu'il en a mangé renaît. Ce poisson jette une humeur qui est de couleur de pourpre. »

[1] *Aller en Flandre sans cousteau.* « Ancien proverbe pour dire entreprendre une chose sans avoir fait les préparatifs nécessaires. En Flandres et de même dans toute l'Allemagne, le couvert dans les auberges est ordinairement sans couteau ni fourchette, parce qu'on suppose que chacun a son étui. » Ducatiana, p. 488. Cette explication semble confirmée par le proverbe suivant :

qu'aller à la cour sans estre garni d'impudence : principalement quand on y est encore tout nouveau. CELT. Vous me donnez tout en un coup beaucoup de merveilleux advertissemens. PHIL. Ce sont les derniers, et pourtant je vous les ay gardés pour la bonne bouche. CEL. Vous me pardonnerez, s'il vous plaist : je di que ces advertissemens seroyent plus convenables à Malebouche[1], qu'introduit le Romman de la Rose. PHIL. Tant y-a qu'il ne les falet pas oublier, puisque je vous avez promis de ne vous rien celer. Autrement cela me fust demeuré sur ma conscience. CELT. Voyla que c'est, vous aviez envie de me la descharger. Ce-pendant vous me donnez bien à penser que quand je seray à la cour, j'auray aussi souvent occasion de jouer le personnage de Heraclite, que celuy de Democrite.

PHILAUS. Nous veci arrivez au logis de monsieur Philalethe, justement en la fin de nostre discours. Il sera bien esbahi de nous voir ensemble. CEL. Et bien joyeux toutesfois, je m'en asseure. PHILAUS. Nous aurons cest avantage de trouver la porte toute ouverte. CELT. Il me semble que c'est luy qui se pourmene en sa

> Qui va en Flandres sans couteau
> Il perd de beure maint morseau.

Proverbes anciens flamengs et françois correspondans de sentences les uns aux autres, colligés et ordonné^s par M. François Gœdthals, Anvers, 1568, in-4°.
Voy. Leroux de Lincy, *le Livre des proverbes français*, I, 227.

[1] *Malebouche*. La Rose est gardée par Danger, Honte, Peur et Malebouche :

> Male-Bouche le genglior
> Et avec lui Honte et Paor.
>
> *Rose*, 2929.

cour au milieu de deux gentils-hommes. PHILAUS. Vrayement vous l'avez fort bien recognu de si loing : c'est luymesme. Mais à propos que nous parlions tantost des gentils-hommes bien godronnez, bien fraisez, bien frisez, bien passefillonnez, ces deux qui sont autour de luy sont de ce nombre. et je vous aves bien dict que je penses que nous trouverions chez luy aucuns de ces mignons. Je les vous laisseray donc contempler, sans faire semblant de rien. CELT. Mais avant que nous monstrer, pensons à une chouse, c'est comment nous pourrons jouir de monsieur Philalethe : c'est à dire, comment nous luy ferons quitter ceste compagnie. PHILAUS. Il ne feret jamais ce tour, il est trop civil et honneste : mais je sçay bien un autre expedient. CELT. Quel est-il ? PHILAUS. C'est que vous lui presentiez ce Virgile que vous avez en vostre pochette, comme luy voulant demander son opinion touchant quelque passage. car jamais on ne vit diables mieux fuir à force d'eau beniste (au moins s'il est vray ce que disent les vendeurs d'eau beniste) que vous verrez ces gentils-hommes fuir aussi tost qu'il orront parler Latin : et puis s'en iront grommelans que nous sommes des pedans. Car c'est aujourd'huy la coustume de plusieurs courtisans (comme je vous ay desja adverti) d'appeler pedans tous ceux qui ne sont pas ignorans comme eux, et qui se meslent de deviser de quelque chouse qui concerne les lettres. Mais un jour je rendi bien le change à quelques-uns qui me donnoyent ce nom, leur respondant que j'aimes mieux estre pedant qu'asne. CELT. Ils meritoyent ceste responce. Mais escoutez : avant que nous monstrer à Monsieur Philalethe, je vous somme de la promesse que vous m'avez faicte, de vous tenir à son opinion touchant nostre dispute, si le langage Italien est plus plaisant et de meilleure grace que nostre François. Je vous prie aussi qu'en luy parlant vous vous gardiez d'entremesler force mots Italiens; ainsi qu'avez faict au commancement de nos devis. Car vous vous en estes assez bien corrigé depuis : et n'ay occasion de m'en plaindre. Et pour vous dire privément, si c'eust esté un autre, j'eusse pensé qu'il n'eust eu au ventre que ces mots là, pris de ce langage estranger, et que cela estoit cause qu'apres la premiere boutee[1], mes oreilles ne sentoyent plus un si pesant fardeau. PHIL. Quant à ce que vous me sommez de ma promesse, je suis prest de la tenir : quant à me garder d'entremesler des mots Italiens en parlant à monsieur Philalethe, je le feray le plus qu'il me

---

[1] *Boutée :* poussée. « De la première boutée, *primo impulsu.* » Nicot.
> En me rendant par une hors boutée
> La liberté laquelle m'as ostée.
>   C. Marot, *Epitre X d Bouchar.*

Godefroy donne cet exemple au sens d'action de pousser; le glossaire de Lenglet explique mieux par : renvoi de justice, élargissement de prison. « Boutée s'est employé pour secousse, mouvement inégal : « comme le batteau poussé par le vent et les avirons, qui branle et marche inegallement par secousses, boutées et bouffées. Charron, *Sagesse.* » Lacurne.

sera possible. et vous confesse bien que quand je sors d'avec les courtisans, et que sur le champ j'aborde quelcun, je suis beaucoup plus dangereux (pour ceux qui craignent cela) en ma premiere boutee, que je ne suis apres. Mais veci monsieur Philalethe qui nous vient au devant. PHILAL. Ha messieurs, vous soyez les bien-venus. PHILAUS. Nous sçavions bien que nous ne pouvions estre que les bien-venus. PHILAL. Mais tant mieux le serez vous qu'il y a plus long temps que je n'ay eu ce bien de vous y voir tous deux ensemble. Je me doute que vous m'ayez dressé quelque partie. CELT. Je vous diray la verité : en venant ici nous sommes entrez en quelque dispute de laquelle nous vous avons faict juge. PHILAL. Si la matiere est haute, vous n'avez pas guere bien choisi : mais pour le moins un qui fera tout ce qu'il pourra, pour vous mettre d'accord. Et à ce que je voy, vous ne vous estes pas fort eschauffez : l'appointement sera aisé à faire. Je vous prieray seulement me donner le loisir d'achever un propos que j'avois commancé à ces deux gentils-hommes : lequel achevé je m'asseure qu'ils 'prendront congé, et je reviendray vous trouver. PHILAUS. Nous serions bien marris que nostre venue incommodast vos bons propos. nous nous pourmenerons ici pendant que vous les acheverez. CELT. Or sus, n'estes-vous pas d'advis qu'incontinent que monsieur Philalethe nous reviendra trouver, nous luy proposions la question que nous avons reservee à sa presence, ou plustost à son jugement? PHILAUS. Ouy : mais je m'asseure que vous avez choisi un juge qui vous condamnera. CELT. Puisque vous avez ceste opinion, il ne vous doit pas estre suspect. mais je ne pense pas qu'il accorde que la langue Italienne doive estre preferee à la Françoise. PHILAUS. D'une chouse je m'asseure, c'est que nous avons choisi un juge competent. car je croy qu'il n'y ait homme à cinquante lieues à la ronde qui entende mieux la langue Francese, tant pour estre sa langue naturelle, que pour s'y estre exercé par divers escrits : et l'Italienne, pource qu'il a passé en Italie une partie de sa jeunesse : et depuis ne luy est pas advenu comme à plusieurs, d'en oublier quelque partie par discontinuation. Car au contraire, tousjours depuis son retour, il s'est entretenu en ceste langue, tant pour la frequentation avec plusieurs Italiens, comme aussi par la lecture ordinaire. CELT. Vous n'adjoustez pas une chose qui toutesfois luy peut grandement servir à faire bon jugement de ce dont il s'agit : c'est qu'il a congnoissance d'autres langages, et nommément du Grec et du Latin. Or estant une chose hors de dispute et de controverse, que le langage Grec est le plus parfaict de tous ceux qui sont, et de tous ceux qui ont jamais esté, il emporte[1] beaucoup, pour asseoir bon jugement, de sçavoir lequel de ces

---

[1] *Il emporte.* « Cela fait et emporte beaucoup en toutes choses, *plurimum ad omnia momenti est in hoc positum.* » Nicot. « Emporter, *prægravare*, peser davantage. » Richelet.

deux langages, le François et l'Italien approche plus de la perfection du Grec. Mais voyci monsieur Philalethe qui retourne desja vers nous. PHILAL. Pardonnez moy si je vous ay faict attendre si long temps. Allons-nous mettre à nostre aise : sinon que vous aimiez mieux peripatetiser. CELT. Quant à moy, je vous confesseray la dette : j'ay bon courage, mais les jambes me faillent : et pourtant je trouve vostre premiere opinion meilleure, qui est de s'aller asseoir. PHILAL. Or-sus messieurs, dequoy me voulez vous faire juge ? J'ay grand peur qu'il ne soit question de quelque chose, de laquelle au contraire je me voudrois et devrois rapporter à vos jugemens. CEL. Vous plaist il, monsieur Philausone, racomter à monsieur Philalethe nostre dispute, et dont elle est procedee ? ou bien, voulez vous que je luy en face le recit ? PHILAUS. Vous pouvez vous asseurer que luy et moy trouverons fort bon le recit que vous en ferez. CELT. Voyci donc, monsieur Philalethe, comme il en va. Nous estans rencontrez hier monsieur Philausone et moy, fusmes d'accord de vous venir voir. or en devisant par le chemin, et parlant de la corruption qui est au langage François, et nommément au courtisan, je luy di que ce qui me desplaisoit entre autres choses, voire sur toutes choses, c'estoit qu'on le farcissoit ainsi de mots Italiens. Car je voyois que luy mesme, en devisant avec moy, ne s'estoit pu garder d'entrelarder son parler de force mots de ce pays-là. La dessus il me remonstra que quand il voudra il auroit grand'peine de s'en garder, pour s'y estre totalement accoustumé à la cour : pourceque là tant plus le langage François est farci de mots Italiens, tant meilleur il est jugé, et de meilleure grace. Or ne se contenta il pas de ceci, mais passa bien plus outre : voire jusques à dire que ceste maniere de farcir nostre langage de mots Italiens ne luy semble pas de mauvaise grace, pourceque la langue Italienne est merveilleusement belle à son gré. Et sur cela luy eschapa de dire une chose qui m'estonna fort : asçavoir, qu'elle luy plaisoit d'avantage, sans comparaison, que la nostre. Voyla nos propos en brief, et à la verité, si j'ay bonne memoire. PHILAUS. Je confesse qu'ils furent tels, mais quant à ce que vous avez opinion qu'il m'eschapa de parler ainsi, cela ne vous accorderay-je pas. car c'est une chose qui ne fut point dicte par moy legerement, ni à la volee, ains apres y avoir pensé souventesfois. PHILAL. Vrayement je voy bien qu'il adviendra ce que je craingnois : sçavoir est, que ce ne fust chose de laquelle par raison je me deusse plustost rapporter à vos jugemens que vous au mien. CEL. Je vous prie, monsieur, laisser non seulement ceste excuse, mais toutes les autres que vous pourriez amener pour nous esconduire. Car je ne pense point que vous en pussiez mettre une seule qui ne deust estre receue par nous comme valable : veu la suffisance que nous sçavons estre en vous, specialement en tout ce qui est requis pour decider nostre different. PHILAL. Au moins voudrois-je bien avoir un adjoinct. Toutefois à faute de ce, je vous promets que j'examineray tant mieux la matiere, si vous avez tous deux la patience. CELT. Je vous promets l'avoir bien de ma part. PHILAUS. Je ne vous en promets pas moins. PHILAL. Pour entrer donc en matiere, je commanceray par un propos que vous, monsieur Philausone, confessez avoir tenu : sçavoir est, que tant plus le langage François estoit farci de mots Italiens, tant meilleur on le jugeoit, et de meilleure grace. Car je desire sçavoir de vous qui sont ceux qui font ce jugement. PHILAUS. J'ay dict que c'estet à la cour où il estet jugé meilleur : ainsi vous pouvez bien penser que les juges que j'entens, ne sont autres que courtisans. Mais notez que je parle de courtisans, qui ont du garbe, ou (si vous aimez mieux) qui sont garbez. CELT. Il vous plaira, monsieur Philausone, tout d'un train donner ici la definition de ce que vous appeliez hier le langage courtisan. car vous avez eu assez long terme d'avis. PHILAUS. Je vous respondray tout d'un train que c'est le langage que parlent ces courtisans garbez. CEL. Il falloit bien prendre si long terme, pour me payer puis d'une telle monnoye : laquelle il me faudra necessairement rechanger en quelque autre, si je veux faire mon proufit de votre payement. Car je ne sçaurois que faire de ceste espece que vous appelez des courtisans garbez. PHILAL. Laissez-moi continuer mon propos avec luy, monsieur Celtophile : puisque vous et moy sommes sur la mesme question. CEL. Je ne voulois dire que ceci en passant. PHILAL. Respondez-moy donc, monsieur Philausone, (s'il vous plaist) si ces courtisans garbez sont François naturels. PHILAUS. Qui en doute ? PHILAL. Ont-ils quelques lettres ? PHILAUS. Aucuns en ont, les autres non. PHILAL. Premierement, quant à ceux qui n'ont point de lettres, pardonnez-moy si je les recuse tout à plat pour juges. car tout ainsi qu'il ne se faudret pas fier à un malade du goust de quelque viande, aussi ne se faut il pas rapporter au jugement de tels ignorans touchant la bonté ou beauté de nostre langage. PHILAUS. Mais encore qu'ils n'ayent point de lettres, ils ne laissent pas d'estre de bon entendement quant au reste. PHILAL. Cela peut bien estre. Mais si est-ce que l'ignorance des lettres, et nommément de la langue Latine, leur est un tel empeschement que seroit la maladie quant à juger du goust d'une viande. Et pour le moins vous me confesserez tousjours qu'un qui entend bien le Latin, a grand avantage quant à la congnoissance du François, sur un qui ne l'entend point : voire que celuy qui a aussi la congnoissance du Grec, a avantage, pour le François, sur celuy qui n'entend que le Latin. PHILAUSONE. Mais si on ne peut discerner le bon Francés d'avec le mauvais que par l'usage, quel avantage pourra avoir celuy qui entend le Latin, voire qui a aussi congnoissance du Grec ? PHILALETE. Si l'usage de la langue Françoise estoit pareil en tous lieux (je di, entre ceux tant seulement qui sont estimez bien parler : car quant aux autres c'est une chose infinie) ce que vous dites auroit quelque apparence : mais veu qu'il y a de la controverse quant à l'usage, il faut avoir recours ailleurs qu'à l'usage. Car de dire que par l'usage qui est en un lieu on pourroit juger de l'usage d'un autre lieu, ce seroit contre raison. PHILAUS. Ouy bien si l'usage d'un lieu devet avoir aussi grande autorité que celuy d'un autre : mais qui doute que celuy de la cour ne doive avoir plus d'autorité sans comparaison ? PHIL. Mais au contraire, qui est celuy qui ne mette cela en doute ? ou plustost, qui ne le vous nie tout à plat ? j'enten s'il est du nombre de ceux qui sçavent que c'est aujourdhuy d'une cour de France. Car (laissant les autres choses en quoy elle est differente de celle qui a esté il y a vint ou trente ans) s'il n'y avoit non plus d'estrangers, et nommément d'Italiens, qu'au paravant, il sembleroit que son autorité ne devroit diminuer quant à l'usage de la langue Françoise : mais vous sçavez que pour quarante ou cinquante Italiens qu'on y voyoit autresfois, maintenant on y voit une petite Italie. Or puisqu'ainsi est, considerez quant à cest entrelardement de paroles Italiennes parmi les Françoises (car je ne parleray que de ceste nouveauté, en continuant nostre propos, et reservant à un autre temps les autres nouveaux mots) s'il est raisonnable qu'on se tienne au jugement des courtisans, quant à l'usage dudict François ainsi entrelardé :

et si ce n'est pas faires les mesmes, juges et parties. PHILAUS. Je vous confesse qu'il y a beaucoup d'Italiens en la cour, mais il y a bien autant de Francés. PHILAL. Au moins vous m'accordez desja ce poinct, que les Italiens courtisans ne doivent avoir voix en chapitre quant à l'usage du François : et par consequent il ne vous demeure plus que la moitié de la cour, peu plus, peu moins. Or je vous fay une question, si la moitié doit avoir autant d'autorité par droit et raison que la cour totale. PHILAUS. Je ne voudres pas soustenir cela. PHILAL. Encore n'est-ce pas tout. car il faut sçavoir si ceste moitié de la cour ne nous doit point estre suspecte, comme se laissant gangner par l'autre moitié, qui est estrangere, et s'accommodant à elle quant au langage. CELT. A la verité nous avons grande raison de ne nous fier pas à elle, comme se laissant aisément mener, non point par le nez (comme on dit ordinairement) mais par la langue : veu qu'outre le desir que plusieurs peuvent avoir de complaire à ces estrangers, les voyans en grand credit, ils ont ce naturel (autrement ne seroyent ils pas François) d'aimer fort la nouveauté. Et ne faut douter que s'il y avoit autant d'Espagnols [1] en la cour qu'il y

---

[1] *Espagnols*. « Les guerres de la Ligue et le long séjour des armées espagnoles en France vers la fin du seizième siècle, répandirent parmi nous la connaissance de la langue castillane et cette invasion, qui persista depuis le temps d'Henri III jusqu'à la mort de Louis XIII, laissa sur notre idiome une empreinte relativement forte. » Brachet, *Dict. étym.*, p. LV.

a d'Italiens, au lieu que nostre François a des lardons Italiens, il auroit des lardons Espagnols : mais si nous aurions un peu meilleur marché du lard d'Espagne que de celuy d'Italie, cela ne sçay-je pas. PHILAL. Je croy que monsieur Philausone vous accordera aisément tout ceci : et nommément quant à ce poinct, de tenir ceste autre moitié pour suspecte, je ne doute point qu'il ne se vueille joindre avec nous. PHILAUS. Il y a bien quelque apparence en ce que vous dites : mais voulez vous que toute ceste moitié soit suspecte ? PHILAL. Je n'y veux pas aller tant à la rigueur : je vous veux relascher une moitié de ceste moitié : si est ce qu'il ne vous restera que la quarte part de la cour. Or maintenant je vous fay une question, quant à ceste quarte partie, si vous sçavez bien que ceux qui entrelardent ainsi leur langage, ce sont personnes qui ont quelque jugement en telle chose : et si elles ne le font point pour complaire ni aux Italiens, ni à aucuns grands seigneurs François, ni aux princes : non pas mesmes au roy, ni à la roine. Encores y-a il un poinct qu'il faut sçavoir : c'est, s'ils parlent un tel langage à bon escient, non point rians en leur cœur, et se moquans de telle nouveauté à laquelle ils s'accommodent. PHILAUS. Vous disiez me vouloir faire une question : mais pour une vous m'en faites trois tout ensemble. vray est qu'en ces deux poincts que vous avez gardez pour les derniers, vous avez separé deux chouses que vous pouviez bien mettre ensemble. Or si je voules, je vous aures bien tost faict telle response que font volontiers ceux qu'on interrogue touchant autruy, de ce dont il n'est pas vraisemblable qu'ils ayent congnoissance : c'est que je ne leur ay pas demandé : toutesfois pour vous faire une response un peu plus gratieuse, je vous diray qu'ils usent d'une partie de ces mots nouveaux en parlant à bon escient et sans se moquer, pourcequ'ils les trouvent beaux : quant à l'autre partie, il peut bien estre que ce soit plus pour s'accommoder au langage des grands, que non pas pour plaisir qu'ils y prennent. Et quant à ce que vous demandez si ce sont personnes qui ont quelque jugement en telle chouse, je vous respon aussi qu'aucuns d'eux l'ont, autres non. PHILAL. Vous me faites une response par laquelle vous vous empestrez, et en la fin vous trouverez pris. PHILAUS. Comment donc? PHILAL. Pourceque de ceste quarte partie que nous avons reservee entre les farcisseurs du langage François, vous ne laissez qu'une moitié qui ait quelque jugement en telle chose. Or si ainsi est qu'il ne se faille arrester qu'à ceux qui ont cela, voyla encore une moitié rabbatue de ceste quarte partie. D'avantage, comme vous rabbatez une moitié de ceste quarte partie, aussi deduisez vous la moitié de ces mots nouveaux, quand vous confessez qu'il n'y a qu'une partie d'iceux qui leur plaise : et qu'ils n'usent des autres que pour s'accommoder au langage des grands. CELT. Il me semble quand j'oy parler de telle accommodation, que j'oy le proverbe, qu'il faut hurler avec les loups[1]. PHILAL. Quant à ceste sotte accommodation, il seroit plus à propos de dire, Braire avec les asnes. Mais retournons à nos moutons, et voyons comment monsieur Philausone sortira de mes liens. PHILAUS. Pour le moins vous pouvez vous asseurer que j'employeray le verd et le sec pour en sortir. PHILAL. O la belle façon de parler! vrayement elle est bien tiree du profond de la cour. PHILAUS. Quelles gens estes-vous? quel langage faudra il parler à la fin pour vous contenter? au moins ne pouvez vous dire qu'il y ait rien en ceste façon de parler que de nostre creu. PHILAL. Voulez-vous dire que ce qui est creu depuis environ vint-cinq ans au cerveau d'un certain secretaire de la cour (du nombre de ceux qu'on appelle secretaires d'estat) soit du creu de la France en parlant en general? PHILAUS. Comment entendez vous cela? PHILAL. C'est que ceste façon de parler, *Employer le verd et le sec*[2], commança à estre

---

[1] *Hurler avec les loups*, voy. I, 340.

[2] *Employer le vert et le sec.* « Ici vert est pris substantivement ainsi que sec; l'un signifie l'herbe verte qu'on fait manger aux bestiaux, d'où mettre les chevaux au vert, leur faire prendre le vert; l'autre signifie le fourrage sec qu'on leur donne, à défaut de vert, d'où ces expressions donner du sec aux chevaux, les mettre au sec. Cette expression proverbiale *employer, etc.* vient donc évidemment de l'économie rurale. » Noël, *Dict. étym.* « On dit proverbialement employer le verd et le sec, c.-à-d. mettre toutes sortes de moyens en usage pour parvenir au but qu'on s'est proposé. On rapporte une plaisante application que Henri IV fit de ce proverbe; il dit à une femme qui étoit toute seche de maigreur et qui s'étoit habillée de verd, qu'elle n'avoit rien oublié pour plaire et qu'elle avoit employé le verd et le sec. » Fure-

en credit entre quelques seigneurs de la cour, pour avoir esté mise en un certain edict, depuis quelques annees. Vray est que depuis ce temps-là elle a commancé à trotter par la bouche des menus courtisans aussi bien que des gros. PHILAUS. Je vous confesse bien qu'elle est aujourdhuy beaucoup plus usitee qu'elle n'estet : mais si est-ce que je pense qu'elle soit bien ancienne. PHILAL. Je pren le cas qu'il soit ainsi : pour le moins de deux fautes qui sont ordinaires à plusieurs courtisans vous en avez faict maintenant une, soubs correction. PHILAUS. Je vous prie me dire quelles sont ces deux sortes de fautes, pour voir si je pourray m'appercevoir en quoy vous entendez que j'aye failli. PHILAL. Il-y-en a une dont maintenant il ne vient pas à propos de parler. PHILAU. Je vous prie toutesfois de me la dire. aussi bien que l'autre, si vous desirez mettre mon esprit en repos. car je ne feres qu'y penser. CELT. Je vous en prie pour luy, monsieur Philalethe, et pour moy aussi. car je ne ferois que fantasier apres cela. PHILAL. Je ne me veux pas faire tant prier : la chose ne le vaut pas. L'une de ces fautes que je dis estre ordinaire à plusieurs courtisans, c'est qu'ils payent toutes personnes

---

tière. Le proverbe est mentionné par Leroux, *Dict. comique.* « A cette expression tirée de l'agriculture les Latins en substituoient d'autres qu'ils empruntoient ou de l'art militaire (*cum hasta, cum scuto*) ou de la navigation (*remis velisque*) ou des mouvemens du corps (*manibus pedibusque*). Dans ce dernier cas nous disons aussi, j'ai tant fait des pieds et des mains que j'en suis venu à bout. » Tuet, *Matinées senonoises.* Cf. De Méry, *Hist. des proverbes*, III, 182.

d'une mesme monnoye. CELT. Je ne sçay pas comment vous entendez cela. PHILAUS. Ni moy aussi. PHIL. J'enten qu'ils ont un mesme formulaire pour toutes personnes. CELT. Je vous prie de parler encore plus clairement. PHILAL. J'enten qu'ils tiennent un mesme langage à toutes personnes, soit qu'ils les vueillent prier de quelque plaisir, soit qu'ils les vueillent remercier, soit qu'ils leur vueillent faire de belles promesses : comme si ils avoyent un formulaire lequel ils suyvissent en telles choses. CEL. Pour le moins me souvient-il bien que de mon temps ils n'avoyent qu'une sorte d'eau beniste pour toutes personnes : je ne sçay pas si maintenant ils en ont deux sortes. PHILAUS. Monsieur Philalethe veut dire que plusieurs courtisans en ces trois chouses qu'il a dictes ne sçavent chanter qu'une mesme chanson. PHILAL. C'est bien cela que je veux dire. Or quant à l'autre faute, elle est cause qu'on trouve leur langage encore plus affecté ou affetté qu'on ne le trouveroit. car ceste faute est en ce qu'ils usent à tous propos de certains mots et certaines façons de parler, sans regarder le lieu qui leur est convenable. CELT. Comment pourroyent-ils congnoistre où est leur vraye place, quand ils ne les entendent pas ? PHILAUS. Ah, vous faites tort aux courtisans. PHILAL. Il y a bien d'avantage : c'est, que j'estime pouvoir dire des courtisans, quant à plusieurs mots et façons de parler dont ils usent, qu'ils parlent comme perroquets en cage ? PHILAUS. Je vous confesse bien que parmi la grande brigade des courtisans, se trouveront aucuns qui parlent comme perroquets en cage : mais il n'y auret ordre de dire ni penser cela du general. PHILAL. Aussi n'ay je garde. pensez-vous que je ne sçache pas qu'il y a des courtisans de bon esprit et bon jugement ? qui ont beaucoup de bonnes parties ? et mesmement qui n'ont pas seulement gousté les bonnes lettres, mais s'en sont tresbien repus ? Or je respondray tousjours pour ceux-ci, qu'il ne leur advient guere de faire la faute dont nous avons parlé. Avisez toutesfois quant à vous, que vous n'ayez tellement parlé touchant l'exception qu'il faut faire, que ne puissiez pas estre compris en icelle. PHILAUS. Comment ? PHILAL. C'est (pour le vous dire plus clairement) qu'en parlant de ceux qui ne font pas ceste faute dont nous avons tenu propos, vous l'ayez faicte. PHILAUS. Moy, que j'eusse faict une faute en telle chouse ! ay-je dict quelque mot qui puisse tomber en telle reprehension ? CELT. Ouy, monsieur Philausone. pensez un peu à vostre conscience : vous trouverez qu'un certain mot vous est eschappé, du nombre de ceux que nous ne voulons point avoüer. PHILAL. Voyla que c'est de s'accoustumer à ce langage de la cour. vous avez eu peine de vous y accoustumer (car j'ay veu le temps que vous n'usiez aucunement des nouveaux termes courtisans) et encore aurez vous beaucoup plus de peine à vous en desaccoustumer, si vous le voulez faire. PHILAU. Je pense et repense à ce que j'ay dict, mais je ne me puis aviser d'aucun mot, qui puisse estre mis au nombre de ceux dont il est question. CELT. Je vous en feray donc souvenir. c'est quand vous avez dict, *La grande brigade des courtisans*[1]. PHILAUS. Vrayement vous avez raison : j'ay merité d'estre censuré d'avoir dict cela devant vous, mais en la cour cela seret le meilleur et le plus beau langage du monde. PHILAL. Or parlons un peu par escot[2], puisque vous ne confessez avoir failli qu'en ce que vous avez usé de ce mot en parlant à nous : voulez

---

[1] *La grande brigade des courtisans.* Estienne dira dans la *Précellence*, p. 282 : « Nous trouvons ce mot en quelques rommans, et nommément en celuy de Perceforest : *ils s'en partirent de celle brigade*, c'est à dire de celle compagnie. Voylà comment nous pouvons mieux de droit user de brigade que Boccace de *brigata*, en le prenant de nostre ancien langage. » Ronsard emploie ce mot dans la *Franciade* :

La brigade qui lors au ciel levoit la teste.

« *Briga significa fastidio, impedimento e guerra, da trica, per cio che tricae significano viluppo e impedimento... Da briga è detta brigata che vale compagnia, quasi intricata, cioè molta gente insieme aviluppata.* » Acharisio. Variantes : Briguade, Rabelais ; Brigande, Cotgrave.

[2] *Parlons un peu par escot.* Cf. Rabelais, V, 15. « Parler par écot c'est se répondre tour à tour et fournir également à la conversation, de la même manière que dans un écot chacun paie également sa part de la dépense commune. Ainsi lorsque frère Jean voiant que Panurge vouloit décider sans attendre de réponse, lui dit *parlons par écot*, c'est comme s'il lui disoit, entendons-nous, parlons tour à tour et rendons-nous réciproquement raison sur ce qui fait le sujet de notre entretien. Coquillard, dans le *Plaidoier d'entre la Simple et la Rusée* :

Grand mercy, j'aurai faict tantost,
J'ay bien ouy tout son tripot
Et ses baves ; elle prouvera
Tous ses faicts ; parlons par escot. »

Le Duchat.

vous dire que cela soit bien parler, et que vous ayez donné une place convenable à ce mot Italien, ou plustost, à ce mot italianizé? PHILAUS. J'ay grand' peur qu'il ne me faille confesser que non, quand je pense bien à l'usage qu'a le mot *Brigata* en son pays. Et je seray quasi contraint de dire, quant à ce qu'il me faut accommoder à l'usage de la cour, ce qui a esté dict tantost qu'il faut braire avec les asnes, aussi bien que hurler avec les loups. CELT. Je n'eusse pas pensé que monsieur Philausone eust voulu se rendre si tost quant à ce mot *Brigade*, et confesser qu'il ne l'avoit pas mis en une place qui luy estoit convenable. car il s'est opiniastré contre moy pour des autres, où il y avoit bien plus grande apparence de faire ceste confession. Mais je voy bien que c'est : il se rend plus volontiers à vous qu'à moy. PHILAL. Je pense qu'il ne se veut rendre ni à vous ni à moy, mais à la raison seulement. Comme aussi (pour vous dire en peu de paroles ce qui en est, et faire une conclusion de ce propos) il faut que la raison domine, et en conferant le langage des uns avec celuy des autres, il s'en faut rapporter à elle : tellement que si en quelque chose la raison se trouvoit estre du costé des crocheteurs[1], voire des bergers, quant au langage, et non pas du costé des courtisans, il faudroit qu'ils passassent condemnation, quelques grands qu'ils fussent. PHILAUS.

---

[1] *Du costé des crocheteurs.* « Quand on demandoit à Malherbe son avis de quelque mot françois, il renvoyait ordi-

Plusieurs courtisans ne vous confesseroyent jamais que cela pust advenir, que la raison se trouvast du costé des crocheteurs, ou des bergers, plustost que du leur : et aucuns vous diroyent bien pis, qu'ils n'ont que faire avec elle. PHILAL. Les courtisans qui parleroyent ainsi, parleroyent mieux qu'ils ne penseroyent, et diroyent la verité. Car je sçay bien que plusieurs d'entre eux n'ont que faire ni que souder[1] avec ceste madame qui s'appelle La raison. Or si eux ne se soucient guere d'elle, encores elle se soucie moins d'eux : voyla pourquoy il ne se faut esbahir si entr'eux (quant à la plus grand part) tout est desraisonnable. Mais pour ne parler maintenant que de leur langage, je vous prie, pour la bonne affection que je vous porte, de ne vouloir point vous y accommoder tant, que vous en soyez incommodé toute vostre vie. PHILAUS. Comment incommodé? PHILAL. C'est, que vous ne reteniez des mots et des façons de parler, dont, estant hors de la cour, vous desiriez vous

nairement aux crocheteurs du port au Foin, et disoit que c'étoient ses maîtres pour le langage, ce qui peut-être a donné lieu à Regnier de dire :

> Comment! il faudrait donc pour faire une œuvre grande,
> Qui de la calomnie et du temps se défende,
> Et qui nous donne rang parmi les bons auteurs,
> Parler comme à Saint Jean parlent les crocheteurs.
> (Sat. IX, 29.) *Vie de Malherbe*, par Racan.

« Malherbe fit la guerre au néologisme barbare et inintelligent attaqué déjà par Henri Estienne et condamné par Ronsard lui-même dans la dernière période de sa vie. » Hippeau, *Biogr. Hœfer*.

[1] *N'ont que faire ni que souder*, expression qui n'a pas été recueillie par les vocabulaires.

desacoustumer : et que ne le puissiez faire, et par consequent soyez en danger d'estre vesperisé [1] en plusieurs bonnes compagnies. PHILAUS. Pour dire la vérité, je crain qu'il soit desja un peu bien tard. car je n'ay bougé de la cour depuis que je suis retourné du pays d'Itale : Mais il y a bien aussi quelque autre chouse, dont je me desaccoustumeres encore plus malaisément. PHILAL. Et quoy ? PHILAUS. La pronontiation. comme quant à ce mot Affection, dont vous venez d'user, estant à la cour j'eusse prononcé *Affettion* : car la plus grand' part des courtisans prononce ainsi, *Affettion* et *Affettionné*. PHILAL. J'enten bien, c'est la pronontiation Italienne qui est en vogue. Or dite moy la verité, ne prononcez vous pas aussi *Alessandre* à l'Italienne, pour Alexandre ? PHILAUS. Vrayement j'oy plusieurs qui prononcent ainsi ce mot à la façon d'Italie : mais quant à moy j'en fay encore quelque conscience : car j'ay honte de mignarder [2] ainsi le

---

[1] *Vespérisé*, réprimandé, de vespérie : « C'était le dernier acte de théologie ou de médecine que soutenait un licencié avant de recevoir le bonnet de docteur, depuis trois heures jusqu'à six et comme anciennement le docteur qui avait été grand maître du licencié lui reprochait les fautes qu'il avait pu faire durant sa licence, vespérie s'est employé dans le sens de reproche, réprimande. » Noël, *Dict. étym.* « Tesmoins en seront nos Maistres qui se disent porter les clefs de la Theologie et de nos consciences, qui se savent si dextrement vesperiser par leurs attacques et soubriquets, tirez du fin fond de la braiette, tant que les poules en tomberoient du nid et en frapperoient la Pie en l'œil, leur eust elle la queue tournée. » *Contes* d'Eutrapel, XX.

[2] *Mignarder*, rendre mignard : « C'est une chose bien séante aux demoiselles, lorsqu'elles mignardent leurs ris,

nom d'un si magnanime et si vaillant roy. PHILAL. Ce n'est pas seulement le mignarder, mais c'est le corrompre et depraver, quant à son origine. CEL. A propos d'*Affettion* pour Affection, comment font ces messieurs les courtisans, quant il leur faut prononcer *Affecté?* car maugré qu'ils en ayent, il faut, quand ils viennent à ce mot, qu'ils le prononcent ainsi, *Affecté*, non pas *Affetté*. d'autant que nostre langue (comme vous sçavez) met difference entre Affecté et Affetté : encore que ce mot soit pris de cestuy-là. PHILAUS. Et combien y-en a-il (à vostre avis) qui entendent ceste difference ? quant à ceux qui l'entendent, venans à prononcer l'un et l'autre, ils en eschappent le mieux qu'ils peuvent. CEL. Orça, puis qu'on dit *Affettion* pour Affection, aussi dit on *Accetter*, pour Accepter : et pareillement *Accettation* pour Acceptation. PHILAUS. Vous n'en devez point douter : car nous suyvons la pronontiation Italienne aussi bien en l'un qu'en l'autre : et semble qu'il soit plus grand besoing de la suyvre ici que là : pource que ces lettres P T semblent faire le mot encore plus rude que ne font ces autres C T. CELT. N'est-ce pas merveille qu'entre vous courtisans faites vertu d'un vice estranger en cest endroit, comme en plusieurs autres ? PHILAUS. Comment vice ? puis que ceste prononciation est plus douce ? CELT. Ces mes-

---

de faire deux petites fosselettes aux deux côtés de la bouche. » Muret, *Commentaires sur les amours de Ronsard*, p. 59, Paris 1553.

sieurs que vous suyvez en ceci, n'ont pas esgard à l'addoucissement que vous dites : mais ils prononcent ainsi pourceque leur langue ne peut aisément prononcer autrement. Pareillement quand ils disent, *Alessandro* pour Alexandro, et *Una massima* pour *una maxima*, ce n'est point pour mieux prononcer, mais c'est pourcequ'ils suivent la pronontiation vicieuse de leur pays, en laquelle ils ont esté nourris, et de laquelle malaisément ils se pourroyent desaccoustumer. Voilà pourquoy j'ay bien eu raison de dire qu'entre vous autres courtisans faites vertu de leur vice, quand vous prononcez affettion, et Accetter : item Alessandre et Une massime. voire n'auroit pas tort celuy qui pour l'esgard d'une telle imitation vous appelleroit (en usant des mots d'Horace) *imitatores, servum pecus*[1]. PHILAUS. Je m'esbahi de ce que vous dites, qu'ils ne prononcent pas ainsi tout expressément, mais pourceque leur langue a pris ceste mauvaise coustume au pays. Car je ne trouve point qu'il y ait aucune difficulté en la pronontiation de ces lettres : et n'en prend pas comme de la diphthongue oy, quand on dit Moy ou Foy. car quant à ces mots et autres semblables, je ne m'esbahi point si les Italiens et autres estrangers sont bien empeschez à les prononcer, d'autant que ceste diphthongue nous est quasi peculiere : mais il s'en faut bien que la difficulté soit telle en la pro-

---

[1] *Imitatores.* Horace, I, *Epist.* 19, 19.

nontiation des autres dont nous venons de parler. CELT. Je vous confesse que la difficulté est beaucoup plus grande ici que là : mais ils ne laissent pas pourtant d'estre empeschez là, encore qu'ils ne le soyent pas tant. PHILAL. Dite moy, je vous prie monsieur Philausone (car je me doy addresser à vous touchant ceci, non pas à monsieur Celtophile) ne vous souvenez-vous point, à propos de ceste diphthongue, de ceux du mesme pays, qui prononcent *Madamiselle*, pour éviter ce mauvais passage qu'il leur faudroit passer en la pronontiation de Madamoiselle? Quant à *François, Anglois, Escoçois, Milanois*, il y a long temps que plusieurs d'eux ont confessé n'avoir pas la langue bien faicte pour les prononcer : et pourtant suyvans leur langage naturel, qui dit *Francesé, Inglesé, Scocesé, Milanesé*, ont esté fort joyeux d'estre quittes pour dire pareillement en parlant le nostre, *Frances, Angles, Escoces, Milanes :* et pareillement es feminins, *Francese, Anglese, Escocese, Milanese*. Et je sçay bien qu'entre vous courtisans trouvez tous ces mots de trop meilleure grace, pource qu'ils sont plus mignards, et qu'il ne faut pas que les dames ouvrent tant la bouche : comme aussi elles en font quelque conscience, ou pour le moins en font le semblant. Tant y-a que par succession de temps, si on vous veut croire et à vos compagnons, les François deviendront totalement Francés. J'enten que la memoire s'abolira entr' eux de la belle pronontiation de ce beau nom là lequel ils prennent du nom de leur pays : et s'accoustumeront tellement à ceste prononntiation bastarde, qu'ils ne le pourront prononcer comme il appartient : non plus que Demosthene[1] pouvoit prononcer le nom de la science dont il faisoit profession : combien qu'à la fin il en vint à bout. Or, pour faire tout pareil, ils usent de mesmes changements es mots semblables : comme en Courtois, car ils en ont faict *Courtés* : de surte qu'ils n'ont pas espargné le proverbe ancien mesmement, Qui fit François, fit courtois[2] : mais luy ont faict passer le pas, changeans ces mots là en ceux-ci, *Qui fit Francés, il fit courtés*. Mesmement en plusieurs sortes de mots ils en font autant. car ils disent (comme vous sçavez) *J'alés, je venés : Je faisés, je disés* : pareillement *Je ferés, je dirés*. et font le mesme changement tant es autres endroits semblables, qu'en autres lieux où se rencontre ceste povre diphthongue : la bannissans par ce moyen (entant qu'en eux est) de tout le resort et de toute l'estendue du langage François. Car je parle maintenant de

---

[1] *Demosthène*, voy. Plut., *Dem.*, XVI ; *Vies des dix orateurs*, *Dem.*, IV.

[2] *Qui fit François, fit courtois.* « La cour étant le centre de la politesse, le mot courtois devint synonyme de poli, civil. La politesse naturelle aux François donne lieu au proverbe rapporté par Fauchet (*Or.*, I, 88),

   Qui fit François, il fit courtois.

On disoit aussi proverbialement :

   Bien sai que por l'amor des dames
   Deviennent li vilains cortois.
   (Fabl. Mss. du R. n° 7218, fol. 163.)

Lacurne.

ceux, qui pour faire tout pareil, la dechassent de tous autres mots aussi bien que de Francés : sinon qu'il advienne que par mesgarde ils la laissent passer en quelques-uns. CEL. Disent-ils aussi *Un harnes*, pour Un harnois ? PHILAL. Pourquoy pensez-vous qu'ils auroyent fait grace à ce mot ? CEL. Pource que ceste pronontiation semble faire grand deshonneur aux armes : et que celles que portent les hommes, doivent retenir ceste pronontiation virile *Harnois* : alors que les femmes aussi s'armeront, il sera temps de la changer en ceste feminine, *Harnés*. PHILAUS. Vous nous en voulez comter. Avisez bien qu'on ne vous puisse alleguer quelque raison pertinente, pour laquelle on a changé ceste pronontiation tant en ce mot qu'es autres. PHILAL. Je défie tous les courtisans qu'on me pourroit mettre en teste, quant à maintenir ceste pronontiation : sinon qu'ils pensent me pouvoir tellement esblouir les yeux de l'entendement, que d'un vice j'en face une vertu. PHILAUS. Comment entendez-vous cela ? PHILAL. J'enten, Sinon qu'ils pensent me faire croire que la pronontiation mignarde et effeminee, voire du tout feminine, doive estre preferee à celle qui est robuste et virile. PHILAUS. Je ne vous nie pas qu'entre les courtisans se trouveront peu qui sçachent rendre aucune raison de leur langage, voire qui prennent plaisir à l'ouir rendre par un autre. car ils observent quasi tous ceste maxime, de ne se formaliser aucunement touchant le langage, et ne se soucier que d'amasser quelques termes nouveaux, desquels ou bien ou mal escorchez ils puissent faire la piaffe. Mais il-y-a grande différence de dire que le nombre de tels courtisans soit fort petit : et de dire qu'il ne se trouve pas un qui soit tel. PHILAL. Je n'ay garde de vous nier (suivant aussi ce que je vous ay confessé parcidevant) qu'entre les courtisans on n'en trouve quelque peu qui ont bon sens et entendement, voire et outre cela sont pourveus particulierement de tout ce qui est requis pour faire bien juger du bon et du mauvais langage. et sçay bien que ce sont ceux-là qu'on choisiroit pour me faire teste. Et quant aux autres qui ne veulent ouir raison ne demie (comme aussi plusieurs n'ont pas le cerveau capable d'icelle) et disent qu'ils ne se soucient pas s'ils parlent bien ou mal, pourveu qu'ils parlent comme les autres ausquels ils ont à faire, et qu'ils soyent entendus par eux : j'ay ma response toute preste, Qu'autant en peuvent dire les gros rustaux et les piquebeufs de leur langage, tel qu'il est : voire les gueux de leur jergon. car les uns parlent ainsi que les autres, tellement qu'ils s'entendent fort bien. Et s'il est question de faire comparaison de deux langages escorchez, on trouvera que les escorchements des gueux sont honnestes au pris des autres. car ceux qui escorchent les mots Italiens, escorchent un langage qui est desja escorché en partie du latin, en partie d'autres langages : mais le langage des gueux (s'il est tel qu'on dit) se trouvera estre de la race d'un tresnoble langage, et qui ne passa jamais par telle escorcherie, à sçavoir du Grec[1] : et qu'ils l'escorchent d'une plus gentille façon qu'on n'escorche aujourd'huy l'Italien. philaus. Laissons ces courtisans dont vous avez parlé en second lieu : et retournons à ceux ausquels vous attribuez quelque suffisance. Pensez vous point qu'ils vous puissent trouver quelque moyen de defendre leur *Francés?* philal. Nenni : non plus que de defendre *J'allion*, *Je venion*. philaus. Il-y-a grande difference entre ces deux fautes. car quant à J'allion, Je venion, vouloir soustenir une telle faute, ce seret commettre une grande faute : mais quant à Francés, il semble que ce soit une faute qui ait bonne grace. philal. Mais aux oreilles de quelles personnes pouvez-vous dire qu'elle ait bonne grace, sinon qu'à celles des courtisans, et de ceux qui sont de leur serment ? Et puis n'est-ce pas contre nature, de dire qu'une faute ait bonne grace ? sinon qu'on die quantetquand qu'il y a quelque vice qui tient

---

[1] *Du Grec.* « H. Estienne qui savait assez de choses pour être excusé d'ignorer le jargon de son temps, ne voulait pas laisser à d'autres idiomes que le grec l'honneur d'en être le père. C'est chez lui un système arrêté : il ne perd aucune occasion de le proclamer. Tantôt c'est dans son *Traité de la conformité* où il dit : « Quelcun aussi pourroit dire que j'aurois eu tort de laisser les beaux mots de jargon, dont la plus grande partie est évidemment prise du Grec : et pourtant leur feray cest honneur de leur laisser ici place. Toutesfois je diray les trois desquels il me souvient, qui sont : Arti, d'ἄρτος; Cri, de κρέας, Piot, de πότος. » Tantôt c'est dans ses *Deux dialogues*, etc. » F. Michel, *Etudes de phil. comparée sur l'argot*, introd., XXVII.

de la vertu. D'avantage, pourquoy direz vous ceste faute avoir bonne grace, plustost qu'une autre ? Il faudroit que celuy que voudriez vous confesser cela, vous confessast pareillement que la pronontiation mignarde et effeminee a meilleure grace que celle qui n'a rien de feminin. Mais quand quelques effeminez auroyent donné ceste sentence (comme il est certain qu'autres ne la donneroyent) j'en appellerois pardevant ceux desquels la faculté judicative (si ainsi faut parler) n'a point esté interessee par cest air de la cour, qui est ainsi subtil et penetrant : mais sont demeurez *in puris naturalibus*, quant à icelle. Car de se rapporter au jugement de tels courtisans touchant ceste chose, il n'y a non plus de raison que de se fier à un malade touchant le goust des viandes : et de dire que desormais il faut croire que le miel n'est pas doux, ains amer, pour ce que ceux qui ont la maladie que les Grecs appellent Ictere le trouvent amer. PHILAUS. Vous faites bien tout ce que vous pouvez, pour abbatre le credit et autorité de nostre povre courtisan *Francés* : mais donnez-vous garde qu'il n'ait tel fondement et appuy, que vous n'en puissiez venir à bout. PHILAL. Je voy bien que c'est : vous sçavez, ou pour le moins pensez sçavoir quelque secret, que vous ne me voulez pas descouvrir. PHILAUS. Je sçay vrayement un secret pour la défense des Francés, contre tous ceux qui l'osent assaillir : lequel je ne vous descouvrires, si vous n'estiez bien des amis. C'est, que le vieil langage le prend en sa garde et protection. CELT. Comment ? faloit il garder ceste allegation pour la bonne bouche ? N'avez-vous jamais ouy dire, qu'il ne faloit pas vendre ses coquilles à ceux qui revenoyent du mont sainct Michel[1] ? on ne m'apprendra pas quel estoit le langage des anciens : mais ce seroit de moy qu'il faudroit l'apprendre. Je vous confesse bien qu'ils n'usoyent pas de ceste diphthongue en quelques mots où nous en usons (disans mesmement *Estelle*, du Latin Stella, non pas Estoile) mais toutesfois je vous nie premierement que Francés soit pris de leur langage. car quand bien on le pourroit monstrer en quelque livre ancien, dont l'auteur seroit en quelque estime, ni un ni deux n'auroyent pas plus d'autorité qu'un grand nombre d'autres parlans autrement. Or desja vous puis-je asseurer que le Romman de la Rose a dict François, et non Francés, en un passage où il y-a, *Et useriez vostre François* (au lieu de ce qu'on dit maintenant, Vous y perdriez vostre Latin) et le ryme sur *Ainçois*. Et ailleurs il dit *Milannoises*, et *Lorrainnoises*, non pas *Milanneses*, et *Lorraineses* : comme ceux qui disent Francés, veulent qu'on die aussi Franceses. Et toutesfois

---

[1] *Vendre ses coquilles*, etc.
> Que mal instruit, je porte en Brouage du sel,
> Et mes coquilles vendre à ceux de Saint Michel.
> (Regnier, *Sat.* IV, 167.)

« Ce vers et le suivant répondent à ce proverbe, *ferre noctuam Athenas.* » Brossette. Cf. Cramail, *Comédie des proverbes*, sc. VI ; Cyrano de Bergerac, *le Pédant joué*.

posons le cas que les anciens eussent prononcé ainsi que les courtisans (or encore que je ne parle que de la pronontiation, j'enten aussi l'escriture correspondante à icelle, tant des uns que des autres) quelle raison y auroit-il de quitter la pronontiation de ses predecesseurs, pour se renger à celle des plus anciens ? Car ils ne peuvent nier que leurs predecesseurs, aussi bien les courtisans comme les autres, n'ayent dict François. PHILAUS. Pour vous dire la verité, je ne suis pas bien asseuré d'avoir ouy dire que l'ancienne pronontiation fust telle que la nostre : mais si cela se trouvet, nous aurions ville gangnee, non obstant toutes ces remonstrances que vous faites, et toutes celles que vous pourriez faire. Et quand bien cela ne se trouveret point, il vous seret force de vous rendre, quand les raisons courtisanesques auroyent donné un assaut à vos oreilles. CELT. Que dites-vous, monsieur Philausone ? Vous souvient-il plus de ce que vous m'avez dict, en l'absence de monsieur Philalethe, touchant vos courtisans ? qu'il ne faloit cercher ni ryme ni raison en leur langage ? car si ainsi est, je ne sçay pas que vous appelez des raisons courtisanesques. PHILAUS. S'il leur plaist appeler ryme et raison cela où il n'y-a ni ryme ni raison (comme ils osent bien appeler vertu ce qui est vice) qu'en puis-je mais ? Tant y-a que monsieur Philalethe seret luymesme bien empesché à soustenir un assaut de leurs raisons : c'est-à-dire de ce qu'ils appelent raisons. car vous pouvez bien penser que quand ils en viendroyent là, elles seroyent renforcees de cholere. CEL. Si me faut il ouir ces raisons dont vous me voulez faire si grand peur. PHILAUS. Vous orrez des propos qui vous fascheront. CELT. A mon dam. PHILAUS. Puisque vous me pressez tant, je ne les vous celeray point. c'est qu'on vous diret que si vos oreilles estoyent faictes d'autre fogge qu'elles ne sont, ou si elles estoyent accommodees à la leggiadresse courtisanesque, en lieu qu'elles sont accommodees à la gofferie et balorderie pedantesque, ceste pronontiation de Francés vous sembleret avoir beaucoup plus de garbe, que celle qui dit François. Pardonnez-moy si je vous parle ainsi que maints courtisans vous parleroyent (puisque vous l'avez voulu sçavoir) lesquels ne vous congnoistroyent comme je vous congnoy, et ne vous porteroyent le respect qu'ils devroyent. CELT. Il n'estoit pas besoing de ceste excuse. Mais dite-moy, je vous prie, si en un propos si court ils entremesleroyent tant de mots escorchez de l'Italien. PHILAUS. Encore d'avantage. CELT. Et diroyent-ils non seulement Francés, mais le reste de mesme, *Diret, Sembleret?* Diroyent-ils aussi *Soustiendret, Trouveret, Seret*, et une infinité d'autres semblables, dont vous m'avez rompu les oreilles tant ce matin que hier? Et principalement ay souvenance d'un propos où vous me donnastes de trois tout à la fois. car vous me distes, *La cornette monstret l'endret ou estet le chef de l'armee.* Je vous demande donc si ces courtisans parleroyent ainsi en tous ces endroits? PHILAUS. Ouy, ceux qui parleroyent le mieux. J'enten, mieux courtisanement. CEL. Voila une gentile interpretation. Or quant à ceste accommodation d'oreilles, dont vous avez parlé naguere, comment se fait-elle? y-a-il maintenant en la cour des accommodateurs d'oreilles? car de mon temps il n'en estoit aucune mention. Ou bien, ceste accommodation d'oreilles se fait-elle point par le moyen de quelques pendants qu'on y attache? PHILAUS. Je congnoy bien par ceste question joyeuse, que vous n'estes pas entré en cholere : de quoy je vous sçay bon gré. Mais à propos de pendans d'oreilles, voulez-vous que je vous face rire d'un usage de ce mot Pendans, lequel est inventé nouvellement? CELT. Me demander si je veux que vous me faciez rire, c'est demander à un malade s'il veut santé. PHILAUS. On appelle aujourd'huy à la cour *Pendans d'oreilles* [1], ceux

[1] *Pendans d'oreilles.* « Ces deux frères furent de cruels pendants d'oreille pour Guisard leur aîné, dans sa fortune et dans sa richesse. » St-Simon. « Pendant d'oreille de gibet », pendard. (Cotgrave.) Pend-oreille (*id.*). « Pendans d'oreille (*inaures*). C'est quelquechose de joli ou de précieux comme perle ou autre pareil ornement qu'on attache à l'oreille pour parer la personne qui le porte. (Cleopatre avoit deux perles en pendans d'un prix inestimable. César eut, après la mort de Cleopatre, une de ces perles et il la fit scier pour en faire deux pendans à la statue de Vénus. Citri, *Triumvirat*, 3 p., ch. 13.) » Richelet. Aubert a ajouté des détails d'archéologie curieux, mais sans mentionner le sens fourni par Estienne. « Les curieux et brocanteurs appellent pendans d'oreilles deux tableaux ou autres pièces curieuses apariées qui ne se peuvent séparer ni vendre l'une sans l'autre et ils ont cela de ressemblant aux pendans d'oreilles. » Furetière.

qui à toutes heures soufflent aux oreilles des grands : pourcequ'ils sont tousjours comme pendus à leurs oreilles. CELT. Je trouve ceste metaphore de bonne grace. mais est-elle fort usitee ? PHILAUS. Elle n'est encores un usage qu'entre quelques courtisans, qui aiment à garber un peu leur langage : et notez qu'ils en usent le plus souvent, en parlant de personnes qui par leurs soufflemens, lesquels ne sont pas sans faux rapports, taschent de bien accommoder leurs besongnes, (à propos d'accommodation) ne desaccommodant celles d'autruy. CEL. De quelques soufflemens qu'ils vueillent parler, tant y-a que ceste metaphore est de bonne grace, comme j'ay dict : et toutes les fois que je m'en souviendray, ce ne sera pas sans avoir souvenance de celuy qui me l'a apprise. PHILAL. Mais voulons-nous pas vuider la dispute sur laquelle nous estions, contre monsieur Philausone, touchant la pronontiation Italienne ? CELT. Il ne tiendra pas à moy. PHILAUS. Ni à moy aussi : encore que vous soyez deux contre un[1]. qui est une chouse

---

[1] *Deux contre un.* « On dit qu'Hercule même ne peut suffire contre deux. » Platon, *Phédon.* « Je ne suis pas si fort qu'Hercule qui n'eût pas été lui-même en état de combattre à la fois l'hydre, ce sophiste qui présentait toujours plusieurs têtes nouvelles à chacune qu'on lui coupait, et Cancer, cet autre sophiste venu de la mer et débarqué, je crois, tout récemment, qui attaquant Hercule par la gauche et le poussant vivement, le força d'appeler à son secours son neveu Iolas et celui-ci lui arriva bien à propos. » Id., *Euthydème.* « C'est une maxime ancienne et véritable qu'il est difficile de combattre en même temps les deux contraires,

dont Hercules mesmement avet crainte, ainsi que tesmoigne l'ancien proverbe. PHILAL. Afinque vous n'ayez occasion de faire ceste plainte, j'en laisseray faire à vous deux. CEL. Nous sommes entrez en ceste dispute (si j'ay bonne memoire) par un propos que j'ay tenu à monsieur Philausone, disant que luy et ses compagnons courtisans faisoyent vertu d'un vice estranger, tant en la prononntiation de quelques autres mots, comme de ces mots, *Affettion*, et *Accettation*, pour Affection, et Acceptation. Car je vous ay dict que les Italiens ne prononçoyent pas ainsi expressément, pour rendre le son des mots un peu plus doux : mais que cela leur vient d'un vice qui est naturel à leur langue. A quoy avez respondu que vous estiez esbahi de ce que je disois : veu que vous ne trouvez point qu'il y ait aucune difficulté à prononcer ces lettres : et qu'il n'en est pas comme de notre diphthongue en OY : à la prononntiation de laquelle vous confessez bien qu'ils se trouvoyent fort empeschez. N'en estions-nous pas demeurez là, quand nous

---

comme il arrive quelquefois dans les maladies et en plusieurs autres rencontres. » Id., *Lois*, liv. XI. Zenobius dit : « *Ne Hercules quidem contra duos. Narrant Herculem proposito Olympico certamine cum se superiorem viribus fore speraret, proxima Olympiade cum duobus luctantem victum discessisse. Nominant autem hos alii quidem Laium et Pherandrum, quidam vero Cteatum et Eurytum.* » *Cent.*, V, 49. Suidas, au lieu de Cteatum, a Teatum.

Noli pugnare duobus.
Catulle, LXII, 73.

Cf. Erasm., *Ad. Chil.* I, cent. V, XXXIX.

sommes venus, à propos de ceste diphthongue, à faire le proces à ceux qui disent Frances pour François? PHILAUS. Ouy. CELT. Voyci donc que je respon à vostre esbahissement : c'est que vous ne devez estre esmerveillé si les mots susdicts, où il-y-a CT, et PT, sont difficiles à leur langue, et luy donnent trop de peine à prononcer : veu qu'il y en a de plus aisez, desquels toutesfois elle ne peut venir à bout. Et qu'ainsi soit, prenez garde comme plusieurs accoustrent ce povre mot *Plaisir* : vous trouverez qu'ils le font devenir *Piasir* : et toutesfois ils ne nous sçauroyent faire à croire que la prononciation de ceste lettre L. soit difficile en ce mot Plaisir. Duquel quand ils on faict *Piasir*, je vous laisse penser quel mot c'est. car on ne peut dire que ce soit un mot Italien, ni aussi un mot vrayement François. Si toutesfois nous voulions nous pleindre d'eux, ils pourroyent respondre (encore que ceste response ne soit guere satisfactoire[1]) qu'ils n'ont pas fait pis à nostre mot François, et à quelques autres où ceste lettre L s'est rencontree, qu'ils ont faict à plusieurs Latins : esquels aussi nous ne trouvons aucune difficulté. Car y-a-il mots qui nous semblent plus faciles que *Flamma*, *Plaga*, *Pluma?* et toutesfois leur langue y trouve telle difficulté, qu'elle est contrainte de les corrompre,

---

[1] *Satisfactoire* = satisfaisant. Satisfactoire n'est resté que comme terme dogmatique. « Satisfactoire. *Satisfactorie, satisfying.* » Cotgrave. Satisfaisant ne remonte qu'à Massillon.

et dire *Fiamma*, *Piaga*, *Piuma* : mais nous qui manions nos langues ainsi que nous voulons, ne trouvons aucune difficulté à dire *Flamme*, *Playe*, *Plume*, (auquel principalement jouans le mesme tour qu'ils jouent à *Plaisir*, disent *Piume*) Aussi pour Flumen nous disons *Flume*, eux *Fiume* : pour *Plumbum*, nous disons Plomb, eux *Piombo* : pour *Plus*, nous disons aussi Plus, eux *Piu* : pour *Pluvia*, nous disons Pluye, eux (usans encore d'une autre sorte de changement) *Pioggia*. Et ce changement de L en I, se void en un fort grand, voire presque infini nombre d'autres mots, qui ont leur source du Latin. Et mesmes ils font encore pis en quelques-uns, les corrompans doublement : comme quand au lieu de Blasme ils disent *Biasimo*[1]. car non seulement ils changent la lettre I (qui est au mot Grec, dont nous l'avons pris, et eux de nous) mais aussi ils adjoutent cest I entre S et M : pourceque sans cela leur langue trouveroit ici quelque autre empeschement. Car vous sçavez que Boccace nommément a dict *Biasimo*, et *Biasimar*, et *Biasimevole*, non pas *Biasmo*, et *Biasmar*, et *Biasme-*

---

[1] *Biasimo.* « Blasme et blasmer, de βλασφημεῖν. » Conf. p. 207. Blâme est dér. de blâmer, qui vient du lat. ecclésiastique *blasfemare* qui, au m.-âge, avait pris l'acception de *vituperare, damnare, culpare.* Les poètes ont dit *biasmo;* voy. Dante, *Inf.*, V, 57; Pétrarque, *Son.* 63. Voici ce que dit Acharisio : « *biasimo nome e verbo, è tolto da greci* βιάζομαι, *che è violare, cio è vim inferre, dire male d'altrui, o mala nominanza, tanto è à dire biasimo te quanto vitupero te : e mi biasimo di te, cio è mi doglio che tu m'habbi fatto ingiuria e data mala nominanza.* »

vole. Quant aussi à quelques mots Latins, esquels ils ont voulu nous ensuyvre (c'est-à-dire les desguiser ainsi que nous, ou à peu près) au lieu que nous y doublons ceste mesme lettre, à sçavoir L, ils y mettent G L : comme quand pour muraille. que nous avons faict du Latin Murus, ils disent *Muraglia*. Toutesfois les mieux parlans disent plustost *Muro*, comme je pense : mais comme nous avons Mur et Muraille, aussi ont-ils voulu avoir *Muro* et *Muraglia*. Le mesme ont ils faict en autres mots de semblable prononciation, qu'ils ont pareillement pris de nous : combien qu'il n'y ait point d'apparence que nous les ayons des Latins : comme en ce mot *Travail*. car de cestuy-ci ils ont faict *Travaglio*, comme *Tagliare*, de *Tailler*. PHILAUS. Je voy bien qu'en la fin vous aurez gangné la partie. CELT. Quant à ce changement qui est en *Muraglia*, il me souvient que quelques François aussi (j'enten de ceux qui sont es confins de la France) au lieu d'escrire *Muraille*, font une sorte de changement, escrivans *Muralhe*[1]. Et à ce mesme propos, j'ay memoire d'avoir veu escrire à quelques Dauphinois non pas *Fille*, mais *Filhe* : et *Bailher* non pas *Bailler*. ce qui me faisoit penser qu'ils se trouvoyent empeschez aussi à la prononciation.

[1] *Muralhe*. « La notation la plus recommandable de *l* mouillée en provençal paraît être *lh*, parce qu'elle est la forme la plus précise, c'est ce que sentirent très bien les Portugais, lorsqu'ils empruntèrent cette orthographe aux Provençaux. » Diez, *Gramm. des langues romanes*, trad., I, 375.

PHILAUS. Je n'y ay jamais pris garde : mais cest advertissement fera que je les guetteray au passage. CELT. Tout d'un train prenez garde à quelques-uns d'entr'eux, qui prononcent R, pour L, en la fin des mots. PHILAUS. Je n'y faudray pas. CELT. Mais il faut considerer qu'il n'y a nation qui n'ait son vice : autrement entre ceux qui sont esloignez du cœur de la France, les Dauphinois ne sont pas des plus mal parlans. Or s'ils se trouvent empeschez à prononcer ces deux LL en tels endroits, ce seroit bien la pitié quand il leur faudroit prononcer deux LL tout au commancement de quelques mots Espagnols : comme en cestuy ci, *llamar*. PHILAL. Pour vous remener de France et d'Espagne en Italie en bien peu de temps, avez vous pas pris garde à quelques mots d'où les Italiens ont chassé la lettre X, aussi bien que de ces deux dont il a esté parlé ci devant ? PHILAUS. Il me faudret plustost demander si quelques-uns sont eschappez : et je vous respondres que je croy que bien peu ayent pu eschapper. Je pense bien que quant au mot Latin *Vexare*, si un Italien qui entendret le Francés en voulet user, l'accommodant à son langage, autant qu'il auret l'honnesteté en recommandation, autant seret-il soigneux de luy garder sa lettre X. PHILAL. Pourquoy ? PHILAUS. Pourcequ'il tomberet en un equivoque fort deshonneste, quant au langage Francés. Mais comme vous m'avez demandé tantost si j'aves pris garde à une chouse, je vous veux demander à ce mesme

propos si vous avez pris garde à une. PHILAL.
Quelle ? PHILAUS. A ce qu'aucuns commancent en
leur escriture à changer ceste lettre x, non pas
en deux s, mais en deux z, en escrivant quelques
mots. PHILAL. Je vous confesse que non. PHILAUS.
Apprenez donc qu'aucuns, encore qu'ils escrivent
Alessandro, et *Massimo*, et *Prossimo*, et *Essequie*,
et *Essercito*, et *Essercitio*, et *Essercitare*, au lieu
d'escrire *Alexandro*, *Maximo*, *Proximo*, *Exequie*,
Exercito, *Exercitio*, *Exercitare* : toutesfois aiment
mieux escrire *Ezzempio* ou *Ezempio*, qu'*Essempio*.
Car ce mot qui signifie Exemple, m'est venu tout
à poinct en memoire pour me servir d'exemple.
PHILAL. Je pense que telle orthographe ne soit
approuvee encore que de bien peu d'entr'eux. Et
quant aux mots où apres X il-y-a une conso-
nante, elle ne peut avoir lieu. car il faut necessairement escrire *Estremo*, *Esquisito*, *Espresso*,
Esperienza, et ainsi es autres. PHILAUS. Je vous
confesse cela. PHILAL. Et quant aux mots qui ont
un C apres X, ils changent le X aussi en C. car
vous savez qu'ils disent *Eccellente :* non pas
Excellente : pareillement *Eccesso*, *Eccelso*, *Eccetto*,
Eccettione, Il est bien vray qu'en la plus grand'
part de ces mots ils ne semblent prononcer que
un C. PHILAUS. Il-y-a bien des nouvelles, dont
vous me faites souvenir. PHILAL. Quelles ? PHI-
LAUS. Ce sont nouvelles que je veux dire à monsieur Celtophile. car quant à vous, je ne doute
pas que ne les sçachiez. CELT. Si me les direz
vous si bas que monsieur Philalethe ne les oye à

toutes avantures. PHILAUS. Les oye qui voudra : c'est qu'on commance fort à quitter ceste lettre X, aussi bien en nostre Francés courtisan, comme au langage Italien. Car il me souvient d'avoir ouy dire non pas seulement ces deux mots *Alessandre* et *Une massime* (desquels il a esté desja fait mention) mais aussi pour *Estreme*, et *Ecellent*. car notez qu'on prononce en ceste sorte, comme s'il n'y avet qu'un C. CEL. Et que sera-ce donc à la fin? PHILAUS. Je n'en sçay rien : mais cela sçay-je bien, qu'il me sera tousjours force de faire comme il a esté dit, à sçavoir de braire avec les asnes. car entre nous je ne feray point conscience de vous confesser que je tien pour asnes ceux qui font vertu du vice des estrangers. Mais si on sçavet à la cour que j'eusse tenu tels propos, toute l'eau de la mer ne seret bastante pour me laver. CEL. Il ne faut point avoir peur que nous vous accusions. Mais quant au reste, je ne vous veux pas celer que j'ay pitié de vous : comme aussi monsieur Philalethe vous a monstré naguere qu'il avoit, quand il vous a dit que vous pourriez bien vous accommoder tant à ce langage courtisan que vous en seriez incommodé toute vostre vie. Il vous disoit vray. car si Dieu ne vous fait grace, vous vous accoustumerez tant à ce jergon de la cour, que quand vous la voudrez quitter, vous ne pourrez pas quitter pareillement son jergon : mais serez en danger d'estre en risee à plusieurs cosmopolitains[1], qui ne

---

[1] *Cosmopolitains*. Ne se trouve pas dans les dictionnaires.

vivent ni parlent courtisanesquement : et toutefois sçavent comment il faut vivre et comment il faut parler. Car ne doutez pas que, comme les courtisans se moquent du langage de tous les autres, aussi quelques-uns ne soyent bien si osez et si hardis de se rire tout leur soul de celuy des courtisans. voire sans rire à credit, comme rient ordinairement les courtisans en telles choses. Et vous prie ne trouver mauvaise une comparaison dont je veux user. PHILAUSONE. Je ne trouveray plus rien mauvais de vous : car en la fin vous m'avez appris patience. CELTO. Je dis donc qu'il en prend aux courtisans comme à quelques Mores. car comme ces Mores ne se moquent pas moins d'un homme blanc, que nous d'un noir : voire ont bien la blancheur, estant au corps d'un homme, en si grand' horreur, qu'au lieu que nous avons accoustumé de peindre le diable noir, eux ont accoustumé de le peindre blanc : ainsi eux (au moins plusieurs d'eux) ne trouvent pas moins estrange le sain et entier langage en beaucoup de choses, que les autres trouvent estrange celuy qui est vicieux. Voyla pourquoy je suis marri que vous soyez si aheurté à ce langage courtisanesque. PHILAUS. Apercevez-vous que j'entremesle tant de mots courtisans? CEL. Tousjours vous en eschappe quelcun. car mesmement j'ay pris garde tantost que vous avez dict Du *pays d'Itale.* PHILAUS. De deux qu'on dit à la cour, j'estime que cestuy-ci est le meilleur. car on dit *Itale* et *Itaille.* CEL. Je vous confesse qu'*Itale* a un son moins rude qu'*Itaille* : mais je di toutesfois que tous deux ne valent guere, voire rien. philaus. Et quoy? voudriez-vous qu'on dist Italie? celt. En doutez-vous? philaus. Je ne doute point qu'il ne faille dire Italie : mais là je ne l'oseres dire. philal. Et ce-pendant vous oseriez bien dire en la cour, que vous employriez le verd et le sec pour sortir des liens de quelcun. philaus. Comment? vous souvient-il encores de cela? philal. Je n'ay pas si courte memoire que vous pensez. philaus. Je m'esbahi que vous me faites tant la guerre de ce que j'ay ainsi parlé, veu qu'à la cour ceste façon de parler a tant la vogue. philal. Je vous ay dict où elle fut premierement mise en credit : et encores estoit-elle aucunement tolerable en ce lieu-là : mais d'en user comme on en use souvent, ou comme vous en avez usé, il n'y a point d'ordre. Car ceste façon de parler est empruntee de ceux qui pour faire bien grand feu, voire le plus grand qu'ils peuvent, ne se contentent pas d'y mettre le bois sec, mais y employent tout ce qu'ils ont de verd aussi bien que de sec. Et pourtant quand vous avez dict que vous employriez le verd et le sec, pour sortir des liens de monsieur Philalethe : si vous eussiez voulu entendre que vous les brusleriez, et que si vous n'aviez assez de bois sec pour faire le feu, vous y employriez du verd, vous eussiez eu quelque raison d'user de ces termes. Je ne nie pas toutesfois que par metaphore on ne puisse appliquer ceste façon de parler à plusieurs autres choses : mais ainsi que vous en avez usé, elle semble n'estre point en sa place. PHILAUS. Je ne feray point du fin : mais vous diray tout rondement que j'ignores dont venet ceste façon de parler : m'asseure que beaucoup de mes compagnons, qui l'ont bien plus souvent que moy en la bouche, me sont compagnons aussi en ceste ignorance. PHILAL. C'est tousjours pour mieux confermer ce que j'ay dict, que plusieurs courtisans parlent comme perroquets en cage.

Mais quoy, monsieur Philausone ? voulons-nous laisser nostre propos imparfaict ? PHILAUS. Touchant quoy ? PHILAL. Touchant ceux de la cour qui doivent avoir voix en chapitre, quant à l'usage du langage François. PHILAUS. Il nous faudra retourner bien en arrière, si nous voulons reprendre ce propos. PHILAL. Si faut-il le reprendre : et pour bien faire, il nous faut user d'une petite recapitulation. PHILAUS. Vous me faites avoir martel in teste touchant la response dernière que j'auray à vous faire. car il me souvient bien que je me trouve desja fort empesché. CELT. Peut estre que maintenant vous pourrez vous aviser de quelque expedient, auquel ne pensiez point alors. PHILAUS. Au pis aller, je donneray cause gangnee à monsieur Philalethe, à la charge que mes compagnons courtisans n'en oyent point le vent[1].

---

[1] *N'en oyent point le vent.* « Depuis jamais on n'a pu ouir ny vent ny voix de l'espicier. » Straparole, dans Lacurne. « N'ouir ne vent ne voix. » Lancel., f. 2, dans Lacurne.

car ils estimeroyent cela une espece de trahison : tellement que ce seret un commancement de guerre contre moy. CEL. Je vous oy volontiers parler ainsi, sans entremesler du langage estranger. PHILAUS. Quand je pren le loisir de penser à ce que je veux dire, je m'en garde bien : mais quand je parle de quelque chouse à l'improviste, il n'est possible que quelque mot ne m'eschappe. CELT. Vous n'avez donc pas maintenant pris ce loisir : car il vous en est eschappé un. PHILAUS. Est-il possible? vrayement je n'en ay rien senti. quel mot est-ce? CELT. Ne vous souvient-il pas avoir dict *A l'improviste*[1]? PHILAUS. Vous m'en faites souvenir : mais n'est-ce pas bon Frances? CELT. Ouy, si un mot Italien, pour estre habillé à la Françoise, peut devenir bon François. PHILAUS. Il faut que je vous confesse que la grande accoustumance d'user du Francés desguisé, c'est ce qui m'inganne. CELT. Pendant que vous confessez une faute, vous tombez en une autre, avec vostre *inganne*. Mais pourquoy dites-vous François desguisé? il faudroit plustost dire Italien desguisé, puisque ce sont mots Italiens qui portent l'accoustrement François : sinon que vouliez dire qu'aucuns portent seulement la livrée françoise. PHILAL. Je vous prie monsieur Celtophile, luy laisser dire lequel il voudra, ou

---

[1] *A l'improviste.* C'est la forme italienne ; à l'impourvu était la forme française. A l'impourveu est meilleur qu'à l'improviste, dit Marg. Buffet, *Obs.*, p. 67, en 1668. Depuis, à l'impourvu, indigène, a complètement disparu devant à l'improviste, étranger.

Italien desguisé, ou François desguisé : ou bien lequel il voudra de ces deux, François italianizé, ou Italien Françoisé : (car vous trouverez que l'un se rapporte à l'autre) et nous donner un peu d'audience, pendant que nous acheverons ce propos que j'ay dict qu'il nous faloit reprendre. car je ne seray point à mon aise, que ceste dispute-la ne soit vuidee. Pour venir donc à la recapitulation que j'ay dict qu'il nous faloit faire : nostre question estoit, si le langage courtisan doit avoir plus de credit et autorité que celuy qu'on parle ailleurs. Vous avez respondu, qu'il ne faloit faire aucune doute de cela. A quoy je vous ay repliqué, qu'autresfois il y eust eu quelque apparence en cela : mais depuis les changemens qui sont advenus en ceste cour, et nommément que la cour est devenue une petite Italie, qu'elle avoit perdu beaucoup de son autorité en cest endroit. Car ayans osté les Italiens de la cour (de peur que les mesmes personnes ne fussent juges et parties) nous avons trouvé que nous avions osté pour le moins la moitié des courtisans : et puis avons esté d'accord, qu'il ne seroit pas raisonnable que la moitié de la cour eust autant d'autorité que toute la cour. Mais quand nous sommes venus à examiner ceste moitié qui restoit, il nous a falu jouer encores au rabbat. car nous avons trouvé que nous la devions tenir suspecte, pour le moins une partie d'icelle. tellement qu'il a falu encore oster la moitié de ceste moitié : et ainsi est restee seulement la quarte partie des courtisans, le langage desquels peut avoir quelque autorité. Et encores à la fin n'avez peu garder ceste quarte partie que je vous laissois : car vous avez confessé qu'elle n'estoit pas toute de personnes qui eussent tel jugement qu'il est requis d'avoir pour discerner le bon et pur langage, d'avec le mauvais et brouillé. Or apres que vous avez eu osté encore la moitié de ceste quarte partie, il ne vous est demeuré qu'une octave. Voyci encores un autre mal pour vous : c'est que vous n'avez peu celer que ce petit nombre qui nous restoit (apres avoir bien tout comté et rabbatu) n'usoit que d'une partie de ces mots nouveaux, en parlant à bon escient, et sans se moquer : et qu'il usoit des autres mots contre son gré, plus pour s'accommoder au langage de quelques grands que pour plaisir qu'il y prist. Voyla où nous en sommes demeurez, ayans depuis extravagué. or maintenant la conclusion sera bien-aisee à faire. CEL. La plus aisee du monde. PHILAL. Car au lieu de parler de l'autorité que pouvoit avoir le nombre entier des courtisans, il ne nous faut parler que de l'autorité que peut avoir la huitieme partie d'iceux : et non pas autorité quant à toutes les nouvelles inventions de langage, ains quant à la moitié seulement. Bref, pour vuider ce proces, et vous prononcer la sentence en peu de paroles, Nous bannissons dés à present la moitié de ce nouveau langage courtisan, qui se trouve estre sans aveu : et quant à l'autre moitié, nous luy commandons de se faire mieux avouer dedans trois mois : et à faute de ce, voulons que pareillement contre elle il soit procedé par bannissement. PHILAUS. Si je n'aves peur de fascher monsieur Philalethe, j'allegueres le proverbe commun touchant sa sentence. CELT. J'enten bien : vous voulez dire, De fol juge (ou faux juge) breve sentence[1]. PHILAUS. Je vous confesse que vela à quoy je penses. PHILAL. Je ne me fascheray point de ceci, pourveu que vous rendiez raison de vostre dire. en quoy donc me trouvez-vous fol juge? PHILAUS. En ce que par vostre sentence vous bannissez une moitié de ce nouveau langage, comme estant sans aveu : et toutesfois il se trouve estre avoué par quelque partie des courtisans, au moins par la huitieme : encores apres que vous avez faict tout vostre rabbat. Or je maintien qu'on peut dire absolument, qu'il est avoué par les courtisans, puisqu'il est avoué par une partie d'eux. CELT. Quelle raison y auroit-il de dire cela, veu que ceste partie est si petite? PHILAUS. Qui me gardera d'user de la licence des poetes? CELT. De laquelle? car ils en ont plusieurs. PHILAUS. De ceste licence par laquelle ils mettent une partie pour le tout. CELT. Comme s'ils faisoyent cela en chose pareille.

---

[1] *De fol juge breve sentence.* Cf. *Apol.*, I, 10; *Précell.*, p. 37 et 215. C'est un vers de P. Gringore, dans ses *Contredicts de Songecreuz*, fol. IV, verso. « Ne savez-vous pas bien le dire d'Aristote, *qui advertit ad pauca facile judicat?* Un tel juge seroit fort embarrassé de motiver ses arrêts. » Naudé, *Mascurat*.

PHILAL. N'appercevez-vous pas que monsieur Philausone dit ceci pour rire ? mais quant à moy, je me veux purger du crime qu'il m'a mis à sus. PHILAUS. Si vous me faites une fois entrer en mon caprice, je vous donneray bien d'autres staphilades[1]. PHILAL. Si vous vous approchez pour me donner des staphilades Italiennes, je vous feray receveur de patarasses[2] Françoises : encore que je n'entre point en caprice. CELT. Comment monsieur Philalethe ? vous voulez donc rire, aussi bien que monsieur Philausone. PHILAL. Pourquoy non ? chou pour chou, risee pour risee. CELT. Mais avant que de rire, il vous faut purger à bon escient : afin qu'il ne se vante point d'avoir quelque avantage sur vous. PHILAL. Je ne demande autre chose. CELT. C'est la raison qu'il soit receu en ses defenses, (ou pour parler plus chiquaniquement) en ses justifications. PHILAUS. Je l'y veux bien recevoir : qu'il parle seulement.

---

[1] *Staphilades*. De l'it. *staffilata*, coup d'étrivières, de *staffile*, étrivière, de *staffa*, étrier. « Estaffilader, *sfregiare*. » Oudin, *Dict.* (*Sfregiare* = balafrer.) « Mâchoire estafiladée. » D. Quich., tr. de Filleau de S. Martin.

<blockquote>
Sais-tu pourquoi, cher camarade,
Le beau sexe n'est point barbu ?
Babillard comme il est, on n'aurait jamais pu
Le raser sans estafilade.
</blockquote>

Noël, Dict.

[2] *Patarasse*. « Petarasse ou mieux patarasse, à πατάσσω, id est *ferio, pugnam illi do.* » Nicot. « Petarasse, patarasse, *pugno su il collo, moxicoñ, pescoçon.* » Hier. Victor. « Patarasse, petarasse, coup retentissant au fraper, bruit et son du coup donné. *Resonans ictus...* Il lui a plaqué une grande patarasse sur la joue. » Monet. « Coup sur les fesses. » Cotgrave.

PHILAL. Je di donc, monsieur Philausone, que quand par ma sentence j'ay banni la moitié du nouveau langage courtisan, comme estant sans aveu, j'ay fondé ceste mienne sentence sur vostre confession. PHILAUS. Quelle confession? PHILAL. Que de ceste quarte partie qui restoit, il n'y avoit qu'une moitié qui eust autant de jugement qu'il faut avoir pour discerner le bon langage d'avec le mauvais : (c'est à dire, le pur, le sain, et entier, d'avec celuy qui est brouillé, falsifié, sophistiqué, et corrompu) et que ceste moitié, qui avoit ce jugement pour user de discretion, rejettoit une partie des mots nouveaux : au moins en usoit contre son gré, et seulement pour s'accommoder au langage de quelques grands. PHILAUS. Mais, suyvant ceste confession, tousjours reste quelque nombre qui avouë ces mots nouveaux : duquel nombre sont mesmement quelques grands personnages. PHILAL. Ouy : mais vous confessez qu'ils n'ont point de jugement en telle chose. or que sert-il d'estre avoué par ceux qui ne congnoissent point ce qu'ils avouënt? n'est-ce pas comme si de quelque couleur on se vouloit rapporter aussi bien à ceux qui ne voyent quasi goutte, comme à ceux qui ont fort bonne veuë? CELT. Vrayement la comparaison est bonne. PHILAUS. Je voy bien que je suis pris par le bec, quant à ceste mienne confession : et veux passer condamnation : pourveu toutesfois que vous m'accordiez qu'encores y-a-il quelque difference entre un gentilhomme courtisan (quand bien il ne seret autrement grand seigneur) et un simple artisan, quant à bien rencontrer au chois où il est question de mots nouveaux. PHILAL. Comment ? si l'un n'a en cela non plus de jugement que l'autre, ne faut-il pas qu'il y aille à l'avanture aussi bien que l'autre ? Autrement ce seroit comme si vous me disiez que le gentilhomme et l'artisan estans en un lieu où tous deux ne sçauroyent point le chemin, toutesfois le gentilhomme auroit quelque avantage par dessus l'artisan quant à le sçavoir trouver. CELT. Quant à moy, je ne sçay pas quel avantage pourroit avoir le gentilhomme par dessus un artisan, voire un povre faquin, ou faquinet, quant à trouver le chemin, quand ils seroyent en un lieu où jamais ils n'auroyent esté, et duquel ils n'auroyent ouy parler non plus l'un que l'autre. Sinon que vous vouliez dire, que les gentils hommes, principalement courtisans, peuvent mieux avoir leur recours à l'art de devination que les personnes mechaniques[1], et en general que tous ceux qui sont roturiers. PHILAUS. Il me semble que cest exemple n'est point convenable. car le gentilhomme courtisan, si bien il n'a sçavoir aucun non plus qu'un povre idiot, par lequel il soit guidé à discerner le bon langage d'avec le mau-

---

[1] *Mechaniques* = artisans. « Les juges, les chevaliers, les mécaniques. » Oresme. « Deux cents personnes mécaniques. » Juv. des Ursins, *Charles VI.* « Un pauvre méchanique. » *Nouv. fab. des excellents traits de vérité*, p. 158.

vais, au moins a-il la fréquentation avec plusieurs personnes qui ne sont pas ainsi ignorantes, et par consequent peuvent user de ceste discretion.
PHILAL. Mais notez que nous parlons des mots nouveaux, qui de jour en jour, et d'heure en heure font leur premiere entree en la cour : voire bien souvent estans introduicts par tel qui ne les congnoist pas bien luy même : mais les ayans trouvez par le chemin, les a amenez avec soy. Or en telle nouveauté, il ne faut point alleguer qu'on frequente ceux qui parlent avec jugement. car tels personnages, ce sont ceux qui hayent plus ces mots qui sont creus en une nuict (comme champignons) lesquels on apporte le matin au roy à son lever, voire par grande singularité : ou bien à la roine, ou à quelcun des princes, ou pour le moins à quelcun des plus grands seigneurs. Comme pour exemple, en parlant d'un gentilhomme qui a bonne grace, et une façon de faire bien gentile, on aura dict, *C'est un gentilhomme qui a bon guerbe* : ou, *C'est un gentilhomme bien guerbé* : mais monsieur le courtisan qui aura eu les oreilles un peu begues, n'aura entendu autre chose que *gerbe* ou *gerbé*, et incontinent aura pensé au blé : ce qui aura esté cause de luy faire mieux retenir ce mot. Il cerchera donc l'occasion de monstrer sa science nouvelle et viendra dire qu'un tel ou tel a bon gerbe ou qu'il est bien gerbé. Or la dessus que respondra un personnage qui sera François naturel, et sçaura parler son langage fort purement,

tant pour entendre le Grec et le Latin (d'où viennent beaucoup des mots d'iceluy) que pour avoir tousjours fréquenté les bien parlans? Que respondra (di-je) un tel personnage, quand il orra un tel mot, s'il n'entend pas l'Italien? Mais encore prenons le cas qu'il entende l'Italien, comment pourra-il incontinent recognoistre ce mot, estant ainsi corrompu? CELT. Je ne sçay qui seroit celuy qui tant soudainement se pourroit aviser du mot Italien, duquel cestuy-là tient la place. Car jaçoit que *Guerbe* soit mieux dict que *Gerbe*, et *Guerbé* mieux que *Gerbé* : si est-ce qu'ils sont encores assez eslongnez de *garbo* et de *garbato*. PHILAUS. Je vous feres bien rire, si je vous voules dire un autre desguisement de ce mot, que j'ouy une fois. CEL. Je vous prie de nous faire rire, puisque vous le pouvez faire, à si bon marché. PHILAUS. C'est d'un que monsieur Celtophile congnoist bien, qui diset, *C'est un gentil-homme qui a de la bonne gerbe.* CELT. Vous fut-il bien possible de vous garder de rire? PHILAUS. Nenni : mais je fi semblant de rire d'autre chouse. Or ça, croiez-vous qu'il y en a qui osent bien dire aussi *Desgarbé?* (au lieu dequoy aucuns prononcent *Desguerbé,* comme *Guerbe* pour *Garbe*) pour dire, Qui a perdu sa grace. PHILAL. Quant à cestuy-ci je vous confesse que je n'en estois pas encore desjeuné, non plus que monsieur Celtophile. PHILAUS. Encore me souvient-il d'un autre mot autant ou plus estrange, qui est procedé de la mesme racine : mais je ne l'ouy jamais qu'une fois : et non pas de la bouche d'un Francés (pour dire la verité) mais d'un Italien. CELT. Comment? Vous voulez vous faire prier de nous dire? PHILAUS. Il vaut bien le prier, voire le prier et reprier : mais je me contenteray que vous me promettiez m'apprendre quelque autre nouveauté en recompense. CELT. Je le vous promets. PHILAUS. Ce mot estet *Sgarbatement*. CELT. Vrayment le voyla estrange. Mais comment en usoit-il? PHILAUS. Il diset, parlant de je ne sçay quelle chouse qui estet faicte de mauvaise grace, *Cela est faict bien sgarbatement*. CELT. Il ne me souvient pas d'avoir leu, ou avoir ouy dire un tel mot en Italie. PHILAUS. Si est-ce que les Italiens en ont un tout semblable, sinon qu'il a au bout la lettre E d'avantage, comme requiert la terminaison des adverbes Italiens. car ils disent *Sgarbatamente*. PHILAL. J'ay à vous remercier grandement, monsieur Philausone, des beaux mots que vous m'avez appris aussi bien que monsieur Celtophile. car je vous confesse qu'il y a longtemps que je ne les avois ouys jamais. Mais ce-pendant notez que ces mots sont pour moy, et contre vous. PHILAUS. Comment contre moy? PHILAL. Pource que c'est pour mieux confermer ce que j'ay dict, qu'il est impossible que maints gentils-hommes courtisans ne soyent du tout esperdus, quand il est question d'user de plusieurs mots qui sont nouveau-venus, et qu'il ne leur soit force de parler aussi bien à l'avanture, que parleroyent quelques povres artisans : pour ce qu'estans aussi ignorans comme eux (car ce sont ceux-là desquels je parle) ils n'ont aucun avantage. Car quant à la frequentation que vous alleguez, elle ne peut avoir lieu en ce qui est du tout nouveau. PHILAUS. Je voy bien que c'est : je ne voules passer condamnation qu'à demi : mais il me la faudra passer du tout. PHILAL. Pourquoy avez-vous combat contre la verité si long temps ? Vous sçavez bien que nous ne vous tenons pas du nombre de ces ignorans courtisans : tant pour avoir demeuré long temps en Italie, que pour avoir bonne congnoissance de la langue Latine, et entendre aussi passablement la Grecque. PHILAUS. Je vous diray comme il en va. ce qui me gardet de vous confesser la dette c'estet que je craignes le scorne que recevroyent plusieurs de mes compagnons. PHILAL. Comment vos compagnons ? PHILAUS. J'appelle tous ceux qui sont courtisans comme moy, mes compagnons. PHILAL. Je croy bien qu'ils sont vos compagnons quant à ces beaux mots dont vous venez d'user, *Garderet*, et *Estet*, et *Craignet* : mais au reste vous faites trop d'honneur à tels ignorans, et à vous trop grand deshonneur, en les appelant vos compagnons. Mais encore que vous les appeliez ainsi, je ne puis croire que souvent vous et vos semblables, estans retirez à part, ne leur donniez maints coups de bec, sans qu'ils en sentent ni sçachent rien. PHILAUS. Vrayement vous devinez fort bien. mais j'adjousteray de quelle façon de faire nous usons. c'est qu'estans le soir ensemble en nostre reduict, voulans descharger un peu nostre cervelle, qui est toute cornifistibulizee[1] (car vous me permettez d'user de ce mot, pour rire) nous mettons en commun tous les mots ridicules que nous avons ouys, l'un d'un costé, l'autre de l'autre, de ces povres ignorans, et puis aussi nous nous mettons à rire en commun : et bien souvent baillons chacun nostre lardon. PHILAL. Ce sont bien ces courtisans que vous devez appeler vos compagnons, puisque vous faites ensemble une si joyeuse compagnie : et non pas les autres, aux despens desquels vous la faites. CELT. Et ce-pendant, monsieur Philausone, si monsieur Philalethe vous eust laissé faire, vous vouliez mettre au nombre de vos compagnons, aussi bien ceux desquels vous faistes vostre passetemps, comme les autres. PHILAUS. Ne vous en esbahissez pas. car à la mode de la cour nous avons tout double. vela pourquoy nous avons aussi deux sortes de compagnons, comme deux sortes d'amis. CEL. Quant à moy, je n'enten point ceste philosophie courtisanesque : et ne me soucie pas beaucoup de l'entendre. mais je desirerois bien qu'il vous pleust nous faire part de quelques uns de ces beaux mots nouveaux, qui sont passez par vostre chapitre, et y ont esté chapitrez. PHILAUS. Il y

---

[1] *Cornifistibulizée.* « A la tête de ces troupes incornifistibulées nous placerons ces banquiers travaillant à remuer des millions. » Balzac, *Physiologie du mariage*, méditation V.

faudret penser. CEL. Il ne vous y faudra point penser long temps, si vous voulez. PHILAUS. Il me souvient de quelques-uns : mais ce ne sont pas mots pris de l'Italien : ains les uns du Latin, les autres du Grec : qui sont toutesfois fort usitez. CELT. Aussi bons seront-ils pour nous faire rire, que s'ils estoyent empruntez de la langue Italienne. PHILAUS. Je commanceray donc par *Phlebotomie.* car tout-ainsi que parcidevant je vous ay faict le recit d'un gentil-homme, voire grand seigneur, qui diset *Une belle monarchie de cloches*, au lieu de dire, Une belle harmonie, usant d'un mot pris du langage Grec, au lieu d'un autre que nous avons emprunté de là mesme : aussi me souvient-il d'un (mais gentilhomme qui n'estet de tel qualibre, ains à simple tonsure [1], comme aucuns les appellent) qui au lieu de *physionomie* diset *phlebotomie.* CELT. Vrayement, quant à ce mot *Physionomie*, il n'est pas besoing d'aller jusques à la cour, pour l'ouir corrompre en plusieurs sortes. Car (outre ce que nous en avons desja devisé parcidevant) je sçay que les uns disent *filomie*, les autres *felomie* : les autres (pour avoir plustost faict) *flomie :* les autres *felonie :* usant d'une corruption beaucoup plus dangereuse : comme ainsi soit que ce mot vienne

---

[1] *Gentilhomme à simple tonsure.* « *Nobilis notæ simplicis.* Ces mots se disent quelquefois par raillerie dans le discours familier pour dire, Un simple gentilhomme, Un petit hobereau, Un pauvre petit gentilhomme. » Richelet. A été employé par Saint-Simon.

de Felon, comme vous sçavez (vray est qu'on dict plustost Felonnie, en doublant une lettre) et quelques uns (qui pensent estre grands clercs, et se veulent mesler de corriger les autres touchant ce mot) *fisomie* ou *filosomie*. Mais quant est de *phlebotomie*, je n'ay jamais eu ce bon heur de me rencontrer où il fust dict pour Physionomie.

PHILAUS. Pourquoy dites vous Un si bon heur?

CELT. Pour ce que oyant un tel Qui pro quo, sortant de la bouche d'un courtisan, j'en eusse ri de beaucoup meilleur courage, que si je l'eusse ouy d'un qui ne l'eust pas esté. Joinct qu'en ceux que j'ay ouys des autres, qui n'estoyent pas gens de cour, il n'y avoit pas un equivoque si plaisant. Car au lieu de Physionomie (vray est qu'encore plus entier seroit Physiognomie) dire Filomie, ou Felomie, ou Flomie, ou Felonie, ce n'est pas si bonne matiere de ris que quand on dit Phlebotomie : pource que ces autres ne signifient rien. Et je me doute que le courtisan, qui rencontra si bien, avoit accosté depuis peu de temps quelque barbier ou chirurgien. Mais à propos de barbier, ou chirurgien (car je diray *chirurgien*, comme il faut dire, non pas *cirurgien*, n'en desplaise à vous, messieurs les courtisans) il me souvient de celuy de Henri Estienne, qui luy demanda, après lui avoir appliqué des ventouses, s'il voulet point estre sacrifié. *Monsieur* (dit-il) *voulez-vous point que je vous sacrifie?* Pensant dire, *Que je vous scarifie.* qui est un mot

Grec[1], lequel toutesfois les chirurgiens Francés ont mis en usage, aussi bien que les Latins : et nommément touchant ceste façon de faire de petites incisions, et non guere avant : dont ils usent apres l'application des ventouses. PHILAL. Je vous laisse penser s'il s'addressoit où il faloit, pour estre incontinent bien relevé. CELT. Je croy bien que le courtisan qui disoit Phlebotomie pour Physionomie, ne l'eust pas ainsi relevé, mais eust consenti à ce gentil barbier, ou chirurgien, d'estre par luy sacrifié. PHILAUS. Vous plaist-il que nous venions à quelques autres équivoques qui consistent en mots qui sont pris du langage Latin ? PHILAL. Ouy, mais il faut que paravant je vous face une petite question touchant la monarchie des cloches, si vous estes bien asseuré que ce seigneur parla ainsi, ou s'il dit point Hiérarchie. Car j'ay bonne memoire d'avoir ouy parler de Hierarchie des cloches. PHILAUS. Cela estet, peut-estre, quelque mystere tiré de ce Denys[2] qui a esté appelé par abus Denys Areopagite : ou plustost adjoustés à ses hierarchies des anges : mais le seigneur, dont il est question, n'avet jamais ouy parler de si

---

[1] *Scarifier.* « *Scarificare*, σκαριφίσασθαι. » *Conf.* p. 218. « Du lat. *scarificare* qui vient de σκαριφᾶσθαι, scarifier, de σκάριφος, action de râcler. » Littré.

[2] *Denys.* Il existe sous son nom plusieurs ouvrages qui sont aujourd'hui bien reconnus pour avoir été composés au Ve siècle par un chrétien imbu des doctrines mystiques du platonisme alexandrin. Parmi ces ouvrages, il y a un *Traité de la Hiérarchie céleste.*

haut mystere. PHILAL. Pardonnez moy si je vous ay un peu interrompu vostre propos. PHILAUS. Ceste interruption a esté aussi plaisante que courte : et ne m'a point faict oublier l'equivoque duquel je vous voules faire rire. Car je pense que vous me permettrez d'appeler equivoques ces qui pro quo (qui ne sont pas dangereux comme ceus des apothiquaires, mais fort plaisans) suivant ce qu'on dit quelquesfois, Je me suis equivoqué, quand on a pris un mot pour l'autre. CEL. Nous vous permettrions bien plus grande chose. PHILAUS. Je vien donc à un usage du mot *Maxime*, qui est totalement hors d'usage. Car un seigneur, des grands, voire des plus grands de la cour, par les oreilles duquel estet souvent passé le mot *Maxime* en divers propos, et qui avet bien opinion que ce fust quelque beau mot, voulut aussi de sa part en parer son langage, voire sa robbe de martres. Venant donc au matin au lever du roy, et devisant avec autres seigneurs, les martres estans mises sur les rengs, ne trouva point de parole plus propre, pour monstrer qu'il avet recouvré des martres belles en perfection, qu'en usant de Maxime : tellement qu'il dit cela en un mot, où un autre eust employé plus d'une douzaine. CELT. Comment donc accommoda il sa maxime ? PHILAUS. Il se vanta d'avoir la plus belle maxime de martres qui fust à cinquante lieues à la ronde. CELT. N'adjousta il point, qu'il

n'en estoit arrivé que deux en trois bateaux¹ ?
PHILAUS. Vous avez grand' haste de vous moquer de luy. CELT. Pour parler à bon escient, ne falut il pas avoir un trucheman pour ce mot de Maxime ? PHILAUS. Non. car il fut entendu par discretion. PHILAL. Que ne disoit-il plustost Une belle noblesse de martres ? car il y en a aujourdhuy qui donnent un tel usage à ce mot, disans, O la belle noblesse de blez ! O la belle noblesse de vignes ! (ou bien, La grande noblesse) et ainsi de plusieurs autres choses qu'ils veulent declarer estre superlativement belles en leur endroit : c'est à dire, selon leur espece de beauté. CELT. Voire il y en a qui passent beaucoup plus outre. tesmoing celuy qui dit, voyant un grand troupeau de pourceaux, Voila une belle noblesse de pourceaux. PHILAL. Il parle mieux (sans y penser) qu'il ne vous semble. CELT. Comment donc ? PHILAL. Pourceque les nobles sont volontiers vestus de soye, et aussi sont les pourceaux. CELT. Vrayement, monsieur Philalethe, à propos que nous parlions d'equivoques, vous nous en donnez d'un qui est bien plaisant. PHILAUS. Si vous n'estiez tous deux aussi bien gentils-hommes que moy, je dires, pour l'interest que je preten à un

¹ *En trois bateaux.* « On dit ironiquement à ceux qui vantent trop quelque personne, il n'en vient que deux en trois bateaux. » Furetière. La jument de Gargantua « fut amenée par mer en trois carraques et un brigantin. » Rabelais, I, XVI.

.....Votre serviteur Gille...
Arrive en trois bateaux, exprès pour vous parler.
La Fontaine, IX, 3.

tel equivoque, comme gentil-homme, qu'il merite une grosse reprimende. PHILAL. Le roy François premier, n'estoit pas si cholere, (qui faisoit tant d'honneur à ce mot Gentil-homme, qu'il se contentoit de dire Foy de gentil-homme au lieu de dire Foy de prince, ou Foy de roy) car il prit bien en jeu ce qu'on luy dit du pourceau et de la truye qui avoyent contrevenu à son edict de ne porter point soye sur soye. CELT. Voyla que vous avez gangné à vous plaindre, monsieur Philausone. PHILAL. Je me suis avisé qu'on dit qu'autant pleure mal batu que bien batu[1]. Mais si je voulois je ferois bien-tost passer la cholere à monsieur Philausone. CELT. Comment ? PHILAL. En le faisant crever de rire. PHILAUS. Je vous en remercie bien lourdement. il y a de plus beaux jeux que cela. CELT. Quand il a dict qu'il vous feroit crever de rire, il a usé d'une hyperbole dont on use communement : et faut entendre cela civilement. PHILAL. Il n'y a pire entendeur que celuy qui ne veut pas entendre. CELT. Vous n'aurez autre chose de luy, pendant que sa cholere durera. Essayez donc ce moyen dont vous venez de parler. car je n'en sçay point de plus beau pour faire passer la cholere, que faire rire. Mais je vous prie que ce ne soit pas jusques au crever. car autant y auroit-il de danger pour moy que pour luy. PHILAL. Je laisse cela à votre discretion. Et sçachez que je me suis souvenu de

---

[1] *Autant pleure...* Voy. I, 293.

ce dont il est question, à cause que nous parlions du roy François premier, et qu'aussi nous estions sur le propos des pourceaux. CEL. Je me doute desja bien que vous voulez dire. n'entendez-vous pas la rencontre dont il usa, parlant d'un gros moine qui estoit monté sur un cheval pie ? PHILAUS. Vela que c'est, vous vous accordez vous deux pour me laisser en blanc. Qu'aviez-vous à faire, monsieur Celtophile, de dire cela ? Vous serez cause que monsieur Philalethe ne fera point ce comte, et ainsi je seray frustré de mon espérance. CELT. Voila qui va bien, monsieur Philalethe : nous n'avons plus à faire à monsieur Philausone le choleré : mais à monsieur Philausone le decholeré. PHILAUS. Ouy : mais ce sera monsieur Philausone le recholeré, si vous le faites long temps stenter. CEL. Donnons nous de garde, monsieur Philalethe : je croy que quand monsieur Philausone manie ainsi ses moustaches, c'est une certaine pronostication qu'il doit bientost entrer en cholere : comme le lyon, quand il remue fort sa queuë. Or notes que la recheute sera pire que la maladie. PHILAUS. Vous vous moquez bien de moy, comme de quelque coyon, de quelque gayoffe. CEL. Vous avez tort de dire cela. PHILAUS. Je ne vous di point une bugie, je ne pren point plaisir à bugiarder[1]. CEL. Monsieur Philalethe, si vous ne vous hastez de luy donner

---

[1] *Bugie, bugiarder. Bugia* = mensonge, *bugiare* = mentir. Voy. sur le *Bugiale* de Pogge, notre édition des *Contes*, p. 154.

contentement, il nous accablera d'italianizemens, pour se venger de nous. PHILAL. Donnez-le luy vousmesme. CELT. L'honneur vous appartient, car vous avez le premier faict mention de la plaisante rencontre, et luy avez faict préparer ses oreilles à icelle. Joinct que vous la sçavez mieux que moy. PHILAL. Au pis aller, vous pourrez adjouster ce que vous sçaurez ou mieux ou de plus que moy. Voyci donc comment j'ay ouy faire souvent ce comte : C'est que le roy François premier estant à une fenestre, et voyant passer un gros vilain moine (notez bien la qualité : car elle sert à l'intelligence de la rencontre dont il usa) se retourna vers ceux qui estoyent en la sale : et faisant bien de l'esbahy, leur dit, Vous avez bien veu des pies sur des pourceaux. Ouy sire, dirent ils. Mais avez vous jamais veu un pourceau sur une pie ? Ils respondirent que non, Alors il leur dit, Voyez donc ce que vous n'avez jamais veu. Et leur monstra ce gros vilain moine, monté sur un cheval pie. CEL. Qu'en dites vous, monsieur Philausone ? cette rencontre n'estoit elle pas gentile ? PHILAUS. D'autant plus estet elle gentile qu'elle avet double equivoque : l'un sur Pourceau, l'autre sur Pie. Et ceci a fort bonne grace en nostre langue : tant à cause du mot Pie, qui se dit communément du cheval qui a de la noirceur ou quelque autre couleur entremeslee parmi sa blancheur : qu'aussi pour ce que nous appelons volontiers Un pourceau, ou Un gros pourceau, un gros homme qui est de la confrairie de sainct Pansard[1], et de l'abbaye de Roger bon temps, ou Rouge bon temps[2], comme aucuns estiment qu'il faut dire. CELT. Orsus, monsieur Philalethe, voyla monsieur Philausone qui recommence à estre dans ses gogues : je suis d'avis que nous le prions de poursuyvre ce qu'il avoit commancé. PHILAL. Et moy aussi. CELT. Monsieur Philausone, il vous plaira vous remettre en train. vous aviez tresbien commancé : et tant plus desirons qu'il vous plaise poursuyvre. PHILAUS. Vos pourceaux m'ont gasté tout. CELT. Puisqu'ils ont tout gasté, ils ne méritent plus qu'on die de leurs troupeaux que ce soit une belle noblesse. Mais que vous ont ils faict ? PHILAUS. Ils m'ont brouillé ma memoire : laquelle sans cela m'avet promis me fournir d'un autre

[1] *Sainct Pansard.* « S. Pançart, synonyme qu'on donne au mardi-gras ou à un homme qui a le ventre extrêmement gros et large. » Leroux, *Dict.* « Les festes de S. Pansard auquel temps un chacun sçait que fleurissent les mots de gueule. » Cholières, *Contes.*

[2] *Roger bon temps.* « La maison des Bontemps est aussy noble et ancienne qu'il y en ayt dans le Pays de Vivarais d'où elle est originaire et fait sa residence dans la ville d'Annonay. Le surnom de Bon temps est hereditaire à toute la race et le nom de Roger est toujours affecté et propre à l'aîné depuis quelques siècles qu'un des chefs de leur famille, grand homme et fort illustre, mais homme de bonne chère et ennemi de la melancolie, qui pour ne pas dementir son nom se donnoit volontiers du bon temps sans offenser personne, comme sa vertu rendoit son nom glorieux par toute la France : aussy sa belle humeur le rendoit agréable en toutes compaignies et le faisoit estimer aussi heureux que vertueux... » Fleury de Bellingen, *Etym.*, p. 9. C'est Pasquier qui veut qu'on dise Rouge bon temps ; il a été critiqué par Garasse et Ménage.

mot mis en avant par un gentilhomme courtisan : lequel mot ne devet rien à la maxime de martres. Mais en recompense (car je ne vous veux pas faire stenter comme vous m'avez faict) elle nous veut faire rire aux despens d'un certain thresorier. CELT. On peut bien rire aux despens d'un thresorier : ils ont bonne bourse. PHILAUS. Cestuy-la entr'autres l'avet bonne. CEL. Mais si vous nous faites si long temps attendre ce ris, il nous semblera que nous l'aurons cherement acheté. PHILAUS. Sçachez que tout en un coup il usa de deux beaux Qui pro quo, l'un en Grec, l'autre en Latin. Car le roy, luy ayant commandé de bailler quelque argent à un qui lui avet presenté quelques siennes rymes, et entre autres choses la traduction de quelques livres de l'Iliade d'Homère, il apporta ces bonnes nouvelles à ce personnage, touchant le commandement qu'il avet de luy bailler de l'argent : mais il adjousta que le roy avet pris grand plaisir aux omelies d'Homere, et qu'il avet trouvé de belles invectives. PHIL. Ce sera bien ici qu'il nous faudra avoir un trucheman, au moins à moy, car j'apperçoy bien qu'il disoit *Omelies d'Homere,* au lieu d'Iliade (encore que l'un soit fort different de l'autre, aussi bien quant au son, que quant au reste) mais quant à *Invectives,* je ne puis bonnement deviner qu'il vouloit dire. PHILAUS. Demeurez-vous en si beau chemin ? ne pouvez vous pas bien penser qu'il diset *Invectives* au lieu d'Inventions ? CELT. Mais plustost devez-vous dire cela de ce gentil thresorier, qu'il demeuroit en beau chemin, quand il ne pouvoit pas venir jusques à ce mot Inventions. PHILAUS. Si vous sçaviez de quelle pecore je parle, vous ne vous émerveilleriez pas de cela, ains luy pardonneriez. Mais ne trouverez-vous point mauvais que je mette une dame sur les rengs ? CELT. Pourquoy le trouverons-nous mauvais ? PHILAL. Vray est qu'elles sont plus excusables. PHILAUS. Mais il vous faut noter que celle dont je veux faire mention, estet une qui se mettet au nombre des pindarisantes. car je croy que vous sçavez qu'il y a des dames et damoiselles qui se veulent mesler de pindarizer, aussi bien que les gentils-hommes. PHILAL. Tant plus elle faisoit profession de bien et elegamment parler, tant moins devoit estre excusé son erreur : combien qu'autrement ce sexe soit plus excusable que le nostre, comme j'ay dict. Mais dites-nous vistement quel estoit ce mot pour rire. car je croy que nous le pourrons bien ainsi appeler. PHILAUS. Elle, revenant du sermon, et voulant dire à une autre de ses amies et familieres une fort grande louange du prescheur, l'appela un grand insidiateur de la foy. PHILAL. Je ne seray pas comme monsieur Celtophile, je ne demanderay pas un trucheman. car j'enten bien que ceste dame y alloit à la bonne iniquité (comme nous disons quelquesfois en riant) et qu'ayant ouy parler autresfoy de Zelateur, et ne le trouvant point, elle se servit d'Insidiateur[1], qu'elle rencontra en chemin. Voyla comment ce povre prescheur (car il me fait pitié d'avoir esté ainsi metamorphosé) d'un zelateur de la foy, devint en un instant insidiateur de la foy. CELT. J'eusse aussi bien deviné cestuy-ci que vous, monsieur Philalethe : mais que sçavez-vous si le proverbe avoit point lieu ici ? PHILAL. Quel proverbe ? CELT. Que la verité eschappe quelquesfois à la langue en faillant[2]. car il me semble que le verset Grec dit, *Hη gloss' hamartanousa talηthes legei.* PHILAL. Je m'en rapporte à ce qui en est : trop enquerre n'est pas bon. PHILAUS. Je veux faire plus que je n'ay promis. CELT. Comment ? PHILAUS. C'est que, ne vous ayant point promis d'exemple de Qui pro quo en langage Italien : toutesfois j'en veux adjouster un aux precedens. Mais il y a différence, en ce que cestuy-ci n'est pas au changement de la signification d'iceluy. Car il est question du mot Supercherie, qui est Italien (comme vous sçavez) auquel un courtisan, de ceux qui ne tenoyent pas le dernier rang aupres du roy, voulut faire signifier une chose

---

[1] *Insidiateur.* « Batailler contre les insidiations du diable. » *Les Triomphes de la noble Dame*, fol. 23, Lacurne.

[2] *La vérité échappe à la langue en faillant.* Ἡ γλῶσσ ἁμαρτάνουσα τἀληθῆ λέγει. *Lingua peccans veritatem nunciat*, Schott, *Adagia Græcorum*, p. 610, v. 615. « *Verum solet prolapsa lingua dicere. Nam verum esse creditur quod exciderit imprudenti, quandoquidem id domum vacat fictionis suspitione.* » Erasm., *Ad. Ch.* I, cent. VII, XVII. « *Lingua lapsa verum dicit. Kinder und Narren sagen die Wahrheit.* » Binder, *Novus thesaurus adagiorum.*

fort différente à celle qu'il signifie. CELT. Tant plus vous nous ferez de bien, tant plus serons nous tenus à vous. PHILAUS. Si vous estimez recevoir quelque bien quand on vous fait rire, je me pourray vanter de vous avoir faict encores un bien outre les precedens, quand je vous auray racomté quel usage donna le personnage susdict au mot Supercherie. CELT. Ce Si est un Si pro Quia. PHILAUS. Escoutez donc. car le comte merite d'estre escouté. Peu après la bataille de Montcontour[1] (de laquelle vous devez bien avoir ouy parler, encore que vous fussiez bien loing de France) la roine de Navarre estant retiree à la Rochelle, un certain gentilhomme nourri et avancé par les pere et mere de ladicte dame (lequel a eu depuis une charge honorable à la cour) se transporta du siege de sainct Jan d'Angeli à un village pres de la Rochelle : d'où il escrivit et envoya une lettre à ladicte dame : contenant en substance, que recongnoissant l'honneur qu'il avet receu de la maison d'icelle, et pour n'en estre trouvé ingrat, il s'estet de soymesme et sans persuasion d'aucun acheminé là, pour luy faire quelque bonne ouverture des moyens pour parvenir à une bonne paix. Et asseuret la dicte dame que ce qu'il en faiset,

---

[1] *Montcontour*, a donné son nom à une victoire complète que, le 3 oct. 1509, le duc d'Anjou (Henri III), sous les ordres duquel commandait Tavannes, remporta sur les protestants commandés par Coligny, qui commit fautes sur fautes. Les vaincus y perdirent plus de la moitié de leur armée (10,000 hommes), leurs canons et leurs bagages.

estet d'une vrayment bonne volonté qu'il avet de luy faire service, sans aucune supercherie. Que s'il luy plaiset se transporter jusques en un village prochain (lequel il nommet) il luy feret plenement entendre quels moyens de paix il entendet. Vela non seulement la substance, mais quasi les propres mots de la lettre de ce gentilhomme : et notamment quant au mot Supercherie. PHILAL. Je ne doute pas que ce mot ne mist en grand' peine la roine et tous ceux ausquels il luy plut communiquer ceste lettre. PHILAUS. Ainsi en advint-il. car ceste lettre estant leuë en presence de plusieurs seigneurs, et de personnes de qualité et de sçavoir, chacun fut esbahi de voir le mot de Supercherie appliqué en un tel lieu. Et en la fin il fut entendu par discretion, et congnu estre mis pour signifier Tromperie, ou Fraude. PHILAL. J'ay tres volontiers ouy le comte touchant ce gentilhomme : et je le remercie (encore que je ne le congnoisse pas bien) de ce que nous avons ri (aussi bien que la roine et ceux qu'elle avoit à l'entour de soy) aux despens de son mot. Or quant aux Qui pro quo qu'a recitez monsieur Philausone, si je voulois adjouster ceux que je sçay (voire jusques à nommer par nom et surnom, si besoin estoit, les gentilshommes qui en ont usé) j'aurais peur que nous devinssions malades de force de rire. et pourtant je suis d'opinion que plustost nous venions à examiner la conscience de monsieur Philausone : et luy demandions comment il est possible que le langage courtisan luy puisse tant plaire, veu les grandes sottises qui s'y trouvent. PHILAUS. Il semble que vous demandiez querelle, monsieur Philalethe, quand vous appelez les courtisans des sots. PHILAL. Je ne parle pas de tous. PHILAUS. Encore que vous ne parliez pas de tous, vous devez bien sçavoir la distinction que met la cour entre Sot et Fol[1]. et qu'il est permis de dire *Vous estes un fol*, (ou un fou, comme on prononce ordinairement) mais dire *Vous estes un sot*, c'est dire un outrageusement outrageux outrage. CELT. Quant à monsieur Philalethe, il doit bien sçavoir ceci, comme vous avez dict : mais quant à moy, ce sera pour adjouster à ma leçon : encore qu'il ait esté dict par parenthèse. PHILAUS. Mais pour respondre à monsieur Philalethe touchant les sottises qu'il objecte au langage courtisan, je di qu'elles viennent de l'abus : et en se gardant de l'abus on n'y tombe point. PHILAL. Je me doutois bien que vous me voudriez payer de ceste response : mais je ne la veux pas prendre en payement. Car si vous voulez parler le langage courtisan, il vous faut parler comme parle la plus grand' part de la cour : or n'est pas le langage de ceste plus grand' part sans plusieurs abus : et par consequent je di que vous ne vous pouvez exempter d'iceux. Et quant à ce que vous avez dict, que vous et vos compagnons estans le soir retirez

---

[1] *Sot et fol.* Voy. *Apologie*, I, 64.

mettiez en commun ces mots ridicules, et que chacun aussi prenoit sa part du ris, je m'asseure que si vous voulez confesser la verité, vous adjousterez que vous vous estes moqué souvent de tel mot, duquel vous mesmes aviez esté contraint d'user en la mesme façon que monsieur ou madame en avoit usé : en vous accommodant à luy ou à elle : de sorte que ce rire estoit quelquesfois aussi bien à vos despens, qu'aux despens d'autruy. PHILAUS. Vous estes un rude examinateur de consciences, monsieur Philalethe : c'est dommage qu'on ne vous fait inquisiteur de la foy. CELT. Je voy bien que monsieur Philausone se sent pressé en sa conscience. PHILAL. Et moy je voy bien qu'il a envie de la descharger. CELT. Je me retireray : car paraventure la voudra-il descharger à vous seulement, comme à son pere confesseur. PHILAUS. Quel moqueur ay je trouvé ici? Mais je voy bien que c'est : par tout où se trouve monsieur Philalethe, la verité ne peut estre cachee : et puis qu'il la faut confesser, autant vaut il le faire tost que tard. Je vous confesse donc (mais vous priant de tenir la chouse secrette) que je suis contraint quelquesfois d'user de barbarismes et de solecismes en notre langue, pour m'accommoder aux grands, et ne monstrer pas que je vueille estre plus habile homme qu'eux. Car quand un gentil-homme pense parler plus correctement que ne porte l'ordinaire de la cour, on dit qu'il veut parler le langage de clerc, ou de secretaire : ou bien on se moque de luy en quelque autre sorte. Vela pourquoy il advient quelquesfois que je suis contraint de dire J'allions, Je venions aussi bien qu'eux : et user d'un tel courtisanisme (en matiere de langage) comme en Grec j'useres de quelque bel Atticisme. Mais quand je parle à mes pareils, je ne m'accommode point à eux : au contraire, je les releve bien, si d'aventure ils tombent. PHILAL. Je vous sçay bon gré de ce que vous ne m'avez point donné de peine à tirer la verité de vostre bouche. Mais dites moy encores une chose : prenez vous si grand plaisir au langage Italien, que vous en faites le semblant ? PHILAUS. Ouy. PHILAL. Et à l'Italien escorché aussi ? PHILAUS. Ouy, quand il est bien escorché. PHILAL. Il ne me souvenoit plus qu'il y avoit deux sortes d'escorcherie. orça, qui sont les bons escorcheurs ? PHILAUS. Vous pouvez penser que ce sont ceux qui entendent bien le langage duquel ils escorchent les mots. PHILAL. Il est vraysemblable que les mots qui passent par l'escorcherie de ceux-ci, ont meilleur marché que les autres. PHILAUS. Comment? PHILAL. Pource qu'ils prennent peine à les escorcher plus doucement, pour ne leur faire tant de mal. Et voyla pourquoy je pense que ceux qui tombent entre vos mains sont bien heureux, au pris des autres. PHILAUS. Vous voulez gosser, monsieur Philalethe. PHILAL. Puisque vous voulez que je parle à bon escient, je di pour conclusion en presence de vous deux, et le diray en presence de qui vous voudrez, que tout bien consideré, le langage duquel use maintenant une grande partie des courtisans, n'est qu'une fricassee de quelques mots Italiens parmi une quantité de mots François : lesquels (au moins quant à une grande partie) ont premierement trempé long temps en l'eau de Mille-avis, et puis ont esté parbouillis en l'eau de Sot-avis. CELT. Que dites-vous ladessus, monsieur Philausone ? congnoissant la verité estre telle, ne mettrez vous point vostre povre conscience en repos, et crierez en presence de vos compagnons courtisans, Mea culpa, mea culpa ? voire crierez merci à vostre patrie de ce que vous avez ainsi deshonoré et honni son langage nature ? PHILAUS. Vous me faites peur, d'en dire tant tout en un coup. Vous sçavez ce que je vous ay desja dict souventesfois (je ne sçay pas si vous y avez pris garde) qu'il me falet necessairement, pendant que j'estez en la cour parler le langage de la cour. Et pourtant en ce que maintenant je m'abstien, tant que je puis, de cest escorchement du langage Italien (puisqu'il le faut appeler ainsi) en vous faisant plaisir, je me fay tort. car quand je retourneray à la cour, j'auray beaucoup perdu de ma promptitude en cest endret. CEL. J'enten bien que c'est, vous craignez d'oublier comment il faudra braire avec les asnes, et hurler avec les loups, quand vous serez retourné à la cour. car il en a desja esté ainsi parlé cidevant. PHILAUS. Vous auriez grand' envie de me faire quitter du tout ce langage nouveau :

mais quand bien je le voudres faire (si ainsi estet qu'il ne me falut point retourner à la cour) je ne pourrez, à cause de la grande accoustumance. PHILAL. N'ayez pas ceste opinion, que ce vous fust une chose impossible. Car je considere que depuis seulement que nous avons commancé de deviser ensemble, vous avez ia beaucoup perdu de ceste mauvaise coustume. CEL. Il dit vray, monsieur Philausone : vous commancez un peu à vous façonner : vous ne nous engraissez plus tant les oreilles de vos lardons Italiens : mais quand je vous ay premierement rencontré, vous en aviez un grand nombre au ventre, ou bien en l'estomach, qui vous sont tous montez peu à peu à la bouche. Or je voy desja un grand changement. car le plus grand mal que j'apperçoy en vous maintenant (au moins le plus ordinaire) c'est quand vous dites, *Je feres, Je dires,* pareillement *Je dises, Je feses,* et autres semblables : comme vous venez de dire, *Je ne poures,* et *Je voudres,* et *Estet.* Item quand vous dites *Une chouse.* mais j'espererois, si vous demeuriez un peu de temps hors de la cour, que vous seriez incontinent recatholizé totalement au bon langage François. PHILAUS. Monsieur Philalethe, avez vous pris garde au mot dont a usé monsieur Celtophile ? luy qui se moque tant du nouveau langage, a usé d'une façon de parler audacieusement nouvelle : et ne doute pas que son esprit n'ait en un moment peregriné jusques au pays d'Itale, ou Itaille (ou Italie, comme il veut que je die) quand il m'a taxé comme ne parlant pas langage Chrestien. car vous sçavez que les Italiens, et principalement Vénitiens, disent *Parlaté Christian*[1], quand ils veulent dire, Parlez un autre langage, lequel je puisse entendre : comme si un langage qu'ils n'entendent pas, ne devet pas estre appelé Chrestien. PHILAL. Il y a bien d'autres nouvelles. PHILAUS. Quelles? PHILAL. C'est que ceste façon de dire estoit aussi en usage à nos predecesseurs : comme on voit par la farce de Pathelin. CELT. Si ainsi est, je proteste alencontre de vous de l'injure que vous m'avez faicte en ce que vous m'avez objecté. PHILAL. Il ne faut pas dire, Si ainsi est, mais puisqu'ainsi est. car il me souvient du passage du livre que je vien de nommer. Escoutez,

Saincte dame, comme il barbote[2].
Par le corps bieu, il barbelote

---

[1] *Parlaté Christian.* « *Cosa da Cristiani vale cosa adattata.* » « *Cristianamente parlando.* » Crusca. « *Parlami cristiano, cioe Nella mia lingua se vuoi che t'intenda.* » Boerio, *Diz. del dial. Veneziano.* « Luy dire qu'il parle Chrestien, c'estoit le convier ou à parler le langage de tous les fidèles qui reconnoissent J. Christ et confessent avec S. Pierre qu'il est le Christ fils de Dieu vivant ou à parler en langue Françoise qui est une des plus nobles langues du monde après l'hébraïque, la grecque et la latine. » Fleury de Bellingen, p. 71. « Il faut parler chrétien si vous voulez que je vous entende. » Mol., *Préc. rid.*, 7. Richelet cite la phrase de Molière et dit : « Chrétien, sorte d'adv. qui signifie intelligiblement. » « On dit parler chrétien pour dire : un langage qu'on entende. » Furetière, *Dict.*, 1688.

[2] *Pathelin*, vers 834.

Ses mots, tant qu'on n'y entend rien,
Il ne parle pas Chrestien,
Ni nul langage qui appere.

Où *appere* signifie Apparoisse. CELT. Je proteste donc, sans mettre un Si. PHILAUS. Ne faites pas tant de l'eschauffé. Car si vous voulez confesser la verité, vous direz que vous pensiez aussi bien que moy, ceste façon de parler estre du creu d'Italie. Et au reste, quelle excuse trouverez vous du mot *Recatholizer*, ou *Recatholiquer*, vous qui reprenez tant les autres de la nouveauté de langage. CELT. Vous sçavez que je leur permets bien de la nouveauté encore plus grande, quand ils parlent en riant. Or quant à ce mot, je l'ay ouy trotter par les bouches de quelques uns depuis que je suis de retour. car avant mon partement il n'estoit pas né, non plus que ce mot Huguenot, qui est si fréquent. A propos duquel il me souvient avoir ouy dire non seulement *Recatholizé* et *Recatholiqué*, mais aussi *Descatholizé*, et *Descatholiqué*. PHILAUS. Je vous veux bien confesser que vous avez ouy plus que moy, quant à ces deux derniers. CELT. J'en ay ouy aussi (car estant nouvellement retourné, je suis curieux de noter tout) qui appliquoyent ces mots *catholique* [1]

---

[1] *Catholique*. « Ce verre n'est pas catholique, le reste est : il ne tient pas la foy, par allusion de foy à fois, i. il est trop petit, il ne tient pas assez pour boire une fois, vulg. » Oudin, *Cur.* — *Catholiquement.* « La Sorbonne sçait plus de latin et boit plus catholiquement que le consistoire de Rome. » Note : l'auteur avoit déjà parlé du zelé Decret de la Sorbonne après boire : ici il a en vue le ch. 22 de l'*Ap.*

et *catholiquement* à tout, jusques à dire, C'est du vin catholique, C'est une viande catholique, C'est un potage catholiquement faict. PHILAL. Il me souvient aussi d'avoir ouy quelques uns parlans ainsi. PHILAUS. Je ne penses pas que vous l'ayez ouy à la cour. car quant à moy, je pourres jurer n'avoir souvenance de l'avoir ouy dire à aucuns de ceux parmi lesquels j'ay accoustumé de me trouver et toutesfois vous sçavez que je me trouve en beaucoup de compagnies, et de diverses sortes. Quant à quelques galefretiers, suyvans la cour, je sçay bien que vous n'allez pas ouir leurs propos, non plus que moy. Ceci ay-je bien voulu dire, à cause de monsieur Celtophile : lequel pourret penser que tout ce qu'il oit en passant parmi les rues, se dit aussi à la cour. A propos de quoy il me souvient qu'une fois à Paris, en passant par le carrefour de Saint-Hilaire[1], j'ouy un savetier qui promettet à un

pour Hérodote où H. Estienne, pour prouver que les Ecclésiastiques et principalement les Sorbonnistes sont en possession de boire beaucoup et du meilleur vin : de là, dit-il, sont venus les deux proverbes, vin theologal et boire theologalement ; il y a dans l'*Antichoppinus* une lettre adressée au ligueur Choppin où après lui avoir appris que son nom venoit de *choppinare*, l'auteur de cet écrit burlesque montre que *choppinare* est *unus gradus ad Magistronostrandum in Sorbona*, et tout d'une suite il nous apprend que dans les repas de cérémonie de ces Messsieurs, *quando Bidellus dicit, postquam bipserunt de Hippocrate, Domini mei estis saturi?* le Bedeau est obligé d'en croire Messieurs nos maîtres, lorsqu'ils répondent *usque ad guttur.* » Sat. *Ménippée*, II, 128.

[1] *Carrefour de S. Hilaire.* La rue S. Hilaire commence rue des Sept-Voies, 2, et finit rue Jean-de-Beauvais, 33.

qui luy avet porté des souliers pour racoustrer, qu'il les racoustreret rhetoriquement. Or peut estre que quelcun se trouveret maintenant si fol qu'il promettret aussi de raccoustrer quelque chouse catholiquement : au lieu de dire, Fort bien et proprement. Mais tant s'en faut que telles façons de parler aillent jusques à la cour, qu'aucunes d'icelles ne passent pas l'université de Paris : non plus que *Faire un argument in barocho* : Item *Il est meschant per omnes casus* : item, *Il en fait son Achilles*[1] : item, *C'est un petit*

Ouverte en 1115, elle fut appelée S. Hilaire parce qu'elle conduisait à l'église S. Hilaire. On l'appela ensuite Fromentel et plus tard du Puits-Certain, à cause d'un puits public établi aux frais de Robert Certain, curé de S. Hilaire. Elle reprit ensuite son premier nom. L'église S. Hilaire existait déjà au XIIᵉ siècle. Elle fut supprimée en 1790.

[1] *Il en fait son Achilles.* Cf. *Apol.*, II, 168. « On dit il fait son Achilles d'un tel, c. son bouclier, son fort, son asseurance, son appuy, son garand. Lesquelles manieres de parler procedent ou de l'extreme prouesse qui estoit audit Achilles chevalier de Grèce, comme pour cette cause se lit aux *Annales de Rome*, Luc. Sicinius Dentatus avoir esté appelé Achilles Romanus. A. Gell., liv. II, chap. 11. Ou parce qu'au siege et conqueste de Troye, les Grecs assiegeants fissent principalement estat de luy. Ou parce qu'il fut le vengeur de la mort de son grand amy, Patrocle, par celle de Hector Troyen qui l'avoit tué. Ou bien parce qu'Achille estant aussy instruit en l'art de medecine par le dit Chiron, mit en usage tant l'herbe dite *Achilleos*, de son nom, qui remedie aux navrures, que le verd de gris avec lequel il guerit Telephus ; au moyen de quoy on le peignoit jadis avec un couteau ratissant une pointe ou fer de lance d'airain et faisant tomber la rouilleure ou verd de gris en la playe du dit Telephus, Plin., l. 25, ch. 5. A cause desquels remedes, qui apportoient allegement et guerison aux navrés, aucuns ont voulu comme anagrammatiser son nom par ἄχος qui signifie douleur et λύω qui signifie delivre.

volucres. Il y a aussi plusieurs mots que l'autre partie de la ville n'entend pas, si l'exposition ne luy est apportee de là. Car comment peuvent sçavoir les marchands de la rue S. Denys que c'est à dire *Un juppin*[1], *Un frippon*[2], *Un poste*[3], et *Postiquer ?* ou que c'est à dire *Un galoche*[4], ou *Un galochier ?* ou *Un capette*[5] ? A grand' peine sçavent aucuns de ces marchans que c'est à dire Un bachelier, Un licencié : et diront l'un à l'autre par admiration, *Mais aga, qu'est-ce à dire cela ?*

Aussi celuy dont le François dit qu'il fait son Achilles, delivre de peine et d'opresse, garde et conserve celuy qui s'est mis en sa protection et sauvegarde. » Nicot.

[1] *Juppin*, polisson, de jupper, crier. Voy. *Sat. Ménippée, Harangue de Rose*. Cf. Rabelais, l. 3, ch. 12.

[2] *Frippon* signifie essentiellement gourmand, de *friper* au sens de manger.

[3] *Poste*, vagabond, voy. Rabelais, *Prognostic*. ch. V.

[4] *Galoche*. Écolier portant galoche. « Il est comme galoche dedans et dehors. » Leroux de Lincy, *Prov.*, II, 34. Ces élèves étaient dehors comme externes et dedans comme suivant les cours. Monet l'explique par « incivil, maussade, à guise de porteur de *galoches* et sabots, à guise de villageois. »

[5] *Capette*. « On s'est servi de ce mot pour désigner les boursiers du collège de Montaigu. C'est vraisemblablement ce qu'entend La Roque, *Orig. des Noms*, p. 260, lorsqu'il explique *capettes* en ce sens. On lit : « Capetes du collège de Montaigu, du Mont de France, dans Favin, *Th. d'honn.*, t. I, p. 373. Pasquier, dans ses *Rech.*, dit : « combien que les pauvres de Montagu, que l'on appelle autrement Capetes, ne soient liés à aucun vœu de religion particulière, toutesfois pour autant que, pendant leur premiere étude, ils se diversifient d'habillemens avec nous, ils faut qu'ils laissent leur cucule, lorsqu'ils veulent participer au degré de maîtrise et fassent, par ce moyen, paroistre qu'ils sont totalement séculiers. L. III, p. 293. Voy. *Dict.* d'Oudin. » Lacurne.

Quant est de Maistre es ars, ils en oyent bien parler : et encore non pas tous. Plusieurs aussi ne sçavent pas quelle difference il y a entre le principal d'un college, et le marmiton d'un college. tellement que cestuy là qui se vantet d'avoir esté marmiton au college de Navarre, ne se fust pas mal addressé à eux. PHILAL. Pour garder l'honneur de vos compagnons courtisans, vous nous avez faict un long discours : et voulez dire pour conclusion, à propos de ceste façon de parler dont monsieur Celtophile disoit avoir ouy user, qu'il-y-en a plusieurs autres, comme aussi plusieurs termes, qui ne vont pas jusques à la cour : et qu'on feroit tort aux courtisans si on pensoit qu'ils en usassent : veu mesme qu'aucuns ne passent point l'université de Paris. Or quant à moy, je confesse estre vray que tels traits et tels termes dont vous parlez ont pris leur naissance en l'université de Paris : mais je nie qu'ils y demeurent enfermez. car je pense au contraire qu'ils se pourmènent par toute la ville, encore qu'elle soit bien grande, voire quelquesfois vont bien jusques aux villes d'alentour, or ladessus je vous demande pourquoy ils n'iroyent pas bien aussi jusques à la cour, quand elle est pres de Paris : voire pourquoy ils ne trotteroyent parmi les courtisans quand ils les trouvent tous portez à Paris. Et quant à ces façons de parler que vous avez alleguees, comme rares, et peculieres à l'université de Paris, vous pourriez bien vous abuser. car il-y-a long temps qu'on a usé d'autres semblables : comme à propos de ce que vous avez dict *Meschant per omnes casus* (qu'on appelle aussi aujourd'huy *Meschant en cramoisi*[1]) je ne trouve pas que ceste façon de parler sente plus son college que quand on dit, *Il en prend ab hoc et ab hac :* laquelle toutesfois est fort usitee. Il y-a long temps aussi qu'on a dict en latinizant *Liperquam*, comme *Faire du liperquam*, ou *Faire le liperquam :* au lieu de dire *Luy per quem*. Pareillement qu'on a dict *Avoir campos :* comme

---

[1] *Meschant en cramoisi.* « Cramoisi, honorable, distingué. Comme le cramoisi était une couleur distinguée, on a employé ce mot pour désigner les choses distinguées ou honorables ; de là on a dit paroles de soye cramoisie pour façons de parler honorables, distinguées : Grégoire de Tours parle à Chilpéric en paroles de soye cramoisie, c'est à dire avec l'honneur et révérence que l'on doit à son roy. » Favin, *Th. d'honn.*, t. I, p. 478. De là aussi cette expression populaire, en cramoisy, pour dire d'une façon distinguée. (Rabelais, V, 46.) » Lacurne.

Vous seriez sotte en cramoisi,
Si vous nous le donniez ainsi.

Scarron, *Virg. trav.*, I.

« En cramoisi, pour dire tout à fait, entièrement, au suprême degré, au delà de ce qu'on peut imaginer. Ce mot est fort à la mode à Paris et ne vieillira même jamais parce qu'il a une expression très-forte.

Dans mon esprit, quoique moisi,
Et fou peut-être en cramoisi.

Scarron, *Poësies.*

Mais on ne s'en sert jamais que pour donner un tour plaisant et ridicule à quelque chose et on ne le peut joindre qu'à un mot de mépris ou d'injure comme fat, sot, ignorant, lait, stupide, en cramoisi. Car de dire sage, prudent, savant, spirituel et beau en cramoisi, lorsqu'on parleroit sérieusement d'une personne à qui on devroit du respect, ce seroit le mépriser ou tourner en ridicule ou passer soi-même pour tel, faute de savoir la véritable application de ce mot. » Leroux, *Dict.*

aussi *Il en veut avoir per fas e nefas* (car la populasse prononce ainsi, non pas *et nefas*) et qu'on a dict, *Je veux sçavoir per quam regulam*, bref, il-y-a long temps qu'on a latinizé en autres mots : comme on voit mesmement par quelques escrits, qui ne peuvent estre dicts modernes. Et toutesfois, pour ne parler point si particulierement, mais plus generalement du langage, vous trouverez en la fin (peut estre) qu'il n'est pas impertinent de croire que la cour vueille avoir sa part de tout, soit bon, soit mauvais, quant au langage. Et quant à user de discretion et bon jugement, vous le pouvez congnoistre par quelques courtisans, qui ont si bien appris de dire *Ainsin* à Paris, au lieu de *Ainsi*, qu'ils ne s'en peuvent garder : non plus que de dire *Troas moas*, qui est aussi de la prononciation Parisienne. PHILAUS. Vous auriez beau m'alleguer tout ce que vous pourriez dire, si ne me ferez-vous point croire qu'une telle sottise de langage que celle qui nous donne occasion d'entrer en ce propos, soit aucunement en usage entre les courtisans. PHILAL. Si ceste-ci n'y est pas, il-y en a assez d'autres du tout pareilles, et qui ne valent pas mieux. Et quant à moy, encore prendrois-je plustost patience d'ouir ces mots ou autres ainsi appliquez par une plaisante metaphore que des mots sottement escorchez du langage Italien. car il n'y a patarrasse que mes oreilles craignent tant que ceste-ci. PHILAUS. Si est-ce qu'elles devroyent bien estre façonnees. Et me semble que n'estes point à pleindre, mais devez laisser pleindre monsieur Celtophile. Lequel toutesfois, quand il aura esté à la cour, trouvera qu'encore j'ay esté honneste en mes italianizemens au pris de plusieurs. Car vous ne m'avez point ouy dire *Luy vienne le cancre* : ni aussi *Il faut envoyer cela au bordel*, comme aucuns parlent, sans considerer que ce mot ne sonne pas si mal au langage Italien, qu'au Francés : et que aussi tost qu'on les fasche ils disent *Andate al bordello*, ou *al bordel* : pareillement que tout ce qui leur desplaist (quoy que ce soit) ils disent qu'il le faut *mandar al bordel*, et souvent cela ne vient que d'une mauvaise accoustumance, sans autrement penser à mal. PHILAL. Il semble que vouliez vous repentir de ce que vous n'avez faict encore pis quant à l'escorchement : et toutesfois vous voyez comment monsieur Celtophile s'en pleind. PHILAUS. Vous en voulez tousjours à ceste escorcherie. PHILAL. Je le vous confesse. PHILAUS. Or puis que vous en voulez à l'escorcherie, aussi en voulez vous aux escorcheurs. PHILAL. Cela s'entend. PHILAUS. Vous en voulez donc à moy. CELT. Vous voyla pris, monsieur Philalethe. PHILAL. Comment pris ? pensez-vous que je lui vueille nier que je luy en veux ? Desja par mes propos precedens il a bien pu le congnoistre. Mais sçavez vous comme je luy en veux ? comme à un malade, qui ne se veut pas laisser guarir par moy. PHILAUS. Grand merci, monsieur le medecin. CELT. Encore se moquera-il de vous. PHIlaus. Appelez-vous cela moquer? Je luy sçay bon gré de me vouloir guarir si je suis malade : mais il faut qu'il guarisse mes compagnons courtisans, aussi bien que moy. car c'est une maladie contagieuse, tellement qu'incontinent je la reprendray d'eux. philal. Mais vousmesme estant guari les guarirez, en usant de la mesme recepte dont j'auray usé en vostre endroit. philaus. Je voudres bien que cela se pust faire : mais quelle est ceste recepte? philal. C'est que pour un temps vous quittiez la cour, et par mesme moyen ceste escorcherie : et quand vous l'aurez desaccoustumee, vous veniez un peu escouter ces escorcheurs. Car alors vos oreilles estans desensorcelees, pourront faire bon jugement d'un tel langage. Ce qu'elles ne peuvent faire maintenant, à cause de l'ensorcellement. philaus. Vous usez d'un mot fort odieux. philal. La verité est tousjours odieuse. celt. Je croy, monsieur Philausone, que vous entendez bien que monsieur Philalethe use de ce mot par similitude : au lieu de dire, que vos oreilles sont maintenant comme enyvrees (s'il est licite d'user de ceste metaphore) et qu'estans quelque temps hors de la cour, elles se pourront desenyvrer, et alors faire meilleur jugement. philaus. Vous aviez envie de m'en donner, aussi bien que luy. mais patience. philal. Orça, monsieur Philausone, pour parler à bon escient, ne considerez vous pas bien que l'escorchement du langage Italien est venu premierement des Italiens, qui par necessité, non pas pour plaisir, entremesloyent leur langage parmi le nostre? Comme il me souvient leur avoir ouy dire quelques fois, *Quand anderons-nous là?*[1] Car qui est celuy qui voudroit dire que ce mot *Anderons* fust mis en ce lieu comme ayant quelque garbe (pour parler courtisan) plus que le mot François Irons? Et cependant quelque sot François, de ce vice (car je croy que l'ignorance se peut bien appeler vice) voudra faire une vertu. Il est vray que cest Italien qui disoit, *Quand anderons-nous*, retenant la parole de son pays, de laquelle il estoit bien asseuré, en luy donnant seulement la terminaison Françoise, jouoit bien au plus seur : et ne faisoit pas comme un François cuisinier de monsieur de Selve, allant à Venise, pour y estre ambassadeur du roy. car ce cuisinier, voyant que l'Italien avoit plusieurs mots semblables au François, et pensant qu'il ne falust tousjours que changer la terminaison, au lieu de demander un pot, changeant la terminaison masculine en feminine (par l'adjonction d'une syllabe) demandoit une autre chose fort differente, et qui n'est guere honneste en Italien. CELT. C'est comme l'autre, duquel nous parlions hier, qui disoit, *Voi sete tristo*, voulant signifier Vous estes triste. PHILAL. C'est de mesme. Mais pour retourner au propos que j'avois commancé à monsieur Philausone, je m'asseure que

---

[1] *Quand anderons-nous là?* = quand irons-nous là?

de cinquante escorcheurs courtisans, on n'en trouveroit pas dix qui fissent conscience d'user de ces mots, Quand anderons-nous là. PHILAU. Sçavez-vous qu'il-y-a, monsieur Philalethe, pour mettre fin à ceste dispute? je croy que vous avez bien ceste opinion de moy, que jamais je ne parleres ainsi : et que je n'approuve pas ceux qui à tous propos mettent des mots Italiens en la place des Frances : mais d'autre costé, je vous veux bien confesser, qu'en plusieurs endrets je trouve les mots Italiens meslez parmi les nostres, avoir quelque garbe plus grand que n'auroyent les nostres. Tellement que la meilleure recepte dont vous pourriez user en mon endret, pour me convertir, et faire quitter ceste façon de faire, ce seroit de me faire congnoistre par vives raisons que nostre langage Frances est aussi bon et aussi beau, tant pour tant, que le langage Italien. CELT. Je vous prie monsieur Philalethe, de prendre monsieur Philausone au mot. car il me semble que desja d'ailleurs vous aviez quelque deliberation d'en venir là. PHILAL. Il n'est pas besoin de m'en prier : car je ne fi jamais chose plus volontiers. Seulement faut choisir le jour et le lieu : et j'ay esperance de faire encore plus qu'il ne requiert : sçavoir est de monstrer l'excellence de nostre langage estre si grande, que non seulement il ne doit estre postposé à l'Italien, mais luy doit estre preferé : n'en desplaise à toute l'Italie. Notamment je vous monstreray comment elle a n'a pas usé de changemens qui ayent si mauvaise grace, quant à plusieurs mots pris du Latin, et quant à quelques-uns aussi qui sont pris du Grec. A propos de quoy il me souvient de *Maninconico,* duquel ils usent pour signifier ce que nous disons Melancholique, ne changeans point le Grec, au lieu qu'eux usent de grand et mal plaisant changement. Et quant aux mots, la signification desquels nous n'avons pas retenue, pour le moins ne nous en sommes pas esloignez si loing qu'eux. PHILAUS. Nous vela bien d'accord. car vous m'ottroyez encore plus que je ne demande. Mais la raison veut que nous laissions l'un et l'autre à vostre choix. PHILAL. Puisque desja vous me faites cest honneur de me donner le choix, je vous prie me faire aussi cestuy-ci, de venir demain disner tous deux chez moy : et apres disner je tascheray de vous rendre satisfaicts, moyennant l'aide de monsieur Celtophile. PHILAUS. Je le veux bien, monsieur Philalethe, et la-dessus je vous baise la main. CELT. Et moy aussi : mais ne vous fiez pas à mon aide. Au reste je vous di Adieu simplement en bon François, laissant tout le baisemain à monsieur Philausone.

FIN

TABLE ANALYTIQUE
DE CETTE NOUVELLE ÉDITION
ET
NOTES COMPLÉMENTAIRES

A

Accolt, I, 165.
Accommoder (s'), I, 136.
Acconche, I, 71.
Accort, I, 67.
Accortement, Accortesse, Accortise, Accortiser, I, 129.
A certes, II, 46.
Achet, I, 218.
Achrimatie, II, 209.
Ælis comtesse de Saleberi, II, 41.
Affeuage, I, 325.
Agent, I, 335.
Alazonide, II, 209.
Alciat, II, 69.
Allegrer (s'), I, 38.
Aller à la moustarde, prov., I, 88; II, 103.
Aller en Flandre sans cousteau, prov., II, 228.
Allion (j'), I, 13.
Alunno, II, 158.

Amasser, I, 76.
Amicus usque ad aras, dicton, II, 227.
Amonition, I, 198.
Amorevolesse, II, 1.
Anchinœe, I, 267.
Ander, II, 314.
Angerone, II, 107.
Apostume, I, 201.
Appennage, I, 323.
Après la panse vient la danse, prov., I, 268.
Aresxos, I, 85.
Armer, I, 251.
Armet, I, 349.
Art (l') de la guerre, I, 337.
Asxητæ, I, 292.
Assacinateur, I, 96.
Astathie, II, 209.
Athénée, II, 33.
Athyroglossie, II, 210.
Attaquer, I, 131.
Attilé, I, 246.
Attiral, II, 10.
Aussi vieille que la croix des Carmes, II, 111.
Autant pleure mal batu que bien batu, prov. I, 293; II, 290.
Avis (donner terme d'), I, 54.

B

Bal, baller, baladin, I, 269; II, 112.
Balorderie, I, 4.
Banniere, I, 366.
Bardasch, I, 281.
Bartole, I, 166.
Basile le Grand, II, 161.
Basque, II, 214.
Bastanse (à), I, 49.

Bastant, I, 4.
Baste l'anime (il me) I, 50.
Baviere, I, 352.
Bellay (Guill. du), I, 74. — (Joachim du), II, 137, 139.
Biasimo, II, 265.
Bizarre, I, 173.
Blanche de Castille, II, 26.
Blanche de Navarre, I, 317.
Blaspheme, II, 142.
Boire d'autant, I, 88.
Bonamicus, I, 109.
Bon vin, bon cheval, proverbe, I, 87.
Bordello, I, 26.
Bouccon, I, 374.
Bouffon, I, 84.
Bourguignotte, I, 349.
Boutée, II, 231.
Bouticle, I, 198.
Bragard, I, 263.
Braire avec les asnes, prov., I, 340.
Branle du bouquet, II, 88.
Brigade, II, 246.
Brissac, I, 29.
Brode, I, 70.
Brusquet, I, 84, 321.
Budee, II, 71.
Bugie, bugiarder, II, 291.
Burler (se), I, 4.
Busque, I, 252.

C

Cabasset, I, 350.
Calçon, I, 223.
Callizelle, I, 52.
Calomythe, II, 209.
Camisade, I, 346.

Cancre, I, 25.
Canon, I, 248.
Capette, II, 308.
Capitaine, I, 341.
Capitanesse, II, 8.
Capité, I, 6.
Capricce, I, 168.
Captiver, I, 186.
Caquetoire, I, 227.
Carous (faire), I, 86.
Carrefour de St-Hilaire, II, 306.
Casanier, I, 176.
Case, I, 50.
Casemate, I, 346.
Cata chiros hydor, II, 170.
Cataglottisme, II, 102.
Catholique, II, 305.
Cattif, I, 44.
Cavalereux, I, 30.
Caver, I, 4.
Cercher, I, 24.
Cerebrosus, I, 174.
Cervelle (tenir en), I, 134.
Cervellino, I, 174.
César, II, 21.
C'est fortune Dieu le veult, prov., II, 144.
C'est le refrain de la Balade, prov., II, 154.
Charlatan, I, 83.
Chaslit, I, 215.
Chemisole, I, 347.
Chere, I, 127.
Chevaliers de l'ordre de S. Michel, I, 358.
Chèvre (il a pris la), I, 196.
Chevau, I, 208.
Chicaniquement, II, 2.
Chi mi fa carezze..., prov. it., II, 95.
Chou pour chou, prov., I, 178.

Chou gras, I, 42.
Chouse, I, 15.
Chrestologue, II, 209.
Christere, I, 199.
Cicéron, ses Epistres familières, I, 41, 42; epistres de Brutus, I, 44.
Clericus, I, 66.
Cocu, I, 145 et suiv.
Coffin, I, 221.
Colaxeutiquement, I, 85.
Comedianti, I, 195.
Compagnon, I, 325.
Concet, I, 56.
Conforter, II, 46.
Conopeum, I, 231.
Considératif, I, 233.
Contenance, I, 225.
Contrade, I, 51.
Contrepeter, I, 55.
Coquiner, I, 17.
Cornar, I, 143.
Cornette, I, 364.
Cornifistibulizé, II, 284.
Corporal, I, 342.
Corriger Magnificat, prov., I, 309; II, 24.
Cortisana, I, 105.
Cosmopolitain, II, 269.
Couches, II, 123.
Cour, I, 305.
Courradour, I, 345.
Courserot, I, 95.
Coursier, I, 94.
Courtaut, I, 95.
Courtesie, I, 48.
Courtisaner, I, 275.
Coustiller, I, 357.
Cousturier, I, 250.

Couvrir (se) d'un sac mouillé, prov., I, 130.
Creature, II, 78.
Crocheteur, I, 15; II, 247.
Cul, I, 272.
Cursu lampada tibi trado, prov., II, 87.

D

Dauphin, I, 319.
Davantage que, II, 162.
Decembrius, I, 113.
De fol juge brève sentence, prov., II, 276.
De fraîche date, II, 167.
Demaine, I, 332.
Demoniacle, I, 199.
Demosthène, II, 253.
Denys Aréopagite, II, 287.
Desastre, II, 138.
Desastrément, desastrer, desastré, II, 139.
Desbauché, I, 207.
Desjeuné, I, 139.
Desmentir, II, 201,
Despota, I, 332.
Destrier, I, 94.
Desturbe, I, 53.
Deux contre un..., prov., II, 262.
Devotion, II, 77.
Dialectes francés, I, 63.
Dichostasie, I, 266.
Dionysius, I, 210, 265.
Discortesie, I, 51.
Discoste, I, 50.
Discretion, II, 116.
Disgrace, I, 181.
Disgratié, I, 179.
Dismentiguer, I, 118; II, 221.

Dispenser (se), II, 156.
Dithyrambiser, II, 207.
Divinement, II, 129.
Dom, I, 154.
Domestichesse, I, 5.
Drapeau, I, 364.
Druides, I, 79.
Duellius, II, 84.

E

Eleonor (la roine), I, 225.
Elisabeth d'Autriche, I, 315.
Embatu, I, 133.
En mes bonnes, I, 302.
Embuscade, I, 351.
Employer le vert et le sec, prov., II, 242.
Encombrier, I, 181.
Enhazé, II, 222.
Enseigne, I, 363.
En trois bateaux, II, 289.
Ephedros, I, 329.
Epigrammes grecs, II, 184.
Escorce, I, 141.
Escorne, I, 142.
Escuyer, I, 355.
Esgarée (à l'), I, 65; II, 168.
Espagnols, II, 239.
Espoitrinement, I, 274.
Esventail, I, 228.
Exorbitamment, II, 184.
Explanader, I, 347.

F

Faciende, II, 215.
Faction, I, 361.
Faire alte, I, 362.

Faire bonne bouche, II, 165.
Faire du tiercelet de prince, II, 66.
Faire le conte sans l'hoste, prov., II, 165.
Fanterie, fantachin, I, 344.
Faquin, I, 115; II, 224.
Farragineux, I, 53.
Fastide, I, 50.
Faveur, II, 115.
Favoregger, I, 5.
Favoriser à, I, 298.
Ferial, I, 165.
Ferite, I, 40.
Fermer, I, 51.
Finocchio, I, 373.
Flabe, I, 208.
Flotte, II, 7,
Fogge, I, 61, 126.
Fols, I, 282.
Folie, II, 61.
Forestier, I, 77.
Forfanté, I, 108.
Fortifier mon dire, II, 195.
Foy de gentilhomme, I, 330.
Francés, I, II, 61.
Franchot (le capitaine), I, 128.
François Ier, I, 60.
Frisque, II, 46.
Frippon, II, 308.
Fruttola (in), I, 26.
Furibunde, furibunder, II, 168.

G

Galanterie, I, 238.
Galbanum, I, 39.
Galefretier, I, 258.
Galion, galiotte, II, 12.

Garbe, I, 4, 38.
Gascher, II, 7.
Gayoffement, I, 58.
Gastefrançois, I, 125.
Generosité, II, 103. « Un certain nombre de mots ont eu des significations ou détournées ou métaphoriques qui ont échappé même à Littré et qu'il est nécessaire de signaler dans un dictionnaire du vieux français, p. ex. *générosité*, noblesse, haute naissance... » A. Jacques, *Revue critique*, 30 nov. 1885. Le sens de *haute naissance* est pour *générosité* le sens primitif : *edle Abkunft*, Vanicek.
Gentil-done, I, 243.
Gentilesse, I, 238.
Gentilhomme à simple tonsure, II, 285.
Gofferie, I, 4.
Gog et Magog, I, 140.
Gogues, I, 360.
Gorgerin, I, 251.
Grandissime, I, 285.
Gratia di san Paulo, I, 82.
Gravelle, I, 193.
Grecs, I, 88, 122; II, 180.
Grec (langue), II, 256.
Grequer, I, 87.
Grobianisme, I, 257.
Gruyer, I, 78.
Guido Papa, II, 69.
Guillot le Songeur, I, 211.

H

Ha il diavolo a dozzo, II, 173.
Haillon, I, 368.
Hapsicores, II, 195.
Harpocrates, II, 107.
Heaume, I, 348.
Hedymythe, II, 209.

Henri III, I, 59.
Hère, I, 92.
Herodote, II, 144.
Homere, II, 144.
Homme (l') propose et Dieu dispose, prov., II, 141.
Humeur, I, 171.
Hurler avec les loups, prov., I, 340; II, 242.
Hypocorisme, I, 103.

I

Il a le diable au corps, prov., II, 153.
Il emporte, II, 233.
Il en fait son Achilles, II, 307.
Il est demeuré bien camus, II, 176.
Il est demeuré avec autant de nez, II, 177.
Il jure comme un chartier, II, 163.
Il vaut mieux tard que jamais, prov., II, 193.
Imbatu, I, 38, 133.
Imbratter, I, 58.
Imparer, I, 40.
Importer de..., II, 215.
Improviste (à l'), II, 273.
Inamouré, I, 51.
Incresce (il m'), I, 52.
Indugier, I, 6.
Infiniment, I, 138.
Inganner (s'), I, 5.
Insidiateur, II, 296.

J

Jalousie, I, 222.
Jamais bon cheval ne devint rosse, prov., I, 93.
Janin, I, 11; II, 55.
Joue senestre, II, 203.
Juppin, II, 308.
Juvénal, II, 143.

K

Kalt, I, 152.

L

Lancepessade, I, 345.
Legat, I, 336.
Leggiadre, I, 55.
Leste, I, 116.
Liberal arbitre, I, 205.
Lista, I, 115.
Listato, I, 116.
Lombardie (patience de), I, 33.
Lopiner, I, 300.
Lorraine (le cardinal de), I, 311.
Lucain, II, 147.

M

Magnifiques messers, II, 81.
Maistresse, II, 117.
Majesté, I, 307.
Malebouche, II, 229.
Malum consilium..., II, 149.
M'ame, I, 157.
Marguerite de France, I, 322.
Mariol, I, 118.
Marmaille, II, 75.
Marquet, I, 82.
Massinissa, I, 237.
Maturin (saint), II, 53.
Mechanique, II, 279.
Melaneimωn, I, 318.
Melite (isle), I, 235.
Menestre, I, 69.
Merancholie, I, 199.

Mercadant, I, 52.
Mercure (il a du) en la teste, I, 286.
Meschant, I, 150.
Meschant en cramoisi, II, 310.
Mescoler, I, 38.
Meslinge, I, 21.
Mestif, I, 7.
Mignarder, II, 249.
Mil, I, 74.
Militie, I, 342.
Milort, I, 95.
Ministre, I, 335.
Misere, I, 81.
Mistement, I, 246.
Momon, I, 220.
Monarchie de cloches, I, 74.
Montcontour, II, 297.
Morion, I, 349.
Mors, I, 206.
Moscadero, I, 229.
Muralhe, II, 266.
Muscarium, I, 230.
Muser, II, 46.

N

Navire, II, 11.
N'avoir que faire ni que souder, II, 248.
N'en ouir le vent, II, 272.
Noix d'Inde, I, 244.
Nonce, I, 336.
Nouveau Testament, II, 152.
Noye, I, 53.

O

Occasio, II, 164.
Office, I, 121, 123.

Oimé, I, 25.
Oxychole, II, 211.
Orgueilleux, I, 151.
Ornément, I, 58. Dans ses *Hypomneses* (p. 13 et 27), Estienne nous apprend qu'on écrivait alors *aiseement, assureement, communeement*, etc., et ajoute : « *Nonnulli vocalem hanc minime ingeminant, sed ei accentum acutum superponunt.* » Ainsi, remarque-t-il plus loin, pouvait-on distinguer certains adverbes de certains substantifs, *aveuglément*, p. ex. de *aveuglement*.

P

Page, II, 225.
Paillarde, I, 150.
Palefrenier, I, 189.
Palla, I, 279.
Pan, I, 148.
Panetier, I, 325.
Pansard (saint), II, 293.
Panse, I, 253.
Paradis des chevaux, II, 128.
Paradoxe, adj., II, 222.
Parapet, I, 345.
Parler chrétien, II, 304.
Parler par escot, II, 246.
Passefillonné, I, 211.
Past, I, 3.
Patarasse, II, 277.
Pathelin, patheliner, I, 195.
Patouille, I, 345.
Pavois, I, 354.
Pavoisade, II, 7.
Pays de satin, I, 213.
Pedant, I, 64.
Pendans d'oreilles, II, 261.
Peregriner, I, 49.

Perfection de (faire), I, 64.
Perruquier, I, 254.
Perses, I, 233.
Petasus, I, 234.
Petit pont, II, 76.
Philosomie, phisolomie, etc., I, 201.
Philostorgie, II, 27.
Phissane, II, 113.
Photinus, I, 297.
Physicien, I, 191.
Piafer, I, 7, 31; II, 219.
Pichrochole, II, 211.
Pietre (Dom), I, 154.
Piller, I, 38, 80.
Pilure, I, 199.
Pindarizer, I, 13, 70.
Pitié, I, 151.
Planure, I, 163.
Platon, II, 133.
Plege, II, 60.
Pocotin, I, 164, 373.
Poignelade, I, 40.
Poisson d'avril, I, 288.
Police, I, 112.
Poltroné, I, 108.
Polychleue, II, 212.
Polychole, II, 211.
Polypus, II, 227.
Populasse, I, 198.
Pornae, I, 106.
Poste, fem., I, 75; masc. II, 308.
Près de Rome, II, 157.
Prima gratis, II, 109. C'est à dire *prima culpa* : passe pour la première fois, la seconde on vous en tiendra compte, et à la troisième vous paierez le tout. Il y a une variante : *prima transit, secunda debet, tertia solvet*.
Princeps, I, 327.

Priscian, I, 125.
Pseudophile, II, 211.

Q

Quadrain, I, 56.
Qu'ainsi soit, I, 47.
Qualibre, I, 63.
Queux, I, 292.
Qui pro quo, I, 124.
Qui fit François, fit courtois, prov., II, 233.

R

Ragasch, I, 51.
Ragionnement, I, 4.
Ragioner, I, 53.
Ragot, I, 289.
Ratepenade, I, 213.
Recevoir un paquet, II, 213.
Recors, I, 163.
Recuperer, I, 187.
Régente, I, 314.
Regredillonné, I, 231.
Renaud (prononcer), I, 304.
Requeste (de), I, 288.
Retournons à nos moutons, prov., I, 196.
Réussir, I, 172.
Reytre, I, 277.
Ricolte, I, 165.
Rinfresquer, I, 5.
Ringratier, I, 50.
Riolé, I, 132.
Risque, I, 172.
Robbe, I, 244.

Roger bon temps, II, 293.
Roine blanche, I, 316.
Romipete, I, 76.
Rondache, I, 353. « Voy. l'anecdote racontée par Brantome (*Hommes ill.*, éd. Buchon, p. 640), comment Dandelot, se trouvant sur le pont, fut préservé par sa « rondelle » d'un coup d'arquebuse qui vint la frapper sans la percer « pour estre à l'épreuve. » *Hist. eccl. des églises réformées de France*, éd. de 1884, II, p. 342.
Ronde, I, 362.
Rosso, I, 239.
Roussin, I, 93.
Route, I, 375.
Roy (le grand), I, 89.
Ruscelli, I, 183.
Rythme, II, 3.

S

Saburre, I, 269.
Sadement, I, 58.
Salade, I, 349.
Salvatichesse, I, 5.
Saluer, II, 78.
Salve, I, 370.
Santita, I, 312.
Sarment, I, 375.
Satisfactoire, II, 264.
Satrape, I, 90.
Sbigotit, I, 3.
Scarifier, II, 287.
Scarpe, I, 257.
Schiave, II, 121.
Scholaré, I, 66.
Sciocchesse, I, 182.
Scorte, I, 5.
Secrétaires des commandemens, I, 333.

Selve (de), ambassadeur du roy, I, 128.
Sélénique, II, 210.
Sentinelle, I, 362.
Sentu, I, 206.
Service, servicial, I, 124.
Serviteur, II, 117.
Sgarbatement, I, 4.
Sgomenté, I, 139.
Sic volo..., II, 178.
Signalé, I, 119.
Si je fay cela, qu'on me tonde, I, 255.
Sior, I, 158.
Sire, I, 157.
Soccoli, I, 242.
Soloniste, I, 184.
Sorner, I, 194.
Sot et fol, II, 299.
Sous correction, II, 195.
Space (à), I, 49.
Spaceger, I, 3.
Spadachin, I, 52.
Sperthias et Bulis, II, 151.
Spolin, I, 260.
Spurque, II, 73.
Spurquesse, I, 58.
Squadron, I, 345.
Sta-li, premi, II, 127. Stalir = volger la barca a destra; premer = volger a sinistra. Boerio. Tout le monde connaît la forme des gondoles vénitiennes étroites, légères et basses, ayant au centre une caisse de la dimension de celles de nos voitures de places, soigneusement fermée, pour mettre le couple qu'elle transporte à l'abri des regards indiscrets, nous disons le couple parce que deux personnes seulement peuvent se placer à l'aise dans une gondole. Toutes les gondoles étaient et sont encore, par tradition, peintes en noir. Ainsi le voulaient les règlements, non pour répondre à des idées d'égalité,

mais pour favoriser les intrigues, car le gouvernement vénitien avait pour principe de faire en sorte que les citoyens ne fussent point gênés dans leurs plaisirs. Pendant qu'ils s'amusaient, ils ne s'occupaient pas de politique. Un jaloux voulait-il surprendre un couple soupçonné de faire une promenade sentimentale sur la lagune, comment s'y serait-il pris, toutes les gondoles ayant la même forme et la même couleur? Comment distinguer des autres celle qui renfermait les corps présumés délictueux? Il n'y avait même pas la ressource de la reconnaître aux ajustements des gondoliers, car ils étaient tous vêtus uniformément. D'ailleurs c'étaient des hommes d'une discrétion absolue. L'un d'eux ayant un jour, gagné à prix d'argent, révélé le mystère qui s'était abrité dans sa gondole, fut, la nuit suivante, noyé par ses confrères dans le Grand Canal. On ne cita plus, par la suite, aucune indiscrétion semblable commise.

Stanse, I, 3, 51.
Staphier, I, 53.
Staphilade, II, 277,
Stenter, I, 175.
Strade, I, 3, 50, 73.
Strane, I, 4.
Straque, I, 50.
Stropié de la cervelle, II, 209.
Sublin, I, 122.
Suerie, I, 303.
Supercherie, I, 101.
Supportation, II, 197.
Surgir, II, 7.
Sus Minervam, prov., II, 221.
    Le porc caseignera Minerve,
    Qui ne sçait maistriser qu'il serve.
              Baïf, *Mimes*, éd. Blanchemain, I, 30.
Synesius, II, 162.

T

Tachychole, II, 211.
Taillevant, I, 264.
Tant plus on a mauvais jeu, tant plus faire bonne mine, prov., I, 339.
Tapis, I, 90.
Tel menace qui a grand peur, prov., II, 197.
> Tel menace qui n'est guère audace.
> Meurier, *Thresor*, p. 223.

Termes de guerre, I, 27.
Theocrite, II, 20.
Theognide, II, 27.
Theophraste, II, 140,
Thiriax, I, 203.
Thrasons, Thrasonides, I, 289.
Tibère, I, 61.
Tinton, II, 113.
Tors, I, 206.
Toufillon, I, 216.
Touret, I, 221.
Tourtes Boulongnoises, I, 67.
Traquenart, II, 216.
Triacle, I, 201.
Triste, I, 77.
Trop enquerre n'est pas bon, prov., I, 272.
Trop mieux, I, 33.
Trouver la feve au gasteau, II, 17.
Trubulent, I, 204.

U

Un diable craind l'autre, prov., I, 296.
Urbs, I, 310.
Usage de se laver les mains à table, II, 169. Cet usage existait en Allemagne au moyen-âge. Ulrich de Liechtenstein but l'eau où sa dame avait trempé les mains,

Schultz, *Hœfisches Leben*, IV; Bossert, *La littérature allemande au moyen-âge*, p. 298.

La cortesia segonda : se tu sporzi aqua a le man,
Adornamente la sporze....

Bonvesin da Riva, *De quinquaginta curialitatibus ad mensam.* Ed. Bekker, *Monatsber. der Berliner Akad.*, 1851, p. 85.

User (en), I, 137.

V

Vagus, I, 152.
Veder la messa, II, 174.
Veau, I, 7.
Vendre ses coquilles à ceux qui reviennent du mont St-Michel, prov., II, 258.
Vénitien, II, 126.
Ventolo, I, 229.
Ventre de bureau et dos de velours, prov. II, 36.
Verdier, I, 78.
Vérité échappe à la langue en faillant, prov., II, 296.
Vertugale, I, 223. « On appelle considération les petits paniers qui ont succédé aux grands et qui soutiennent la robe sans donner aux femmes l'air d'avoir des paniers. » Grimm., voy. Scherer, *Revue des Deux Mondes* du 1er décembre 1885.
Verve, I, 170.
Vespérisé, II, 249.
Vêtu de soie, II, p. 289. Feugère trouve qu'Estienne « compare grossièrement aux pourceaux les personnages importants, revêtus de soie à raison de leur dignité ! » Dans la première édition de la *Conformité* on lisait l'épigramme suivante :

Triginta auxisti patribus, Francisce, senatum
Qui totidem aut plures tollere debueras.
Desperata salus populi est, qui cogitur unus
Sanguine jam exhausto tot saturare sues.

Vieux homme, I, 208.
Vilain, II, 29.

Villaquerie, I, 54.
Vintemille (Jacques de), II, 16.
Visiere, I, 352.
Voglie, I, 6.
Voler, I, 81.
Volte, I, 49.
Voy (je m'y en), I, 205.
Vray (il n'est pas), I, 32.

IMPRIMÉ

PAR

PROTAT FRÈRES

MACON

A PARU EN 1879 :

APOLOGIE POUR HÉRODOTE

SATIRE DE LA SOCIÉTÉ AU XVIᵉ SIÈCLE

PAR

HENRI ESTIENNE

AVEC TROIS TABLES

Nouvelle édition faite sur la première et augmentée de remarques

PAR

P. RISTELHUBER

Magnifique édition en deux volumes in-8 écu de plus de 450 pages chacun, imprimée sur beau papier de Hollande par MOTTEROZ.

Prix des deux volumes : 25 fr.

« Il y a près de trente ans, un écrivain de mérite, M. L. Feugère, avait donné des éditions nouvelles des deux meilleurs ouvrages français qu'on doit à l'auteur du *Thesaurus graecae linguae*, à savoir : la *Precellence du langage françois* et la *Conformité du langage françois avec le grec*, en les enrichissant de notes philologiques et littéraires. Il restait, pour doter notre littérature contemporaine des chefs-d'œuvre de H. Estienne, à donner une édition de l'*Apologie pour Hérodote*, cette curieuse satire de la société du XVIᵉ siècle, qui eut tant de succès à l'époque où elle parut et dont on connaît plus de douze réimpressions. C'est ce que vient de faire M. Ristelhuber. Ce savant a pensé qu'on devait s'attacher à reproduire l'œuvre d'Estienne dans son intégrité originale et authentique, et il nous a donné l'édition de 1566 telle que l'offrent de rarissimes exemplaires échappés aux mutilations et aux changements ordonnés par la censure du gouvernement genevois. Estienne lança son édition sans demander l'autorisation du gouvernement de Genève, ce qui amena contre lui des poursuites dont M. Ristelhuber ressuscite les témoignages conservés dans les archives de Genève... Des remarques intéressantes, trois tables soigneusement dressées et qui servent de guide dans cette composition un peu fantaisiste, achèvent de rendre la publication de M. Ristelhuber précieuse à tous égards. » Alfred Maury, Académie des Inscriptions et Belles-Lettres, séance du 25 juillet 1879.

www.ingramcontent.com/pod-product-compliance
Lightning Source LLC
Chambersburg PA
CBHW060501170426
43199CB00011B/1288